天津师范大学法学院学术著作出版基金资助出版

【法意文丛】

总主编 谢晖

当代中国乡村社会中的习惯法
——基于王村的调研

◎尚海涛 著

厦门大学出版社
XIAMEN UNIVERSITY PRESS

国家一级出版社
全国百佳图书出版单位

图书在版编目(CIP)数据

当代中国乡村社会中的习惯法：基于 H 村的调研/尚海涛著. —厦门:厦门大
学出版社，2014.7
(法意文丛)
ISBN 978-7-5615-5150-9

Ⅰ.①当⋯　Ⅱ.①尚⋯　Ⅲ.①习惯法－研究－中国　Ⅳ.①D920.4

中国版本图书馆 CIP 数据核字(2014)第 140026 号

厦门大学出版社出版发行

(地址:厦门市软件园二期望海路 39 号　邮编:361008)

http://www.xmupress.com

xmup @ xmupress.com

厦门市明亮彩印有限公司印刷

2014 年 7 月第 1 版　2014 年 7 月第 1 次印刷

开本:720×970　1/16　印张:16.5　插页:2

字数:270 千字　印数:1～1 200 册

定价:36.00 元

如有印装质量问题请寄本社营销中心调换

总　序

在人世生活中寻求法意

——"法意文丛"总序

　　去岁中,周赟君来信告诉我,厦门大学出版社拟出版一套以法学理论和法律史学术论著为收录对象的学术文丛,问我有没有意向组织书稿、担任主编。我回信说容我思考数日再说。若干天后,他又来信询及此事,我回信说最好见过出版社相关人员后再做决定。去岁中秋期间,我亲赴厦门,和该社负责这套丛书的编辑甘世恒君详细磋商了有关细节,决定组织并编辑这套丛书,并把丛书命名为"法意文丛"。

　　之所以选择这一丛书名,一为遵循法理、法史探索之宗旨,二为倡导在生活意义中探寻法理意义。众所周知,自从严译《法意》以来,这个多少带有浪漫色彩,但又不乏中性温情的词汇,就在中国法律学人心中,有了其独特的地位——它一反法律就是专政工具,就是刑杀镇压一类"词的暴政",而道出了法律以勾连交往行为中人们的日常生活为使命这一真谛。法律不是日常生活的外在之物,而是日常生活方式的规范提纯、精神萃取,从而成为日常生活的内在构成性因素。然而,验之以学术史,这种对法意的理解框架并非一以贯之。一方面,所谓神意论、自然精神论、理性论等等,都给法律涂上了一层神圣的光环,从而使法律为什么有权威这样的现实考虑有了预设和保障。另一方面,所谓法律虚无论、阶级意志论、主权者命令说等等,又把法律从天庭拉到凡世,不仅如此,而且法律不过是实践人间既得利益者需要的工具,是当权者随其所需任意打扮的婢女,因之法律进入令文人不齿的境地,这不禁令人想起苏轼"读书不读律"的遗训。此种情形,为有人借机打破人间一切法律秩序,作好了前提性准备。

介于两者之间的,乃是把法律作为一种社会——政治契约。法律就是选民和选民、选民和政府间达成的社会——政治交往的契约,是社会——政治交往的规范构成要素,人类只要不能舍弃社会——政治交往,也就无法舍弃法律。所以,法律是社会构造的必要性和构成性因素,而非选择性和权宜性因素;法律是主体交往行为的规范根据,而非镂刻在精美石头上的装饰物;人因为法律所布置的交往路线和逻辑构图而显示其存在,显示其主体身份,取消了这一交往路线和逻辑构图,势必就模糊了人存在的意义,消隐了人的主体身份。这样,法律就摆脱了被置诸神界的虚无缥缈,也摆脱了被置诸魔界的面目狰狞。法律回到了它应有的生活场景——法律是人们日常生活不可或缺的构成性因素。所以,法律既是世俗的,它强调以清晰的概念表达"群己权界";也是值得"信仰"的,因为人类离开法律,其交往就会事倍功半。

当下我国对法意的处理,一面是想方设法将其意识形态化,"依法治国,建设社会主义法治国家"的响亮口号,成功地从法学家的意识形态走向官方意识形态。不时自我表扬一番"我们是法治国家",既是表扬者的时髦,也可以隐约看出其对法治的某种崇仰,或者至少在其看来,法律和法治不会是什么坏东西。于是乎,法治、法律之类,俨然再度显示出其神圣面貌。另一面却自觉不自觉地将其工具化,譬如广受学界质疑的所谓法治"五句话",对世所公认的法治原则视而不见,转而以"权治"精神,解构法治理念,从而法律及法治又轻飘飘自天庭落入凡世。遗憾的是,此番落入凡世的法律,并非世人必需之交往规范,而只是强化一元化领导的一种可替代的手段。

一旦公民利用这种手段从事"合法斗争",便立马会遭到"依法办事,不是说几毛钱的纠纷也要诉诸法院"一类的无理指责!这样,法治这个标签就如同当年的人权一般,只剩下在国际社会对敌斗争的场合,偶露峥嵘。由此必然导致的结局是当年西北政法学院图书馆前的一幅雕塑所引发的、流传法学界已多年的那个隐语:"宪法顶个毽球"——法律虚无论又隐隐死灰复燃,教化意识形态和权术治理又想方设法,粉墨登场。

这一切,自然表达的也是一种"法意",但和近代以来法学家心目中的法意以及法治实践中的法意大相径庭;同时也表明,按照日常生活之规范需要,对法意的继续探寻和深入钻研,依然是法学家任重道远的使命。如何按照世俗生活的要求,撷取法意,又以法意之内容,安排世俗生活,使世俗生活和法律精神相得益彰——以世俗生活彰显法律精神,以法律精神光照世俗生活,让人们生活在自治、自由、文明、有序的法律交往体系中,既是法学家的使命所在,也是全体公民之福祉所系。

本丛书即着眼于此种追求。书稿标准,唯学术是尚,不论大腕名流,抑或无名小卒,倘可提供自生活之活水源头,求索法意之学术作品,概可纳入计划。选题范围,可着眼宏大,可着手细微,宏则法治路线、法律传统,微则法条诠释,疑案精解,只要源于生活,富含法意,皆入选题范围。研究方法,可崇尚思辨,可奉行实证,无论逻辑辩驳,还是事实白描,但能反映生活,突出法意,尽在欢迎之列。期待相关有志者,能贡献一家之言;也期待作者、编者和出版者锲而不舍,能助窥天人之际。

是为序。

陇右天水学士　谢　晖
序于公元 2011 年 4 月 10 日

目　　录

导　论

　　本书的题目是"当代中国乡村社会中的习惯法——基于 H 村的调研",围绕此题目,导论主要交待三方面的内容,分别是问题的提出,即为什么要研究当代中国乡村社会中的习惯法;调研点的介绍,主要是 H 村的整体概况和必要的调研内容;本书的章节安排,即本书预备撰写哪些内容以回答所提出的问题。

一、问题的提出

　　1978 年以后,我国展开了以立法为中心构建我国法制基本框架的法制化运动,尽管经过 30 余年的努力,我们制定了规格齐全的各类法律,基本建成了有中国特色的社会主义法律体系,但如此众多的法律并没有给我们带来预想中的良好法治秩序,现实迫使人们对以西方法制为借鉴、政府推进的法治模式产生了反思和怀疑,也使部分学者破灭了对国家法神话的向往,由此开启了研究习惯法的热潮。至今,习惯法的研究已历经 20 余年,由此也产生了一大批研究习惯法的论著及论文。然而与习惯法研究一同起步并行的还有对习惯法研究的怀疑,这其中最为主要的一种说法是,随着市场经济的发展、国家法治的进步,当代中国乡村社会中是否还存在习惯法? 已有的历史中的习惯法是否已渐趋消亡或被废置不用? 由此"当前习惯法研究最大的问题应当是冷静地去了解和认识习惯法以达到对习惯法的理解"①。为了回应此种说法,也为了真切弄清楚当代中国乡村社会中习惯法的样态,笔者就以 H 村为调研点,对其中通行的当代习惯法进行了调研、描述和分析。

在上文提出了为什么要研究当代习惯法后,接着要指出的是为什么是乡村社会。之所以要研究"乡村社会"中的习惯法,主要有两个原因,一是乡村社会与习惯法之间的亲缘性,二是乡村在当代社会中的本源性。虽然现代社会也孕育和发展了一些习惯法,如国际习惯法等,但我国现存的绝大多数习惯法却源自传统社会。习惯法既源自传统社会,则自然习惯法与传统社会中的政治、经济和社会文化等就是共生和谐的。此种状况直至开眼看世界,此后西风东渐,我国的政治、经济和社会要素有了翻天覆地的变化,如由皇权专制走向共和民主,由小农经济迈入世界化的市场经济,由社会的压抑保守进入活力开放,此种变化的典型体现就是城市社会。当前的城市社会中虽然也存在着许多习惯法,但由于习惯法所处的社会要素已然变化,因此此种存在就处于一种"残留"状态。反观乡村社会,则要好得多,由于乡村社会中各类要素的变迁幅度要小于城市社会,因此当前的乡村社会不仅保留着大量的习惯法,而且随着人员的流动在一定程度上还向城市社会输出习惯法。当然,不可否认的是,当代乡村社会也已然并正处于变迁的过程中,只是相对于城市社会,其变迁的幅度要小得多,且更为根本的是,无论乡村社会怎样变迁,它总是我国传统文化的根基所在。世界的大同所寻求的不是全球的同质化,而恰恰是差异化。相较于城市社会的同质,乡村的差异化就显得尤为可贵。

二、调研点介绍

H 村位于山东省淄博市、济南市和滨州市三市的交界处,隶属于淄博市周村区王村镇。连接济南和淄博的 309 国道自村北面通过,除村内主要干道

---

① 张文显:《我们需要怎样的习惯法研究? ——评高其才著〈瑶族习惯法〉》,载《法制与社会发展》2011 年第 3 期。

铺设水泥外,村与村之间的道路也皆水泥硬化,因此交通和出行较为便利。H村距离周村区驻地15公里,距离王村镇驻地5公里,就此而言,它偏离于区镇行政中心,是一个较为普通的村落社区。

据村碑介绍,H村建于清康熙年间,初始是尚姓在此居住,后其他姓氏如王姓、耿姓和张姓等陆续自周边村落迁来。H村现有328户,人口1032人[①]。H村的村落整体呈现四方形,集体化时期共分成了5个生产队。一队位于村北面,主要是耿姓和王姓;二队在村西面,主要是尚姓;三队在村南面,也主要是尚姓;四队在村中心,主要是王姓和孙姓;五队在村东面,主要是张姓。建村至今,按照姓氏和家族聚集居住的特点一直延续下来,直至2005年胶济铁路改造搬迁。

H村的经济在当地属一般水平,村民户均收入在3万元左右。由于胶济铁路改造、工业建厂用地和村民住宅用地等,H村现人均耕地仅有1.2亩,虽然国家取消了农业税并实施种粮补贴,但农民种地的积极性不高,种地主要是满足自家粮食需要。村民的收入主要来源于打工和做小本生意,打工主要是在临近的造纸机械厂、牛仔服厂、印染厂、电子管厂、纺织厂、耐火厂和砖瓦厂等工厂上班,打工村民的年龄主要集中于18~45岁之间,占村内劳动力的70%。做小本生意的主要是榨油作坊、吊粉皮坊、养鸡场、养猪场、贩卖煤炭、室内装修、贩卖布匹、水果、蔬菜、点心等,做生意的村民年龄段集于45~65岁之间,占村内劳动力的30%。H村内65岁以上的村民也有继续工作的,大约十几人,主要是晚上看守工厂。打工村民的收入较为固定,男的月收入一般在3000元左右,女的收入在2000元左右。正是因为打工收入较为固定,因此成为45岁以下中青年的主要选择;相比于打工,做生意虽然有获得高收入的可能,但不稳定,因此主要是中老年人在做。当然,中老年村民之所以主要做小本生意,还源于两个原因,一是他们多数从80年代中后期即做本行生意,转行的成本较大;二是处于45岁以上这个年龄段,他们既没有了去工厂干活的力气,也缺乏必要的技术,只能做些小本生意。

在整体情况之外,笔者想重点介绍近10年来H村中三个较为显著的现象,以通过这些现象透视H村在当代社会中的明显变化,这三个现象分别是

---

① 2013年8月调研数据。

村内青年人员的外流、胶济铁路的改造搬迁和村庄凝聚力的提升。改革开放后,H村的人员整体上处于萎缩态势,这在2000年后表现得越发明显,人员萎缩的原因主要是青年人员的外流,这包括青年村民迁出户口和青年村民不在村居住两种情形。对于青年村民迁出户口,去除H村妇女外嫁迁户口,1978年至2000年间,H村共迁出42人,迁出的原因主要集中于参军、招工和考学。其中,参军12人,招工21人,考学9人;2000年至2013年间迁出46人,主要是考学和招工。其中,考学22人,招工24人。对于青年村民不在村居住的情况,现今(2013年)H村18~40岁间的男性共176人,但不在村居住的就有74人,虽然这些人的户口还在H村,但他们的工作和生活重心都已远离H村,而区镇的行政中心王村和周村是最大的吸纳地。与年轻男性外流的还有他们的媳妇和子女,村民们经常谈论的就是"满村见不着40岁以下的年轻人了,帮忙最年轻的也快50了"。

2005年胶济铁路电气化改造,火车提速就需要将路程中的弯道取直,而H村恰恰是弯道之一。取直的结果是胶济铁路从H村自西南直至东北横穿而过,由此H村就面临着大规模的搬迁。H村共328户,由于铁路改造需要搬迁219户,搬迁的地点在原有的一片农田中。在搬迁完后,H村就分成了两个部分——新村和老村,两个地方之间距离1公里。虽然村委会仍在老村中,但新村承载着更多的人口。此次搬迁对于H村有着极大的影响。一是打破了H村自建村以来姓氏和家族聚集居住的局面。由于新村是统一规划,抓阄安排宅基地,因此姓氏和家族就混杂而居融合在一起了。二是村内的二手房屋买卖大量增加,既践行和加强了村内的房屋买卖习惯法,同时也促进了习惯法向国家法的靠拢。三是加速了年轻人的外流。H村许多年轻人的工作地点在王村和周村,原来受制于父母盖的新房不得不居住在村内。现在房子被拆迁,制约因素消除,且国家给付的补偿款相对较高,年轻人的新宅院大约12万元,由此许多年轻人拿着补偿款去王村和周村购买楼房居住了。

H村既不邻接区镇行政中心,无行政地理优势,同时也缺乏村集体经济,无经济利益的支撑,因此自改革开放后村集体和村委会一直处于衰弱状态中,尤其是1994年至2000年间,由于村财政无钱,村委会几近空置。此种局面直至2002年,在更换了新一届村委会班子后情况略有好转。此后,由于胶济铁路改造占用村集体耕地、宅基地划分、几个工厂陆续设立等,村集体财政好转,从而村委会的竞争日趋激烈。村里的重大事情,除村委会讨论外,还需要提交由党员和村民代表组成的代表委员会通过。H 村现今有 32 位党员,大部分是在部队入党的复转军人;有 30 位村民代表,H 村内每 10 户民众可推举 1 位村民代表。近年来村委会选举的积极性在于村财政的好转,而村民代表选举的积极性则在于可以投票决定低保户名额等诸多事情。根据淄博市《关于提高全市农村居民最低生活保障标准的通知》,2013 年农村居民最低生活保障的标准是每年 2500 元。也许对于城市居民和青年人而言,这些钱不算什么,但对于农村中的低保老人来说,这些钱足够过一个不错的晚年。根据笔者的调研,H 村通行的养老习惯是:有劳动能力的老人,子女不给赡养费,只负担必要的医药费;无劳动能力的老人,子女除负担医药费外,赡养费的标准是每年 600 斤麦子、1200 元钱。由此而言,低保名额的竞争也就在所难免了。在低保名额的竞争、村委会的竞争和村民代表的竞争中,乡村社会中的诸多要素,诸如血亲和姻亲、姓氏和家族、生产队和四邻、村内的脸面和荣誉等就又重新摆上了台面。

除上述三种突出现象外,近年来 H 村还有一些其他变化,如家族力量的强化、传统习俗的重视和红白事的大操大办等,这些现象和变化组合在一起共同强化了本来日趋稀薄的习惯法及其作用机制。之所以言及强化,除了笔者的观察和村民们的感觉外,还在于对上述现象的分析。无论是习惯法还是习惯法的作用机制,它们的有效实施都依赖于一个紧密的乡村社区共同体,而上述三种现象皆加强了乡村社区共同体的紧密关系。青年人员的外流看似是一种负面因素,但实质上的结果却是将那些游离于乡村社区的个体彻底排除出村落共同体,从而巩固了乡村社区剩余村民间的紧密关系;胶济铁路的改造搬迁和国家惠民政策的实施增加了乡村集体资源的供给,从而以经济利益促使乡村个体重新拥抱村集体,很大程度上提高了乡村社区共同体的紧密关系。

三、章节安排

围绕上文所提出的问题,且在对 H 村调研的基础上,本书主要描述和分析了四类习惯法的样态,分别是非物质文化遗产和传统知识习惯法、房屋买卖习惯法、雇佣习惯法和民初至今习惯法的历史变迁。通过此四类习惯法的描述,我们可以清晰地看到 H 村习惯法的总体样态。只是需要追问的是,H 村的个案调研能否代表当代乡村社会的整体情况? H 村不属于任何层级的行政中心,且经济水平一般,也不是任何方面的典型,也许具有一定的代表性。但考虑到我国的广袤区域,自然条件的不同,经济水平的相异,民族习俗的差别等,则此种代表性也就要打一个问号了。有鉴于此,本书即从更广范围上对当代乡村社会中习惯法的样态加以考察,当然实地调研囿于资金和精力等的限制,故此种考察只能是文本考察,所依据的主要是每年发布的中国民间法研究学术报告。由此,本书就主要集中探讨五个主题,意欲通过对这五个主题的分析,以考察当代中国乡村社会中习惯法的具体样态。这五个主题分别是当代乡村社会中的非物质文化遗产、传统知识和习惯法,当代乡村房屋买卖习惯法及其民间惩罚机制,当代乡村雇佣习惯法及其关系笼络机制,当代乡村习惯法的历史变迁及其变迁机制,中国民间法研究学术报告。

第一章

当代乡村社会中的非物质文化遗产、传统知识和习惯法

一、引 言

对于乡村社会中的非物质文化遗产、传统知识和习惯法,引言部分主要交代三方面的内容:一是问题,即为什么要研究非物质文化遗产、传统知识和习惯法的关系;二是 H 村中传统知识的调研,主要是对于笔者调研的 H 村中的榨油传统知识进行了介绍,作为后面分析的铺垫;三是乡村社会的研究视角,即为什么要研究乡村社会中的非物质文化遗产、传统知识和习惯法。

(一)问题

时至今日,无论是实务界还是学界对于非物质文化遗产和传统知识的研究都重视有加,以非物质文化遗产和传统知识为主题的著作、论文、会议和项目比比皆是。根据笔者在中国知网的搜索(2013 年 12 月 17 日),以非物质文化遗产为主题的论文有 29013 篇,以传统知识为主题的论文有 4023 篇,由此也可窥见非物质文化遗产和传统知识的研究蔚为大观。尽管学科众多、视角广泛、探讨深入、理论探讨和实地调研齐飞,但审视这些既往的研究成果,我们却发现,现有对非物质文化遗产和传统知识法律保护的研究多集中于国家法领域,而对民间社会领域中的习惯法的保护避而不谈或轻描淡写,此种研究现状与现实生活中的实际情况是不相符的,至少也是不相称的。诚如我们所知,

我国非物质文化遗产和传统知识绝大多数集中于我国的乡村社会。生活于乡村社会中包括传承人在内的村民们,对于国家法领域中的著作权法、专利法、商标法和合同法等陌生而又排斥,但对于乡村社会本身流传的习惯法却熟悉而亲切,且我国乡村社会内部的习惯法也在实际保护着通行于其中的非物质文化遗产和传统知识。由此,学术研究和实际生活的背反情形,就引出了本书所要研究的第一个主题:非物质文化遗产、传统知识和习惯法的关系问题。

(二)H村非物质文化遗产和传统知识的调研

无论是少数民族地区,还是汉族地区,它们的乡村社会中皆存在着大量的非物质文化遗产和传统知识,这些非物质文化遗产和传统知识既密布于乡民日常的生活、生产和娱乐的过程中,同时也存在于乡民从出生直至死亡的人生历程中,可以说非物质文化遗产和传统知识是乡民们维系自己生存、生活和发展的必要要素。以笔者调研汉族地区的H村为例,村民们日常生活的方方面面皆涉及传统知识,如科技类传统知识中的医药知识、建筑知识、养殖知识、农耕知识、酿造知识和榨取知识等;习惯类传统知识中的婚丧知识、嫁娶知识、节庆知识、伦理知识和村落习惯法知识等;艺术类传统知识中的鼓乐知识、表演知识、雕刻知识和刺绣知识等。对于这些传统知识,笔者不可能面面俱到地一一介绍,就从中选取了较为典型的榨油传统知识,通过对这一传统知识的实地调研,帮助我们分析传统知识的主体、客体、习惯法的保护和纠纷调解等诸多情况。

H村的榨油历史最早可追溯至清末时期,彼时村内即开设了一处油坊,这处油坊一直经营到新中国成立,随着土地改革和公私合营而作罢。生产队时期,为了满足本村村民的吃油需要,也为了增加本村的收入,经村集体决定重新开设油坊。由原来油坊的当家人D做主管,H和J两人在油坊中做工。集体产权的这处油坊经营到1982年,随着改革开放和分产到户而停业。1985年,J和自己的大儿子S在H村内开设了第一家私营油坊,此后不久,H的儿子A于1987年和女婿B于1990年也分别开设了自己的油坊,最后,1991年D的儿子Z也开设了一家油坊。四家油坊分布于不同的村落,其中S和Z的油坊在H村内,A的油坊位于L村内,B的油坊在X村内。

根据笔者的调研,H村中榨油的过程共分为七个部分,分别是洒水(加湿)、破糁(碾压)、炒糁(翻炒)、上垛(加热并放入机器)、压垛(榨取豆油)、卸垛(取出豆饼)和提纯(加工)。这七个部分是共知的传统知识,H村中的村民只要去过几次油坊的都知道。在此基础上,较小范围的传统知识包括,洒水的比例,即100斤大豆配多少水;破糁的厚度,即将大豆碾压的厚薄程度;炒糁的时间和程度,即将碾压的豆片翻炒多长时间,到什么火候为止;加热的程度,即将豆片加热多长时间,到什么温度才能放入机器;榨取豆油的时间、次数和温度,即豆片要榨取多长时间,榨取几次,屋内需要保持什么样的温度。相较于共知的传统知识,这些知识则属于小范围的传统知识,H村内只有为数不多的在油坊中工作的人才知道,当然这也是雇工培训的主要内容,毕竟这些传统知识都涉及油坊最终的出油率。即便对于这些小范围的传统知识,为了阻止它们在本地区的扩散,4家油坊所招的基本是外地雇工。在此基础上,更小范围的传统知识,也可以说是油坊中的秘方,就是加工提纯了,而这是只有雇主才知道的内容,即便是雇工也不知道,因为一般提纯的过程都由雇主亲自操作。

上文所提及的A、B、S和Z这4家油坊之所以能够开设,都源于他们的父亲(岳父)D、H和J,他们不仅掌握着小范围的传统知识,更知道提纯的秘方。小范围的传统知识关涉着出油率的多少,与油坊的盈利情况相关;而提纯的传统知识则关涉着豆油的色、香、味,与油坊的生存密切相关。A是H的儿子,S是J的儿子,Z是D的儿子,子承父业,让儿子掌握一门生存和生活的技艺至关重要。而实践也证明了这点,90年代后A、S、Z和B四家油坊日产豆油600余斤,供应着周边三个乡镇80余村落村民的日常用油,由此他们都是乡村中的富裕户,在乡村中过着相对体面的生活。由于他们的富裕,H村的其他家庭也曾想着开设油坊,但最终都没能成功。一是他们都没有掌握提纯的技术,销售的豆油普遍色黑味淡,无法与上述4家相比。二是乡村社会中讲求子承父业,他们的父亲就是干油坊的,他们3人再开设油坊就有着一定的"合法性",而别人恰恰欠缺此种乡村社会中的"合法性"。"合法性"的表现在于众人对A、S和Z三人所榨取的豆油普遍认可,而对于其他人榨取的豆油则持一种浓浓的怀疑态度。作为女婿的B之所以能够掌握技术是因为机缘巧合,H在帮助儿子A开设油坊不长时间,因为财务问题和家庭问题父子两人即闹翻了,不得已A将油坊从H村迁到了自己的岳父家L村内,H不得已只能跟随女儿和女婿生活,在女婿答应给自己养老送终后,H就将自己掌握的技术传授给了女婿B,由此B方能在自己家的X村开设了油坊。

（三）乡村社会的研究视角

之所以在对非物质文化遗产、传统知识和习惯法关系的探讨前加上"乡村社会"，主要基于下述两个方面的原因：

一是基于尊重社会事实的考虑。我国绝大多数的非物质文化遗产、传统知识和习惯法都是在乡村社会，只有集中于对此进行探讨方能将问题解释清楚和明白。不可否认的是，城市社会中也产生并存在着诸多非物质文化遗产和传统知识，但这些非物质文化遗产和传统知识数量偏少，更为根本的是，若追根溯源，它们最初也是产自乡村社会中。如 H 村所在的周村区有非物质文化遗产周村烧饼，但其初始源自高塘镇的王家庄。此种原因主要在于，我国的非物质文化遗产和传统知识皆根源于中国的传统文化和传统生活方式，在持续百年的西风东渐后，城市生活和城市文化基本西化了，硕果仅存的传统文化和传统生活方式主要在乡村社会中，因此，乡村社会就成为保护非物质文化遗产和传统知识的最后净土。

与非物质文化遗产和传统知识相似，我国习惯法的根源也在乡村社会之中。虽然城市社会生活中也孕育着习惯法，且这些习惯法是与当代经济社会生活相适应的，但与乡村社会中的习惯法相比，它们有一项是先天不足的，或者也可以说是乡村社会中习惯法的优势，即乡村社会中的习惯法与中国的传统文化，尤其是传统伦理文化和传统习俗文化是紧密拥抱在一起的。由此，如果我们想在世界的舞台上走出一条中国特色的制度道路，我们就无法回避和漠视乡村社会中的习惯法，它们是构筑中国制度的特色基因。舍此，要么我们会泯然同化于西方制度，要么我们就会嫁接出一套与中国民众生活方式格格不入的"四不像"制度。

二是国家法的建构所应秉持的一种谦卑态度。我们在建构任何类型的国家法制度时，不应遗忘乡村社会，既在于乡村社会无论人口还是土地面积在我国都居于绝大多数，更在于当代中国的乡村社会也在变动和前进之中，它不是落后和遗忘的代名词，相反它是我国制度革新和制度创造的基因库，只要国家法在制度建构时眼睛向下，保持一个谦卑的态度，则相应的制度难题就会迎刃而解。以传统知识为例，在国家法的制度建构时，如何确定传统知识的客体是一项难题，从而也成为传统知识制度建构的中心。研究传统知识的客体所要解决的问题是,如何将庞杂的传统知识予以细化,并在细化的基础上区分此种传统知识与彼种传统知识,从而为制度设计指明所要保护的对象。其实,对于传统知识的客体,身处乡村社会中的乡民们是最为清楚的。传统知识是由乡民们创生和发展,因此,对于传统知识的客体和归属,乡民们就最具有发言权。"如人饮水,冷暖自知",处于传统知识包围中的乡民,对于传统知识的感知最为敏锐,因而乡民们能够清楚地说出传统知识的客体。与乡土社会之外的法律人相比,乡民也就最有资格对于传统知识的制度建构进行评介。

二、非物质文化遗产和传统知识的概念界定

近年来,非物质文化遗产和传统知识及其保护日益引发人们的重视,其表现既在于非物质文化遗产和传统知识等名词流行于报纸、杂志、网络等媒体传播中,同时也在于《非物质文化遗产法》这一法律文件在历经社会公众多次讨论后终得以通过并颁布施行。尽管如此,审视学界既往的研究、媒体已有的讨论,我们可以发现,已有的成果主要集中于探讨非物质文化遗产和传统知识的制度建构,而对于非物质文化遗产和传统知识的概念、类型、特征等基础性研究着力较少,从而给人以头重脚轻的感觉。诚如博登海默所说:"如果我们试图摒弃概念,那么整个法律大厦就将会化为灰烬。"①当然,如此说并不代表非物质文化遗产和传统知识的制度建构不重要,也不代表本书不会针对此进行探讨,只是本书需要提及的是在讨论制度建构之前,首先需要明了的是非物质文化遗产和传统知识的概念、类型和特征等基础性研究。

(一)非物质文化遗产的概念由来

非物质文化遗产这一概念最早的演变雏形是"无形文化财",而这一名词

---

① 〔美〕博登海默:《法理学——法哲学及其方法》,邓正来、姬敬武译,华夏出版社1987年版,第465页。

来源于日本的《文化财保护法》,在这一法案中,日本首先提出既要保护有形的文化财,如建筑,也要保护无形的文化财,如民间艺术。无形文化财这一名词对全球非物质文化遗产的保护做出了开创性贡献。非物质文化遗产概念的缔造者是联合国教科文组织,教科文组织对于非物质文化遗产这一概念的认识也有一个演变过程,这体现在从最初的民间文学艺术(folk lore),到非物质遗产(non-physical heritage),再到口头和非物质遗产(oral and intangible heritage),最后到非物质文化遗产(intangible cultural heritage)。

"民间文学艺术"这一概念系由教科文组织在 1982 年的《保护民间文学艺术表达、防止不正当利用和其他侵害行为的国内法示范条款》中提出。在这一法案中,教科文组织界定其为"指由传统艺术遗产的特有因素构成的、由某国的某社区或反映该社区传统艺术期望的个人所发展和持有的产物"。① 并认为民间文学艺术表达主要有四种基本形式,分别是口头表达、音乐表达、行动表达和有形表达。随之,教科文组织在 1989 年第 25 届大会上通过了《保护传统文化和民间文学艺术建议案》,这一法案明确民间文学艺术是指"来自某一文化社区的全部创作,这些创作以传统为依据,由某一群体或一些个体所表达并被认为是符合社区期望的作为其文化和社会特性的表达形式;其准则和价值通过模仿或其他方式口头相传。它的形式包括语言、文学、音乐、舞蹈、游戏、神话、礼仪、习惯、手工艺、建筑术及其他艺术等"。②

口头和非物质遗产的概念来源于 1997 年的教科文组织大会第 29 届会议,在这次会议上,大会审议了摩洛哥当局提出的草案,即保护人类口头遗产的动议。1998 年教科文组织通过了《宣布人类口头和非物质遗产代表作》议案,认为所谓"口头和非物质遗产"是指那些"来自某一文化社区的全部创作,这些创作以传统为依据、由某一群体或一些个体所表达并被认为是符合社区期望的,作为其文化和社会特性的表达形式、准则和价值通过模仿或其他方式口头相传。它的形式包括语言、文学、音乐、舞蹈、游戏、神话、礼仪、习惯、手工

---

① model provisions for National Laws on the Protection of folk lore against illicit Exploitation and Other Prejudicial Actions, Art 2.

② Recommendation on the safe guarding of Traditional culture and Folk lore, Art 1.

艺、建筑艺术及其他艺术,除此之外,还包括传统形式的传播和信息"。①

　　非物质文化遗产概念的提出源自 2001 年教科文组织在都灵召开的会议,本次会议的主题即为"非物质文化遗产:操作性定义",与会专家认为,所谓非物质文化遗产是指"人们学习的过程及在学习过程中被告知和自创的知识、技术和创造力,还有他们在这一过程中创造的产品以及他们持续发展所必需的资源、空间和其他社会及自然构造;这些过程给现存的社区提供了一种与先辈们相连续的感觉,对文化认定很重要,对人类文化多样性和创造性保护也有着重要意义"。此后在 2003 年,教科文组织大会第 32 届会议通过了《保护非物质文化遗产公约》,在这一公约中,教科文组织将"非物质文化遗产"定义为"各社区、群体、有时是个人视为其文化遗产组成部分的各种社会实践、观念表述、表现形式、知识、技能及其有关的工具、实物、手工艺品和文化场所,这种非物质文化遗产世代相传,在各社区和群体适应周围环境以及与自然和历史的互动中,被不断地再创造,为这些社区和群体提供认同感和持续感,从而增强对文化多样性和人类创造力的尊重。在本公约中,只考虑符合现有的国际人权文件,各社区、群体和个人之间相互尊重的需要和顺应可持续发展的非物质文化遗产"。② 同时,我国 2011 年颁布生效的《非物质文化遗产保护法》第 2 条规定,非物质文化遗产,是指各族人民世代相传并视为其文化遗产组成部分的各种传统文化表现形式,以及与传统文化表现形式相关的实物和场所。

(二)非物质文化遗产的法律界定

　　诚如上述,本书对非物质文化遗产的概念也采用教科文组织和我国《非物质文化遗产保护法》的界定,只是下文在此基础上对于这一概念还需从主体、客体和条件三个方面展开详细分析。

　　1. 非物质文化遗产的主体。在教科文组织所界定的概念中,非物质文化遗产的主体主要包括三类,即个人、社区和组织。个人之为非物质文化遗产的

---

　　①　Regulations relating to the proclamation by UNESCO of masterpieces of the oral and intangible heritage of humanity,155 EX/Decisions,Paris,3 December1998,Annex,and Art1 (d).

　　②　《保护非物质文化遗产公约》第 2 条。

主体,主要是指那些对非物质文化遗产的传承和发展负有重大责任和关联的人,这主要是指那些掌握非物质文化遗产的艺人和匠人等。联合国教科文组织所认定的个人,是指那些"拥有独特技能、知识、经验或其他特性,并因此在其非物质文化遗产当下和未来的实践、再创及传承当中发挥特定作用的社区内部或跨社区的人,如文化管理人(custodians)、实践者,有时是学习者"。①如日本的"人间国宝"制度,根据日本的《文化财保护法》,日本政府会在全国范围内进行选拔以认定"人间国宝",主要是将那些大师级的艺人、工匠由国家保护起来,每年发给他们一定的资助以磨炼技艺并培养传人。相较个人而言,组织和社区作为非物质文化遗产主体的认定较为麻烦。教科文组织认为,所谓社区是指"在根植于实践、参与和传承非物质文化遗产的共同的历史联系当中形成认同感和连通感的人们结成的网络"。②一般认为,同一个社区的成员自认相互间具有某种关联性,这种关联性常常表现为某一种认同感或者是共同的行为,以及相同的活动和地域,具有此种关联性的成员就可以被认为同属于某一社区。而所谓群体是指"由共同拥有独特技能、知识、经验,并因此在其非物质文化遗产当下和未来的实践、再创及传承当中发挥特定作用的社区内部或跨社区的人组成的,如文化管理人、实践者和学习者"。③如摩洛哥的"保护吉马·埃尔弗纳广场大众文化表达形式协会"就是一个典型的组织。吉马·埃尔弗纳广场是马拉喀什主要的文化空间之一,伴随该市的建成(1071 年)而出现,并成为该市的标志。广场上生意火红,娱乐兴盛,直至午夜,人们在广场上闲谈、娱乐、做生意、寻医问病,各式各样的音乐家、舞蹈家、说书艺人、吟游诗人和魔术师等人也在广场上施展才能,当地人和远道而来的游客都被这个文化和民族的交汇点吸引。

2. 非物质文化遗产的客体。所谓非物质文化遗产的客体主要是指非物质文化遗产保护所指向的对象是什么。对于非物质文化遗产客体的解释,我们可以通过分析非物质文化遗产的字面意思而得出。首先需要明了的是"非物

① Report of expert meeting on community Involvement in safeguarding intangible Cultural Heritage: towards the implementation of the Convention for the intangible Cultural Heritage, UNESCO, Paris, pp. 13~15, March 2006.
② 同上注。
③ 同上注。

质",所谓"非物质"是相对于"物质"而言的,主要是指那些无形的、触摸不到的东西。一般而言,物质本身具有固定的形态,不可再生;而非物质的东西本身一般不具有固定的形态,可以传承和发展。它所要强调的并不是这些物质层面的载体及呈现形式,而是蕴藏在这些物化形式背后的精湛的技艺、独特的思维方式、丰富的精神蕴涵等非物质形态的文化信息。当然,如此区分并不否认非物质可以脱离物质而独立,如非物质文化遗产中也具有物质的因素,需要依靠一定的工具、实物等来呈现,只不过非物质文化遗产主要强调的是传统的技艺、技能和技术的内核,而不是外在表现形式。其次需要知道"文化"的概念,根据某些学者的统计,现今学界中关于文化的概念有数百种[1],由这一点也可见文化概念的纷繁复杂。对于文化的概念,笔者主要考察了古迪纳夫、斯特劳斯、格尔茨和教科文组织等对文化概念的界定。古迪纳夫认为,所谓文化就是指"人们为了以社会成员所接受的方式行事而需要知道和信仰的东西"。由此,"文化是存在于人们头脑中的事物的形式,是人们洞察、联系和解释这些事物的方式"。[2] 同样,斯特劳斯也认为,"文化是人类心智积累性创造的一种共享的符号系统"。[3] 承续两位学者的见解,格尔茨认为,文化是社会成员所共有的一种"交流体系",从而是"由人自己编织的意义之网",它不是由"头脑窟窿之中的神秘过程所构成",而是"由能指符号的交流所构成",由此研究文化就是研究"人们之间共知的代码"。[4]教科文组织将文化定义为"某个社会或某个社会群体特有的精神与物质,智力与情感方面的不同特点之总和;除了文学和艺术外,文化还包括生活方式、共处的方式、价值观体系、传统和信仰"。[5]最后是"遗产"的概念,遗产原指"公民死亡时遗留下来的个人合法财产",后来随着社会的发展逐渐发展引申为"历史上遗留下来的精神财富",由此由遗产

---

[1]　韦森:《文化与制序》,上海人民出版社 2003 年版,第 8 页。

[2]　Goodenough W. H., *Cultural Anthropology and Linguistics*, in Report of the Seventh Annual Round Table Meeting on Linguistics and language Studies, Washington D. C.: Georgetown University.

[3]　Keesing. R. M., *Theories of Culture*. 转引自韦森:《文化与制序》,上海人民出版社 2003 年版,第 16 页。

[4]　[美]克利福德·格尔茨:《文化的解释》,韩莉译,译林出版社 2008 年版,第 5、12、14 页。

[5]　《世界文化多样性宣言》的序言。

这一名词逐渐引申出诸如"文化遗产"、"自然遗产"、"世界遗产"、"人类共同遗产"等全新名词。基于上述对"非物质文化遗产"这一概念的分析,因此非物质文化遗产具体主要指向口头传统和表现形式,包括作为非物质文化遗产媒介的语言;表演艺术;社会风俗、礼仪、节庆;有关自然界和宇宙的知识和实践;传统的手工艺技能。我国非物质文化遗产的指向更为具体,主要包括传统口头文学以及作为其载体的语言;传统美术、书法、音乐、舞蹈、戏剧、曲艺和杂技;传统技艺、医药和历法;传统礼仪、节庆等民俗;传统体育和游艺;其他非物质文化遗产。

3.非物质文化遗产的条件。并不是所有的非物质文化都是非物质文化遗产,只有具备一定的条件后这些非物质文化方是非物质文化遗产,才能够得到法律的保护。一般而言,这些条件包括:①非物质文化遗产须具有世代相传性,具体而言是指,非物质文化遗产是不断传承且不断发展而非静态的、一成不变的,且在各社区和群体适应周围环境与自然和历史的互动中被不断地再创造。②非物质文化遗产须具有一定的认同感,这些认同感为不同的社区和群体所提供,并不断增强人们对文化多样性和人类创造力的尊重。非物质文化遗产是特定的社区和群体文化的表现,这既是其本质内涵,同时也是反映特定社区、群体的思想感情、宗教信仰、价值观念的一种体现,只有如此方能维持与特定社区、群体的固有联系,从而使特定社区、群体的成员产生归属感和文化认同感。③非物质文化遗产须符合现有的国际人权文件、各社区群体和个人相互尊重的需要和顺应可持续发展的要求。虽然非物质文化遗产的范畴非常广泛,但是人类不可能,也没有必要对所有的非物质文化遗产都提供保护,而国际社会要保护的是仅仅是符合价值判断的那一部分非物质文化遗产。

(三)传统知识的概念由来

在非物质文化遗产中,与习惯法的关系最为密切的是传统知识。作为非物质文化遗产的下位概念,传统知识虽然具有非物质文化遗产的特征和共性,但在此基础上还有着其独特的个性和自我特征,因此下文就对传统知识这一概念进行界定。

虽然此前关于传统知识已有诸多的探讨和争论,但这一概念的最初成形和提出却源自《生物多样性公约》(*Convention on Biological Diversity*,简称

CBD),公约是 1992 年于里约热内卢召开的联合国环境与发展大会的成果之一。在公约的第 8 条(J)款中明确规定,"依照国家立法,尊重、保存和维持土著和地方社区体现传统生活方式而与生物多样性的保护和持久使用相关的传统知识、创新和做法(traditional knowledge, innovation and practices)并促进其广泛应用,由此等知识、创新和做法的拥有者认可和参与其事并鼓励公平地分享因利用此等知识、创新和做法而获得的惠益"。① 此后,世界粮农组织在 1994 年缔结的一项关于植物遗传资源的国际条约中也提出了传统知识的保护问题,并最终在 2001 年通过的《粮食和农业植物遗传资源国际条约》第 9 条第 2 款第 1 项中提出了制定保护传统知识的各类措施。CBD 进一步的努力体现在 1997 年于马德里达成的《传统知识与生物多样性》(*Traditional Knowledge and Biological Diversity*)。在这份文件中,CBD 具体阐释了传统知识的概念。传统知识"是用来描述这样的知识的,即它是由某个群体通过一代代地传授,在与自然界的亲密接触中所建立的,这些知识包括一个分类体系、一套关于当地自然界的经验观察结果,以及一套管理资源利用的自我管理制度"。②

除 CBD 外,世界知识产权组织(World Intellectual Property Organization, WIPO)为传统知识的界定也做出了不懈努力。传统知识作为一个专门术语被 WPIO 正式使用,始于 1999 年 11 月在日内瓦举行的"知识产权与传统知识"的圆桌会议,以及 1998—1999 年间 WPIO 对南亚、非洲东南部、大洋洲南部、美洲以及加勒比海、阿拉伯地区的 28 个国家的九次实地调查活动(Fact—finding Missions)。WIPO 认为,"传统知识是指基于传统产生的文学,艺术或科学作品、表演、发明、科学发现、外观设计、标志、名称及符号、未公开的信息,以及一切其他工业、科学、文学或艺术领域内的智力活动所产生的基于传统的创新与创造"。③ 由于这一概念系 WPIO 首次提出,因此界定得较为粗略,有些术语没有进一步的解释。此后,2003 年 7 月在 WIPO-IGC 第 5 次会议上对传统知识进行了进一步的解释,传统知识的概念一如之前的界定,但对"传统"

---

① 《生物多样性公约》中文本,参见韩德培、万鄂湘主编:《中华人民共和国法库国际法卷(第二编)》,人民法院出版社 2002 年版,第 10903 页。

② UNEP/CBD/TKBD/1/2 pp. 17~20。

③ WIPO/GRTKF/IC/3/9. p25。

做了解释,指出所谓"基于传统",是指"代代相传,且被视为隶属于特定族群或地域,并不断随环境变化而发展的知识体系、创造、创新和文化表达"。这次会议对传统知识的界定范围较宽,传统知识不仅包括技艺、传统文学知识等,也包括民俗知识。

2006年11月底召开的WIPO第10次会议上,主办方提交了WIPO/GRTKF/IC/3/8的文件,在这份文件中WIPO改变了以前对传统知识外延的界定,开始使用比较特定或严格概念来阐述传统知识的定义,这主要是将民俗知识排除出传统知识的范畴。在这次会议上,WIPO指出:传统知识仅指传统背景下作为智力活动成果和见识的知识的内容或实质,它包括作为传统知识系统组成部分的专有技术、技能、创新、实践和学问,并包括体现某社区或其居民传统生活方式的知识,或者包含在成文化的、世代相传的知识系统中的知识。而且,传统知识不限于任何特定的专业领域,它可能包括农业、环境和医学知识,以及与遗传资源有关的知识。

此外,联合国也在《在发生严重干旱及或荒漠化的国家,特别是非洲国家,防治荒漠化的公约》(*The United Nations Convention to Combat Desertification in Those Countries Experiencing Serious Droughts and/or Desertification*, *Particularly in Africa*, UNESCO)中解释了传统知识的含义,即传统知识主要是指这样一类客体,它们是由一系列事关生态环境、社会经济环境与文化环境的实用性、规范性的知识所构成。传统知识是以人为中心的(由那些经验丰富、能力强且德高望重的人士总结并加以传授)、系统的(关联且整体的)、先验的(经验和实践形成的)、代代相传且具有重要文化价值的知识。

上面主要介绍了传统知识的概念,但在传统知识这一名词之外,还有众多的其他概念,它们的名称虽然不一,但所指涉的实体对象与传统知识却大致相同。如联合国在其通过的《土著居民权利宣言草案》(*Draft Declaration on the Rights of Indigenous Peoples*)中所使用的"土著知识"(Indigenous Knowledge)一词;联合国教科文组织(UNESCO)所使用的"土著居民遗产"(Heritage of Indigenous Peoples)一词。此外,还有土著遗产(Indigenous Heritage)、社区知识(Community Knowledge)、无形文化财(Intangible Cultural Heritage)和传统医药(Traditional Medicine)等。当然,这些词与传统知识的含义之间也有细微的差别,如土著知识系指土著部落、人种与土著种族所有的以传统方式获取的知识,所以这一名词的界定重在"土著";而"土著居民遗产"主要是从文化和文物视角切入定义的,主要指的是各种文学和艺术的创造,如音乐、舞蹈、歌曲、仪式及符号和图案、叙事作品和诗歌及土著居民的文学艺术创造的各种表现形式、各种科学、农业、技术、医药、有关生物多样性和生态的知识。[①]

(四)知识学视野下传统知识的界定

传统知识是知识的下位概念,若要界定传统知识的概念,首先需要厘清知识的概念、特征和必要分类。研究知识的学科被称之为知识学,它是"关于知识与知识活动的科学,是研究知识的本质与功能、知识的形成与演化规律,知识生产、加工、组织、传播、利用等一系列知识活动的理论与方法,为人类社会的知识记忆与创新提供保障,并作用于科学技术与社会发展的一门综合性科学"。[②]

对于知识的概念,学者们的界定大致相同。D. 贝尔认为,知识是"一组对事实或概念的条理化的阐述,它表示了一个推理出来的判断或者一种经验性结果,它可以通过某种通信工具以某种系统的方式传播给其他人"[③]。鲍丁认为:"知识即想象和存在,它是可以被观察的或者至少可以通过语言工具被描述的,并且可与主体的想象相结合。"[④]马克卢普认为,"知识是关于以一切新的科学技术、文化艺术、信息管理、美感、善德等等具体知识的一般抽象形式"。[⑤] 此外,其他学者也有类似的界定。总体而言,学者们皆认为知识是人类实践的一种产物,知识既包括真理和信念,观点和概念,也包括判断和展望,方法和诀窍等。基于知识概念的界定,阿利·V 认为知识有 12 种特征,分别

---

① E/CN. 4/Sub. 2/1995/26 Para 13.

② 柯平:《知识学研究导论》,载《图书情报工作》2006 年第 4 期。

③ 王通讯:《论知识结构》,北京出版社 1986 年版,第 1 页。

④ Boulding. K. E. ,the Economics of Knowledge of Economics,*American Economic Review*,Vol. 156. 1996:p. 2.

⑤ Machlup Fritz,Knowledge: Its Creation, Distribution and Economic Significance,*Knowledge and Knowledge production*,Vol. 1, 1980:pp. 158~159.

是知识是零乱的；知识是自组织的；知识需要一种共同体；知识需要语言来描述；知识约束越多，损失也越多；试图牢固控制知识是徒劳无功的；不存在一劳永逸的解决办法；知识是进化而非永生的；个人不能控制集体知识；人们不能为知识设立规则与系统；可用不同方式在多种层次促进知识发展；如何定义知识决定了如何管理知识①。依照不同的标准，知识有着不尽相同的分类。最为主要，也是最先发展的是知识的原始分类，借鉴弗里茨－马克卢普的观点，我们可以将知识分为实用知识、学术知识、闲谈与消遣知识、精神知识、不需要的知识五类②。在这五类知识中，传统知识主要体现为实用知识和精神知识。

当前学界对传统知识的界定主要有两类意见。第一类意见认为，在当前情况下，由于大家众说纷纭，因此没有必要对传统知识进行界定，核心观点有三：一是传统知识的"传统"无法确定。如英国的"知识产权委员会"在其《整合知识产权与发展政策》报告中认为，"如何定义传统知识呢？虽然大部分知识都是一代一代传下来的，并且都是古老的，但其却是不断地被精炼并发展出新的知识。这就如同现代科学进程是通过持续不断的改进而前进，而不是通过几个主要的跳跃来前进一样"。③ 二是传统知识的"保护"无法确定。之所以无法对传统知识进行定义，或者虽然已经有诸多定义，但学界还没有达成一致，其根本原因在于"对传统知识的'保护'究竟意味着什么以及该保护的目的是什么都还存在令人困惑之处"。三是当前传统知识概念纷繁芜杂。就当前传统知识的研究实际而言，虽然教科文组织和世界知识产权等国际组织对于传统知识进行了大量的界定，且此种界定随着认识的增加和深入也在不断地演化和完善过程中，但不可否认的是两大组织之间和各个国家的学者之间，甚至于一国内部不同的学者对于传统知识的界定也是不同，甚至是相异的，由此界定一个能够为多数学者所认可的概念就是困难的或不可能的。

第二类意见认为，传统知识的概念不仅有必要界定，而且也是可能界定的，只是各位学者和各个组织在具体的界定形态和界定范围上又有着不同。

---

① Alee V. 12 principles of knowledge management Training & Development,1997, 51(11):pp.71~74.

② 郭睦庚:《知识的分类及其管理》,载《决策杂志》2001年第14期。

③ 英国知识产权委员会:《整合知识产权与发展政策》,载《信息空间》2004年第4期。

在界定的形态方面,主要有两种观点:一种是在界定传统知识的概念时,将界定的重点放在传统知识的外延方面,尤其是传统知识保护的客体方面。"关于传统知识之保护,可以将重点放在事前决定的保护客体上,但未必需要一个明确的定义,因为对于传统知识的保护而言,它并不是一个重要的必要条件。"①基于此类想法,这些组织和学者对传统知识的界定主要是罗列和描述传统知识所包含的对象,如"传统知识包括,为医疗和农业使用的生物或其他材料的信息,生产方法、设计、文学、音乐、宗教仪式和其他技术和工艺。这一宽泛的内容也包括功能和美学性质的信息,即所有可以用于农业或工业的方法和产品以及无形的文化价值等"。②

第二种观点是在界定传统知识时将界定的重点放在概念的内涵方面。如CBD第 8 条 J 款就认为,传统知识是指那些土著和地方社区体现传统生活方式而与生物多样性的保护和持久使用相关的知识、创新和做法。"'创新'指的是土著与地方群落的一种特征,是以传统活动作为过滤器而实现的创新。从此意义上说,它是一种传统的研究与应用方法,而不一定是特定知识的应用。"③"传统",是指世代相传,基于特定族群或地域,并随环境不断变化而发展的知识体系、创造、创新和文化表达。与之相类似,人类学家 Martha Johnson 认为,传统知识是"特定部族人民在长期与大自然紧密相关的生活中形成并世代相传的知识体系,它有不同的分类,具有体系性、经验性和科学性"④。

在界定的范围方面,也主要有两类意见:一类是广义界定的传统知识;第二类是狭义界定的传统知识。学界和各国际组织对于传统知识的认识存在着一个渐进的过程,以 WIPO 为例,在初始的时候所认定是广义的传统知识,即

---

①　Nuno Pires de Carvalho. *The TRIPS Regime of Patent Rights*. Kluwer Law international,2002,pp.192~193.

②　文希凯:《传统知识与知识产权》,Carlos Correa. http://www. biodiv-ip. gov. cn/zsjs/ctzs/ctzsyzscq/default. htm.

③　What Is Traditional Knowledge,http：//www. Native science. org/html/traditional knowledge html,下载日期:2006 年 4 月 19 日。

④　Martha Johnson, Research on Traditional Environrnental Knowledge：its Development and Its Role in LORE：CAPTURING TRADITIONAL ENVIRONMENTAL KNOWLEDGE 3,4(Martha Johnson ed. ,1992).

传统知识是基于传统产生的文学、艺术或科学作品、表演、发明、发现、设计、标志、称号或象征、未披露信息,以及其他一些在工业、科学、文学、艺术领域内以传统为基础的智力活动中产生的一切创新和创造①。但是在近期召开的会议和学术研究中,WIPO逐渐趋向于采用狭义的传统知识的概念,即所谓传统知识是传统部族在千百年来的生活实践中创造出来的知识、技术、诀窍和经验的总和。狭义的传统知识主要是指传统的科学、技术和习惯类知识,这包括农业知识、医学知识和传统习俗等。相比较广义的传统知识概念,狭义的传统知识主要将民间文学艺术排除出去。就现今学界的动态而言,狭义的传统知识的概念更为学者们所认可,其原因主要在于两个方面:一是传统知识和民间文学艺术所包含的内容是不同的,它们所对应的知识产权的保护模式也是不一样的,一者侧重于著作权,而另一者则更接近于专利保护;二是狭义的传统知识和民间文学艺术的具体保护措施上有所不同,狭义传统知识的保护措施主要是私法保护,而民间文学艺术的保护措施更主要依赖于公法的保护。

基于上述学界的动态,并将传统知识置于知识学的视野下,本书认为,传统知识的概念是可以界定的,且在界定的时候应当注意内涵和外延的并重。基于此,本书认为所谓传统知识是指土著民族、部落和地方社区的民众在适应自然环境的过程中所形成的并经世代相传不断演化而发展的集体智慧结晶,它是人类为了生存和发展,所形成的、反映其对社会及自然环境,所施加挑战的人类活动的知识总和。

(五)传统知识的基础特征

传统知识的基础特征主要是在与现代知识的比较过程中得出的。传统知识是一种建立在千百年来传统经验积累基础上的知识体系,这种知识体系是世界上不同民族日常生活经验的总结;而现代知识是建立在西方近现代自然科学技术和社会科学理论基础上的具有完整体系的知识系统。具体而言,传统知识主要有下述六个方面的特征:

1.传统知识具有传承性。传承性是传统知识的重要特征,"传统知识并不

---

① Traditional Knowledge-operational Terms and Definitions,WIPO/GRTKF/IC/3/9,May 20,2002,paragraph. 25.

只是靠死记硬背学习而一代代传下去,而是不断地确认、适应和创造的连续过程,随着社会环境和自然环境的变化而不断改变其形式和内容"。① 传统知识的此种传承性在 CBD 和 WIPO 的概念界定中有着明显的体现:CBD 指出传统知识是尊重、保存和维持土著和地方社区体现传统生活方式而与生物多样性的保护和持久使用相关的知识、创新和做法,在这一概念中重点突出了"尊重、保存和维持土著和地方社区体现传统生活方式";WIPO 指出传统知识通常被认为与特别的民族和地域有关,并随着环境变化而经常演化,在其概念界定中突出了传统知识代代流传的特性。CBD 和 WIPO 对传统知识的理解和界定也体现了传统知识传承性的静态特征和动态特征,静态特征表现在传统知识源于传统社区这一特定的地域或族群,与传统社区生活环境有密切联系;动态特征表现在传统知识发展有个代代流传、不断演变、发展和创新的过程,而非一成不变,但是这种演变并未改变传统知识的核心技术特征。

2. 传统知识具有群体性。传统知识的群体性体现在两个方面:一是群体知识的产生和发展是群体智慧的结晶;二是群体知识的所有权主体具有群体性,由群体内容的成员共同占有、使用和收益。传统知识的产生与发展是由某个部落、村庄、社区和民族等在长期的生产和生活过程中完成的,是一种集体智慧的结晶。某项传统知识的产生和发展通常是群体中无数成员个人贡献的总结,这些贡献的成员大多籍籍无名,也许会有某个个人、家庭或家族对这项传统知识的产生和发展起到了至关重要的作用,但是由于此种贡献在投入时就没有刻意地区分自己与他人、个人与集体,因此在经过历史的风浪后,这一传统知识的个人特征逐渐消失,对个人贡献的区分也就变得实质上不可行了。"从其产生、发展和传承方式来考察,传统知识都是建立在前人和集体中其他人的知识积累基础上发展起来的,而进一步的发展又依赖于下一代的社区居民的共同努力,个人的角色作用逐渐被集体主义所替代"②。

3. 传统知识具有地域性。传统知识之所以具有地域性特征,在于传统知识是自然、社会、文化和技术相互作用下智力活动的知识成果。由于世界上不

---

① D. Nakashima, *Conceptualizing Nature : The Cultural Context of Resource Management*. Nature & Resources. Vol. 34, 1998:18.

② 臧小丽:《传统知识的法律保护问题研究》,中央民族大学 2006 年博士论文,第13 页。

同地域的自然环境不同,人文环境各异,因此与自然环境和人文环境互动产生的传统知识也就各不相同,具有浓厚的地域色彩。如我国侗族的高仟地区在防治病虫害的传统知识方面就具有浓郁的地域性特征,病虫害的防治有三种方法:一是在稻田中放养鱼、鸭,让它们吃掉害虫的卵和幼虫;二是将禾秆烧成草灰撒在稻田驱走病虫;三是用烟叶、鱼藤、樟树叶等泡水制成传统的生态农药进行杀虫。总体而言,侗族高仟地区的病虫害防治体现了生态、环保和共赢的地域特色。①

4.传统知识具有无时限性。传统知识不具有时间性,因此与知识产权的保护相区别,传统知识的保护是无期限的。由于传统知识是原居住民族、部落或地方社区的生存方法、生活习惯、民族文化等长期积累而成的,是人类的宝贵财富、遗产资源,需要从法律上永久地确认对其的保护,一旦消逝即不可再生,甚至随着时间的推移,传统知识的价值会不断上升,在时间上其价值的预期是不可确定的,对其保护的法律和技术的措施就更加重要。

5.传统知识具有整体性。传统知识的整体性主要体现在传统知识多是复合的和多元的,它通常是由信仰和知识组成的整体,代表着特定群体的文化背景,并具有宗教和文化方面的象征意义;而在现代知识体系下,知识多是单一的,或者是隶属于某一分类体系下的。对于传统知识的整体性,WIPO委员会曾用一个小故事予以形象的阐述:亚马孙地区的一名部落成员生病了,于是他求助于本部落的巫师。为了治愈这名部落成员的疾病,巫师通常会采集不同植物的叶子、果实和根茎等,并按照自己的配方将它们组合;他同时会穿上某种仪式的服装,向森林之神祷告并跳着独特的宗教舞蹈;并且他还会吸入灵魂之藤叶子的烟雾,以便将药材保存在带有象征图案的瓶子里。"传统知识的整体性就体现为精神性和实用性成分的相互融合、不可分割",②同时也在于它们是上述各类要素的组合,且各类要素间又是一致的和连贯的。

6.传统知识与习惯法密切相关。传统知识多是受当地社区的习惯法保护的,WIPO在WIPO/GRTKF/IC/7/5附录Ⅰ中指出:通过一种保管、保护或

① 龙初凡、孔蓓:《侗族糯禾种植的传统知识研究》,载《原生态民族文化学刊》2012年第4期。

② WIPO Document,WlPO/GRTKF/IC//3/8,Elements of Sui generis System for the Protection of traditional Knowledge and Folklore. Geneva,2002:28.

文化责任感与义务感,如有允许不当使用或贬低性使用,将是有害的或侵犯性的。这样一种认识与当地或土著社区相联系,这种关系可能通过习惯法正式或非正式地表达出来。另外 WIPO/GRTKF/IC/8/8 附件也强调:传统知识强调以社区作为发展基础,其使用方法与传承方式应遵循其长时间流传下来的习惯法则。

(六)传统知识的类型及与其相近概念的界分

一如传统知识的概念界定,对于传统知识的分类,学者们的认识也不尽一致。多数学者所采用的是列举的方式,主要是立足于传统知识的外延,罗列了传统知识所包含的类型,"从具体内容看,传统知识应当包括:农业知识,科学知识,技术知识,生态知识,医疗知识(包括药品和治疗方法),有关生物多样性的知识,民间文学艺术表达(包括音乐、舞蹈、歌曲、手工艺品、设计、传说和艺术品等形式),语言的要素(如名称、地理标识及符号),以及其他未固定的文化财产"。[1] 也有机构和学者立足于一定的分类标准,尝试着对传统知识进行大致的分类:如 WIPO 从对传统知识保护范围界定的角度出发,将传统知识区分为传统科技知识、传统文化表达和传统标识三类;以传统知识的表现形式,将传统知识区分为文献化的传统知识和未文献化的传统知识;如以传统知识的用途为标准,将传统知识区分为实用型、艺术型以及艺术实用两者兼具三种类型。[2] 以传统知识所包含的主要要素为标准,将传统知识区分为艺术类、科技类和习惯类三种。[3] Carlos Correa 教授曾提出,传统知识可根据"涉及的要素,知识潜在的或实际的应用,文献化程度,个体所有或集体所有形式,以及其法律状态"[4]等标准进行分类。

审视学者们的已有研究,笔者认为以传统知识的涉及要素为标准进行分

---

① 宋红松:《传统知识与知识产权》,载《电子知识产权》2003 年第 36 期。
② 臧小丽:《传统知识的法律保护问题研究》,中央民族大学 2006 年博士论文,第 18 页。
③ 周方:《传统知识法律保护研究》,知识产权出版社 2011 年版,第 34 页。
④ Carols M. Correa:《传统知识与知识产权》,载国家知识产权局条法司编:《专利法研究 2003》,知识产权出版社 2003 年版,第 449 页。

类,不失为区分传统知识的一种相对客观和科学的分类标准。之所以如此,在于以涉及要素为标准,第一,可以将所有的传统知识囊括进来,避免挂一漏万的情形出现;第二,更为重要的是,涉及要素是传统知识的根本属性,无论传统知识如何变化,总是摆脱不了的,由此分类标准就相对客观化;第三,本书研究传统知识的目的在于传统知识的法律保护,因此从法律保护的角度出发,以涉及要素为标准进行分类,更有利于提出各个不同的法律保护措施。以涉及要素为标准,本书主要将传统知识区分为科技类传统知识、习惯类传统知识和艺术类传统知识,对于这三类传统知识,笔者准备结合所调研的H村的传统知识进行一定的理解。

1.科技类传统知识,这主要是社区、部族中的居民在改造、利用自然和社会的过程中所产生的主要包括科技要素的传统知识,具体而言,科技类传统知识包括科学类传统知识和技术类传统知识。H村中的科技类传统知识众多,如医药知识、节气知识、天气知识、建筑知识、烹饪知识、冶金知识、锻造知识、制衣知识、养殖知识、农耕知识、酿造知识和榨取知识等。

2.习惯类传统知识,是指社区和部族民众在日常生活交往的过程中所形成的主要包含传统习惯要素的传统知识,包括传统习俗和传统制度。H村中的习惯类传统知识有婚丧知识、嫁娶知识、节庆知识、伦理知识和村落习惯法知识等。

3.艺术类传统知识,是指社区和部落中的民众在生活和娱乐的过程中所产生的主要包含艺术要素的传统知识,H村中的艺术类传统知识包括鼓乐知识、表演知识、武术知识、雕刻知识和刺绣知识等。

自CBD提出传统知识的概念至今已有二十余年的时间,在这其中传统知识的概念随着我们认识的扩展和深入而不断变化,只是无论怎样变化,传统知识都无法逃脱其作为知识的本质属性,由此基于知识学的立场对传统知识的界定就不仅是可欲的,也是必要的。当然,传统知识的界定还必须注意到当前学界的研究动态,即是否有必要界定,界定的形态和界定的范围。在此两者的基础上,笔者界定了本书传统知识的概念,即所谓传统知识是指土著民族、部落和地方社区的民众在适应自然环境的过程中所形成的并经世代相传不断演化而发展的集体智慧结晶,它是人类为了生存和发展所形成的反映其对社会及自然环境所施加挑战的人类活动的知识总和。

三、法学视野下习惯法的界定

考诸习惯法这一学科,我们会发现,这一学科的发展史同时也是习惯法核心概念的界定历史。习惯、惯例、民间法、习惯法、民间规范和社会规范等,这诸多概念的产生和存在表征了习惯法作为一门学科的繁荣,同时,如此众多的概念也造就了习惯法研究中的概念混乱现象。本书的写作并非是要廓清上述概念之间的交叉和从属关系,而主要是在明确学术立场的基础上集中对于习惯法这一高频概念进行界定。本书对于习惯法的界定主要分为两个部分:一是对于习惯法内涵的确定,这主要表现为对习惯法概念的明晰;二是对于习惯法外延的划清,这主要表现为区分习惯法与惯例和道德规范之间的差别。

(一)习惯法概念的确定

根据学者们的研究,现今习惯法研究中之所以会出现概念混乱现象,主要在于各位学者在对习惯法核心概念界定时的学术立场不清晰[①],由此本书对习惯法的界定首先就需要明确自己的学术立场。"社会—人类学视野和法学视野,构成习惯法研究的两个主要学术方向,因之也带来这一研究在多方面的差异"[②],差异之一即表现为法学立场上的习惯法与社会—人类学立场上的习惯法在进行概念界定时是不尽相同的,此种不同一方面表现为两者立场中的习惯法所指涉的对象和规范意义不同;另一方面还表现为两种立场上习惯法的生成路径是不同的,从而与其相关的概念谱系也就具有极大的差异性。由于已有学者对于社会—人类学立场上的习惯法及其概念谱系进行了相关的明

---

① 魏治勋:《习惯法核心概念辨析》,载谢晖、陈金钊:《习惯法》(第 10 卷),人民出版社 2010 年版,第 2~4 页;王林敏:《习惯法概念谱系的辨析与界定》,载谢晖、陈金钊:《习惯法》(第 10 卷),山东人民出版社 2010 年版,第 44~45 页。

② 谢晖:《论习惯法研究的两种学术视野及其区别》,载《哈尔滨工业大学学报》(社会科学版)2012 年第 2 期。

晰,因此本书主要集中对于法学立场上的习惯法进行界定。

站在法学的立场上,习惯法概念的界定如何?梁治平、高其才和谢晖三位学者可谓其中的代表。梁治平认为:习惯法"乃是这样一套地方性规范,它是在乡民长期的生活与劳作过程中逐渐形成;它被用来分配乡民之间的权利、义务,调整和解决他们之间的利益冲突,并且主要在一套关系网中被予以实施。就其性质而言,习惯法乃是不同于国家法的另一种知识传统,它在一定程度上受制于不同的原则"。[①] 高其才也认为习惯法"是独立于国家制定法之外,依据某种社会权威和社会组织,具有一定的强制性的行为规范的总和"。[②] 谢晖认为:习惯法是"国家法的对称,是国家法之外,用来进行社会控制和社会秩序构造的规范系统。其功能既可作为国家法的补充这一配角而存在,也可作为促进国家法进行革故鼎新的主角而存在"。[③] 由上述三位学者的定义可知,它们很明显是站在法学立场上进行概念界定的,这主要表现为三点:一是三位学者对于习惯法的界定侧重于价值关注,如梁治平认为习惯法主要被用来分配乡民之间的权利和义务,从而是从价值问题出发来定义习惯法的;二是三者概念的研究对象共同指向制度事实,即是一种以规范为前提而产生的且和规范相呼应的社会事实,如谢晖认为习惯法是用来社会控制和社会秩序构造的规范系统;三是二者概念中所内含的分析方法主要是规范实证,如高其才认为习惯法是具有一定强制性的行为规范。与法学立场上习惯法的界定相区别,社会—人类学立场上习惯法的界定多是侧重事实关注、研究社会事实和适用社会实证分析方法。如哈耶克就认为,所谓习惯法是"人类在其经历的前后相继的社会结构类型中所习得的各种传统的全部留存规则,也就是人们并不曾刻意选择但却广为传播和盛行的那些规则;这些规则之所以得到传播和盛行,实是因为某些惯例促成了某些群体的繁荣,而且还致使它们的规模得到了扩大"。[④] 同样,韦伯也认为,习惯法"是最基本的社会知识,它存在于人们的生

[①] 梁治平:《清代习惯法:社会与国家》,中国政法大学出版社 1996 年版,第 166 页。

[②] 高其才:《中国习惯法论》,中国法制出版社 2008 年版,第 3 页。

[③] 谢晖:《论习惯法研究的学术范型》,载《政法论坛》2011 年第 4 期。

[④] 〔英〕弗里德里希·冯·哈耶克:《法律、立法与自由》(第二、三卷),邓正来、张守东、李静冰译,中国大百科全书出版社 2000 年版,第 507 页。

活方式之中,散布在社会关系网络的每一个关节点上"。①

　　基于上述诸位学者的论述,本书认为,法学立场上的习惯法就是在某一时期的一定区域内,诸多社会主体就某种特定事项反复实践,从而所形成的带有权利和义务分配性质的社会规范。当然,对于本书所界定的习惯法的概念,还有两点需要交待:一是习惯法与习惯规范的关系。本书认为,两者之间的关联在于习惯法是习惯规范的集合状态,从而某一类型的习惯规范的总和构成习惯法;同时,两者之间的相异之处也与此相关,习惯规范重在单条的规范,从而构筑在一种常规性的行为模式的基础之上,而习惯法则重在整体,从而就是诸多同一社会关系的习惯规范的总和。二是概念的种属。诚如上文所界定的,本书认为习惯法属于社会规范范畴,从而是社会规范之中的一个子概念,具有社会规范的属性。本书对于社会规范的定义主要采用新帕尔格雷夫经济学大辞典中的界定,从而所谓社会规范是指"那些调整人与人之间行为确定的规范。一旦做某种事情的特定方式作为一条规则被逐渐建立起来,它就具有了持续的强制力,因为我们倾向于遵守那些在预期中其他人也将遵守的规则。这一定义涵盖了那些初级水平的自我强制性的简易规则,比如在问候他人时应该伸出哪只手的规则,或者沿着道路的哪一侧行车的规则;这一定义还涵盖了对那些偏离第一顺序规则的行为进行惩罚的更具复杂性的规则"。② 由此,社会规范的主要类型既包括习俗和惯例,同时也包含着习惯规范、道德规范和法律规范等。

　　社会规范是一个由众多单元范畴所构成的概念谱系,且这一概念谱系内部的各单元范畴之间是一种承继排序的关系,如韦森先生就曾对习惯、习俗和惯例这三个概念范畴进行过界分,他认为习惯是指"个人行事与活动中所呈现出来的事态中的一致性,或者说重复出现的个人活动的一种'单元事态'";习俗是指"'连续存在的群体'的行动所呈现出来的诸多'单元事态'中的普遍性、同一性与延续性";而惯例则是指"在人们的社会生活与交往中(尤其是在市场经济的运行过程中)较长时间驻存,并对人们行为有较强约束、规制与调

---

　　① 郑戈:《法律与现代人的命运:马克斯·韦伯法律思想研究导论》,法律出版社2006年版,第91页。

　　② Steven N. Durlauf and Lawrence E. Blume, New Palgrave Dictionary of Economics, London: MacMillan, 1988, p. 533.

控力的一种显俗"。① 由上述三个概念的界定我们可以获知,韦森的惯例概念是建立在习俗概念基础上的,而其习俗概念又建立在对于习惯概念的界定之上,由此三者之间的逻辑关系就是一个由习惯到习俗,再由习俗到惯例的生成过程。按照社会规范中概念规范性的有无及强弱,在社会规范中有两个概念范畴与习惯法具有密切关系,但同时又容易相混淆的,这两个概念分别是惯例和道德规范。惯例处于习惯法的下方,是习惯法的重要来源,二者的差别主要在于规范性的有无;而道德规范处于习惯法的上方,当然这并不是说道德规范来源于习惯法,而主要是指道德规范对于习惯法具有重要的影响作用,二者的差别主要在于权利、义务的分配机制上。如此,则下文主要以习惯法与这两个概念之间的区别以界定习惯法的外延。

(二)习惯法与惯例间的界分

对于惯例的概念,不同的学科有着不同的界定,由此在惯例的概念上也就没有达成共识,这正如彭特兰和鲁特所言,"惯例的概念是不可接受的模糊和包罗万象"。② 对于惯例界定的现状虽然如此,但是这些不同学科所定义概念的影响力却是不同的,在这其中,哲学家戴维德·刘易斯对于惯例的界定影响最为重大,因此下文主要是围绕刘易斯这一概念展开对于惯例的研究。刘易斯认为:"在一人口群体 P 中,当其中的成员在一重复出现的境势 S 下,作为当事人常规性(regularity)的 R 只有在下列条件下而成为人口 P 中的共同知识时,它才成为一种惯例:(1)每个人都遵同(conform)R;(2)每个人都预计到他人会遵同 R;并且(3)因为 S 是一个协调问题,而一致遵同 R 又是 S 中的一种协调均衡,在他人遵同 R 的条件下每个人又乐意遵同它。"③

由刘易斯对于惯例概念的界定,我们可知惯例主要具有下述几个特征:(1)惯例是一种相对固定的行为模式,从而当出现境势 S 时,人们相应地就会

---

① 韦森:《经济学与哲学:制度分析的哲学基础》,上海人民出版社 2005 年版,第 168～174 页。

② 芮明杰:《知识型企业成长与创新》,上海人民出版社 2006 年版,第 203 页。

③ 〔美〕安德鲁·肖特:《社会制度的经济理论》,陆铭、陈钊译,上海财经大学出版社 2003 年版,第 16 页。

作出 R 行为,且大家都遵同 R 这种行为模式。(2)惯例具有可观察到的行为的重复性,此种重复性主要表现在,出现境势 S 时,大家会不加考虑地或者下意识地作出 R 行为,且 R 这种行为具有一定的常规性,易为人们所学习和模仿。(3)惯例具有一定的协调预期功能,即每个人会预见到当出现境势 S 时,其他人会作出 R 行为,从而惯例的产生就大大节约了人们之间的协调成本,也就提高了社会经济各方面的效率。(4)惯例仅适用于一定的人口和地域,从而就具有一定的地方和行业色彩。由上述惯例的四个基本特征,则本书对于惯例的界定是:一定地域内的社会主体由于行为的重复性,而形成的某种较为固定的行为模式。

　　总体而言,惯例和习惯法之间既具有一定的关联同时又有着很大的区别。二者的关联主要表现在两个方面:一是二者均属于社会规范的范畴,从而二者具有相同的规范形式和社会约束力。二是二者常常是重合在一起的,二者的重合之处表现为在许多社会的一定时期中,人们遵从一种习惯法也就是遵从一种惯例,而人们受到惯例的约束也就是受到习惯法的约束。同时由这一点也可以引出二者在外延上的区别:习惯法是属于惯例的范畴,而惯例却不一定就是习惯法,即惯例在外延上是包含着习惯法的。当然二者在外延上的此种区别主要源于内涵上的相异,正是由于习惯法具有惯例所不具有的独特特性,方使得习惯法从惯例的范畴中独立出来。

　　由于惯例与习惯法经常是重合在一起的,如在传统知识的传承中"传男不传女,传内不传外",这既是一项沿袭已久的惯例,同时也是一条具有规范效力的习惯法,由此我们简单地采用定义的方法将二者予以区分,其效果就不甚理想。借鉴韦森先生的做法,我们可以从语句形式和范畴归属上对于二者的区分做一下梳理。首先在语句形式方面,惯例告诉人们:周边的人都这样做某件事情,你自然也会这样做事情,且在此种情况下,你最好也以相同的方式做这件事情,只有这样你方能顺应环境而不会显得格格不入。而习惯法告诉人们:你应当这样做事情,不是因为周边的人都这样做事情,而是你有义务这样做事情,且你最好这样做事情,否则你就要受到相应的惩罚。从惯例与习惯法的语句形式上我们看到:人们之所以遵从惯例是基于从众效应,即我之所以这样做,是因为这样做或者可以得到大家的认可,或者是自己心情的愉悦,或者是物质的利益等;而人们之所以遵从习惯法则是基于应然判断或者价值判断,即我之所以这样做,是因为我有义务,正是因为有义务所以我"应当"做,这种应当性或者是来自义务承担者的同意,或者是来自规范的要求,由此我们可看出惯例与习惯法之间的截然差别。此诚为耶林所论,"当某人的行为被大家所模仿时,则此种行为是为一种惯例;但当此种惯例被附加上一种社会义务时,则此时惯例就变为习惯法了"。[①] 当然二者之间的差别还表现在二者是不可通约的,我们虽然看到惯例与习惯法多数时候是重合的,且生活于其中的人们对此也不予考察,但是我们却无法从"大家都这样做,你也这样做,且在大家都这样做的情况下,你的最好选择可能也是这样做"这一语言形式上推出"你应该这样做"这一习惯法来。换句话说,尽管依照大家都在遵行某一惯例,你也遵从这一惯例可能最符合你自己的最佳利益计算,但这却不能推出在习惯法上你就有义务这样做。

其次,更为根本的是,习惯法具有应当性,从而是一种应然判断或者价值判断;而惯例则不具有此种应当性,从而仅仅是一种事实,属于实然世界的一部分。当然这一点由上述二者的语句区别中也可以约略地看出。凯尔森认为,应当在规范之中扮演着核心的角色,在根本意义上规范就是应当。"当我们用'规范'这个词时,我们的意思是,某些事情应当发生,特别是某个人应当以某种方式行为。这就是说某些人的特定行为指引另外一些人的行为。"[②]

在雇佣习惯法中,你应当"勤谨劳作",因为这是契约的要求,是我们双方同意的结果;在短工市场上,雇主与雇工之间的工价应当高于当日市场上的第一例交易价格,因为这是习惯法的要求,是这一市场中所有人默示同意的结果。而惯例则不具有这种应当性,如雇佣市场的起止时间就是一种惯例,而非习惯法。雇佣市场一般是在清晨开市,至中午散去。如"山东冷水沟村的短工,在附近杨家屯关帝庙前聚集——共约20至80人,视季节而定。雇主们四时左右到达。多是经营式农场主或其长工、富农及中农。在四至五时间进行雇佣,很少在六时以后。"[③]之所以言及雇佣市场的起止时间是一项惯例,主要就在于它仅仅是一种沿袭的时间常规,而不具有应当性。雇工之所以早上四

---

① R. von Ihering, *Der Zweck in Recht*, vol. Ⅱ, 2nd ed., Leipzing: Breitkopf & Hartel, 1986: p. 242.

② Hans. Kelsen, *The Pure Theory Law*, Berkeley & Los Angeles: University of California Press, 1967: pp. 4~5.

③ [美]黄宗智:《华北的小农经济与社会变迁》,中华书局1986年版,第206页。

五点钟赴雇佣市场,主要是为了获得更多、更好的佣工机会,而非是基于应当性,即雇工并不承担"你应当四五点钟赴雇佣市场"这样一项义务,由此在这其中也就没有蕴含着应当性。从而我们说,习惯法是一种规范范畴,而惯例则仅仅是一种事实范畴。

最后,正是由于习惯法蕴含着应当,因此可作为裁判纠纷的依据,且当主体违反习惯法时是可以"强制"其遵守的,而相应的惯例则不具有此种功能。譬如,若某一雇工违反顺价规范而与雇主低价达成交易的话,则市场中的其他的雇工就可以依据顺价规范,强制这一违犯的雇工自我纠正,或者报告给市场中的主事对其予以处置或者是市场中雇工群体内部对其进行处置;而相应的雇佣市场的起止时间由于不具有应当性,则无法作为裁判的依据,双方之间若因此而发生纠纷,则此种惯例也就仅仅具有事实证明的作用,而不会作为裁判所用的规范。

(三)习惯法与道德规范间的明晰

习惯法与道德规范也是一对容易混淆的概念范畴,二者之间的混淆之处主要在于,在日常生活中我们往往会不加区分地使用二者,且二者之间是相互影响的,从而在日常生活中二者常常是混同在一起的。如韦伯就认为,"在社会学的意义上,每一种伦理体系的有效性在很大程度上都依赖于惯例的支持,也就是说,违背道德的行为将受到谴责(也就是耶林所说的'心理压力')"。[①]当然,日常生活虽然如此,但在学理上我们仍然有区分的必要。若我们对二者加以区分的话,其区别主要表现为下述两个方面的要素:

(1)习惯法具有明确的权利和义务分配功能,而道德规范或者没有此种分配功能,或者没有明确地标示出此种分配功能。可以说,具有明确的权利和义务分配功能是习惯法首要的识别要素。下文试以"试工"这一习惯法和雇主、雇工之间称呼这一道德规范之间的区别为例说明。

试工规范是一条在华北众多雇佣市场社区中流行的习惯法,如在山东招远,"长工出雇如非熟人,虽经中人介绍,约定了工资,但仍须有一个短期的'试

---

① 郑戈:《法律与现代人的命运:马克斯·韦伯法律思想研究导论》,法律出版社2006年版,第90页。

工期'，看是否合用。长工即到雇主家试工三日（如熟知者即无须试工），试工期间无工资。试工满意，约即成。立如雇主认为不合，或长工认为活重或饮食不好，原约即可宣告无效"。① 通过这一条习惯法，我们可以看到雇主与雇工之间的权利和义务是非常明确的。当然，诚如我们所知，权利与义务是相对应的，同时也是总量平衡的，雇主的权利对应着雇工的义务，而雇主的义务则意味着雇工的权利。由此，对于上述习惯法的分析，本书主要以权利的分析为主。习惯法之中的权利主要体现为习惯权利，由此基于习惯权利的分析，则雇工的权利首先体现在"试工三日"的时间规定上面。由于试工期间无工资，因此试工期间越长对于雇主越有利，相应地则不利于雇工，由此习惯法中"试工三日"的规定就保证了雇工的权利不会受到雇主的侵犯。否则若习惯法中没有此项规定，则雇主与雇工可能约定三日，也可能五日，更有甚者有十日的，时间越长对于雇工越为不利。其次，试工期间雇工有获得免费食宿的权利。习惯法规定，试工期间雇工的食宿是需要由雇主免费提供的，这样就保护了雇工一定的利益。最后，试工之后，雇工享有与雇主签约与否的权利。相应地，在试工期间雇主主要享有下述几项权利：一是试工期间雇主对于雇工的劳动无需承担工资，仅需负责食宿即可；二是雇主享有在试工之后与雇工签约与否的权利；三是试工期间雇主享有保护自己的农具、牲畜等安全的权利，则相应的雇工就负有"善意"地管理和使用雇主所提供的农具及牲畜的义务。与试工规范作为一项习惯法不同，雇主与雇工之间的称呼主要是一项道德规范。雇主与雇工之间的称呼通常保持着一定的尊卑规范，"雇工与雇主没有平等的人格，有的雇工一生没有大号（名字），雇工比地主低一辈。西苑是个穷庄，多雇给东苑地主当长工，在很早以前即规定比东苑晚三辈，一般地主、富农都是叫长工小名"。② "在大部分村子里，长工不能以熟人的方式称呼其雇主，而要称雇主为'掌柜'，称呼其成年儿子为'小掌柜'。雇主及其家人则称雇工为'伙计'。有时连同姓氏，以资区别。例如'李伙计'；或者再附上一些前缀，如'大伙计'，'二伙计'，'三伙计'等，有时索性叫工人的名字。"③ 由上述对于雇主与

　　① 晓梦：《山东招远县农村概况》，载千家驹：《中国农村经济论文集》，中华书局1936年版，第555页。

　　② 唐致卿：《近代山东农村社会经济研究》，人民出版社2004年版，第748页。

　　③ ［美］黄宗智：《华北的小农经济与社会变迁》，中华书局1986年版，第265页。

雇工之间称呼规范的描述可知,雇主与雇工之间的称呼并不具有分配权利和义务的功能,即雇主与雇工之间的称呼规范并没有赋予雇主享有什么样的权利,雇工需要承担什么样的义务,它仅仅是反映了雇主与雇工之间一定的尊卑地位关系。

(2)习惯法能够作为裁判纠纷的依据,而道德规范则不具有此种功能。当然习惯法的此种功能与它的分配权利和义务的功能是紧密相关的,正是由于习惯法能够分配权利和义务,所以在裁决相关的纠纷时,才能界分清楚纠纷双方的利益,从而达到定分止争的目的。为了说明习惯法的此种特点,本书引述了长工尚德祥所讲述的一个关于"雇工其他待遇"的案例。

　　主家和扛活的关系再好也有起矛盾的时候,两口子睡一张床上都还磨牙了。当年和俺一起在六叔(雇主尚路江)家扛活的一个叫尚慎亿的,家是和家的。那伙计活路好,人也勤快,唯一不好的就是太较真,也是太穷给闹的。他来扛活第一年过完麦子,六叔让我们扛活的都背点干粮回家。六婶一锅蒸了十三个馍馍,可我们是两个扛活的,把馍馍切开不好看,也不吉利。尚慎亿来得晚,就给了他六个,我七个。一看俺七个馍馍,他六个,尚慎亿不干了,也非要七个馍馍。六婶又不能费火再蒸一锅①,就不给,双方就闹起来了。为这请了五爷(尚信学,当时村里红白事的总管,笔者注)来评个理。按照六叔的意思,工资不少给,这本来就是过麦子太累,犒劳下扛活的,给多给少还不是主家说了算,就是不给,你扛活的也说不出啥。况且他(尚德祥)就是比你(尚慎亿)来得早,多给他你也说不着。尚慎亿的意思:一个是,过完麦子背干粮都是这样,别的主家给,你这也得给,再说当时来的时候就说好了的。二个是,你主家得一碗水端平,不能搞特殊,我(尚慎亿)又不比他(尚德祥)少干活,凭啥少我个馍馍。五爷听了他们说的,就断开了。他说,一个是这馍馍该给,通常规定就是这样的,别的主家给,你家也得给。何况当时上工时就说好了,就是没说好,冲着扛活的过麦子时没白没黑地给你干活你家也得给。二个是得一碗水端平,活干一样的,东西就得给的一样,要不以后谁还服你老六,你家扛活

───────────

①　按照尚德祥的介绍:尚路江家里虽然有地一百来亩,但平时的主食就是煎饼,"煎饼卷大葱那就很美了",馍馍是逢年过节的时候才能吃得上,收割完麦子,长工有馍馍犒赏,他们自家却舍不得吃。且当时的柴火也少,主要是都喂牲口了。

的就不听你的了,这是规矩,也得讲良心。三个是,老六媳妇这事做得不对,锅大锅小你蒸个双数不行啊,也不是第一天干活了。四个是,既然这样了,还得费火,现和面,粮食、柴火都金贵,这次就先记着,下次八月十五给人家补上。

由上述案例我们可以获知,尚信学正是基于"雇工其他待遇"这一习惯法来裁断这一纠纷的,当然在这其中他所援引的并非只是习惯法的规则,还包括诚信原则(说好了)、权利对等原则(雇工没白没黑地干,所以需要犒劳下)和公平、平等原则(一碗水端平)这些雇佣习惯法的原则性规定。上述两条是习惯法区别于道德规范最为主要的标准,当然这些标准主要是形式性的,于此两点,梁治平也曾提及,"习惯法特别地关系到一种权利义务关系,关系到利益冲突的处置与均衡"。[①] 也正是由于习惯法的这一特点,使其更具有确定性和操作性,从而也更适于裁判和调解雇主与雇工之间的纠纷与矛盾。

(四)结语

诚如我们所知,法学和社会学、人类学之间具有极大的不同,此种不同不单表现在学术传统和知识脉络方面,即便在两者立场上所界定的同一概念也有较大差异,习惯法即为一例。站在法学立场上,习惯法的界定主要呈现出这样几个特征:一是习惯法是一种制度事实,而非单纯的社会事实,从而在其基础上的研究主要侧重于价值关注;二是法学立场上的习惯法是经由规范实证得出的,从而其制度功能主要在于改善国家立法;三是习惯法与惯例虽同属于社会规范,但习惯法属于规范范畴,具有应当性,而惯例仅是一种实然的事实,属于事实范畴;四是习惯法与道德规范虽同属于规范范畴,但二者在权利与义务方面具有较大的差异性。习惯法具有明确的权利和义务分配功能,而道德规范或者没有此种分配功能,或者没有明确地标示出此种分配功能。

---

① 梁治平:《清代习惯法:社会与国家》,中国政法大学出版社 1996 年版,第 165 页。

四、作为传统知识构成的习惯法

非物质文化遗产、传统知识和习惯法紧密相关、密切相连，三者间的关系表现有二：一是种属关系，即习惯法属于传统知识，而传统知识又属于非物质文化遗产的一部分；二是保护关系，即习惯法为非物质文化遗产和传统知识提供保护，是保护非物质文化遗产和传统知识的一种重要手段。此处先行介绍种属关系，主要是习惯法和传统知识间的种属，至于保护关系留待下文分析。前述言及，以涉及要素为标准，可以将传统知识区分为科技类传统知识、习惯类传统知识和艺术类传统知识，习惯类传统知识又包括传统习俗和传统制度，而习惯法就隶属于习惯类传统知识中的传统制度。

传统知识包罗万象，作为传统知识构成的习惯法也内涵丰富，包含甚广，如以所属内容为标准，可分为宗族习惯法、村落习惯法、行会习惯法、行业习惯法、宗教寺院习惯法、秘密社会习惯法等；以民族和地域为标准，主要有汉族习惯法和少数民族习惯法；以时间标准，可分为历史上的习惯法和现当代的习惯法；以调整和规制的社会关系为标准，可分为社会组织习惯法、民商事习惯法、刑事习惯法、环保习惯法和婚姻家庭习惯法等；以典型性为标准，可分为典型习惯法和一般习惯法。习惯法的内容如此丰富，本书不可能面面俱到地一一介绍，因此就从中选取了两类习惯法予以分析。选取的标准有二：一是考虑到习惯法在当代中国社会中的作用范围、实施效力和民众遵守等情况，与汉族地区的习惯法相比，笔者选取了少数民族地区的习惯法，与历史中的习惯法相比，笔者选取了现当代的习惯法；二是考虑到论述的主题——传统知识和非物质文化遗产，与其他类型的习惯法相比，笔者选取了环保习惯法，与一般习惯法相比，笔者选取了典型习惯法。综合上述两种选取标准，则下文着重论述两类习惯法：一是少数民族环保习惯法；二是少数民族中较为典型的赔命价习惯法。

（一）少数民族环保习惯法

我国少数民族地区的环保习惯法众多，且种类多样，形式不一，依据不同的标准有着不尽一致的分类。如以民族为标准，则环保习惯法可分为藏族习惯法、苗族习惯法、回族习惯法和侗族习惯法等。以民族为标准的划分，优点在于能够体现出各个民族保护环境习惯法的独特性，如藏族习惯法的佛教影响、回族习惯法的伊斯兰印记、侗族习惯法的侗款特色、苗族习惯法的榔规特点等。而其缺点则是此类区分不甚清晰明了，原因在于各少数民族多混杂聚居在一起，如青海地区是藏、回、土和蒙古等民族聚居，而云南、贵州则是苗、侗、土家和布依等少数民族混居，从而这些聚居区的各民族习惯法就相互影响，大家所遵从的习惯规范也渐趋一致。更为重要的是，各个少数民族中的环保习惯法本身内容即多数相同，如苗族、侗族和土家族等皆有封山育林的习惯规范，从而若分民族挨个进行介绍，则相关的论述就会多有重复和雷同，且我国的少数民族众多，也无法面面俱到地一一论述。

无论法律规则还是习惯规则，二者对行为的规制皆是建立在行为模式的基础上。以规制视角观，则行为模式可分为"可以为"、"不得为"和"必须为"三种类型，相应的习惯规则模式就划分为授权性规则、禁止性规则和必为性规则三类。以习惯法的规则模式为标准，则环保习惯法就区分为禁止性习惯法，这主要表现为各类禁忌；必为性习惯法，这主要表现为保护环境资源需要承担的各类个人义务、社区义务和族群义务等；授权性习惯法，这主要表现为保护环境资源的个人或社区的各项选择性权利。以习惯法的规则模式为标准，此类划分的优势在于使得我们可以清晰地看到，我国少数民族地区的各类环保习惯法主要是禁止性习惯法，即融合了世俗规范和宗教规范的习惯禁忌。此类划分的劣势在于只见树木，不见森林，即我们只看到了对习惯规则的分析，但对各族习惯法的整体却无法做到全面观。

民族和规则模式之外，习惯法的内容也是划分环保习惯法的一个重要标准。以习惯法的内容为标准，则环保习惯法可分为保护植物的习惯法，如对于林木、植被等的保护；保护动物的习惯法，如各族对于自己本族图腾、神兽等的保护；保护其他资源的习惯法，如对于高山、湖泊、土地和水源等的保护。以习惯法的内容为标准进行分类，其优势在于大小兼顾，大处我们可以看到环保习惯法的整体,小处我们也可以微观透视习惯法的各类要素;同时,以此为标准还可以克服民族标准划分的弊端,从而整合各民族的习惯法整体进行论述。基于以上两点,本书就以习惯法的内容为标准对环保习惯法进行论述。当然,还需注意的是,在以习惯法的内容为主要标准的前提下,本书也兼采了民族标准和规则模式标准。

1. 保护植物的习惯法

我国少数民族地区的植被普遍保护较好,这既与少数民族地区的经济发展模式相关,更为主要的是,这些植被受到少数民族地区的习惯法所保护,下文重点是对于这些保护植物的习惯法进行介绍。

(1)保护林木的习惯法。我国幅员辽阔,但森林资源较少,且地区差异较大。全国绝大部分森林分布于东北、西南山区和东南丘陵,西北地区森林资源贫乏。此种特点就决定了我国少数民族地区保护林木的习惯法主要集中于贵州、云南和广西等地的少数民族。在这些少数民族中,苗族、侗族和壮族等对于林木保护的习惯法最有特色,下面择其要点进行介绍:

苗族榔规中的林木保护规则。议榔是苗族传统社会中的一类重要组织,它是由一个村寨或若干个村寨集体决议,共同制定某类规范并共同遵守的一种社会组织,议榔所制定的就是榔规。议榔对于苗族社会和民众具有极其重要的作用,虽然新中国成立后议榔逐渐取消,但榔规却在苗族社会中存留下来,对于当今苗族地区的社会秩序具有重要的规范作用。在榔规中就有着诸多保护林木的习惯规范。如雷山县西江千户苗寨榔规规定:"村寨公有山林、田土不准村内外私人侵占,违者令其退出,风景树被砍,令其补栽,以上处罚不服,另罚一只鹅或鸭。"[1]凯里市三棵树镇南花村榔规规定:"偷砍他人林木的,按所盗林木的价值予以罚款,情节严重或数量较大的还将另罚偷盗者拾粪、修桥、补路。"[2]"偷砍护寨树、风水树,罚银九两"等[3]。苗族榔规重要的表现形式是理词,苗族理词言:"议榔育山林,议榔不烧山;大家不要砍树,人人不要烧

---

①　侯天江:《中国的千户苗寨——西江》,贵州民族出版社 2006 年版,第 28 页。

②　沈堂江:《贵州苗族习惯法的历史、现状及发展》,载《贵州民族学院学报》2000 年第 3 期。

③　覃光广:《中国少数民族宗教概览》,中央民族学院出版社 1988 年版,第 336 页。

山;哪个起歪心,存坏意,放火烧山林,乱砍伐山林,地方不能造屋,寨子没有木料,我们就罚他十二两银。"①

壮族的山林禁例。壮族村落中的山林禁忌大体相同,这主要体现为,任何人不得砍伐村口的树木,因为这关系到全村落的风水;墓地中的树木和寺庙中的树木也不得砍伐,否则就会惊扰和侵犯到祖宗和神灵;此外,村落前后高岗上的林木也不得砍伐,否则有碍村落的风景。

傣族的山林保护。傣族对于林木保护的习惯法主要体现于《布双郎》和《土司对百姓的训条》中,如"不要砍菩提树","不要砍龙树","寨子边的树木要保护","寨子上和其他地方的龙树不能砍","龙山上的树木不能砍"等。

侗族的禁山禁约。为了维系自身的生存环境,侗族民众会定期封山育林,被封的高山被称为"禁山",封山有"封约",封约的执行人是管山员。"凡属封山地区,均立有禁碑标明,周围树上捆好草标,或挂上涂以鸡血的白纸,以示此山已封禁,众人盟誓,不得有犯"。除此之外,侗族民众对于风水林也非常重视,在黎平县长春村有石碑,碑文曰:"吾村后有青龙,林木葱茏,四季常青,乃天工造就之福地也。为子孙福禄,六畜兴旺,五谷丰登,全村聚集于大坪饮生鸡血酒盟誓:凡我后龙山马笔架山上一草一木,不得妄砍,违者,与血同红,与酒同尽。"②

(2)保护植被的习惯法。青海三江源的守青制度。青海少数民族地区蓄养的牛羊等牲畜较多,为了保证村落内部的庄稼和高山的植被不受到牲畜和村民的践踏及破坏,当地就设立了守青制度。守青之人被称为"守青的",一般由村委会和寺管会推举。守青的内容主要是由守青之人看护村民的庄稼和高山上各个田地之间的无主植被,守青日期一般自春天庄稼种植直至秋季庄稼收获。对于违反守青制度,即村民或牲畜践踏破坏村民庄稼的,由守青之人根据情节给予劝告、罚款、罚粮或罚工,当然此处罚也可以由村委会或寺管会作出。罚款、罚粮归村委会和寺院所有,罚工一般是维修寺院或村小学设施。

藏族的药材保护。青海和西藏草原上有着种类繁多的中药材,为了防止

---

① 苏庆华:《黔东南环保习惯法及其现代价值研究》,载《红河学院学报》2012 年第 1 期。

② 洪运杰:《黔东南苗侗民族环境保护习惯法研究》,西南政法大学 2010 年硕士论文,第 4 页。

人们破坏性挖掘，藏族习惯法就增设了许多保护药材的习惯规范。如理塘藏区部落法规定："木拉地区禁止人们挖药材，不论挖多少，是否挖到，也不管在自己的地里或他人的地里挖，都要罚款。双人挖药罚 30 元藏洋，2 人罚 60 元，余类推。"①

2.保护动物的习惯法

与植物保护相类似，少数民族地区也通行各类保护动物的习惯法。相比植物（除粮食外），动物与人类的饮食关系更为密切，从而动物的保护也就更为艰难，由此我国少数民族地区的动物保护习惯法更多地体现为各类禁忌规则。

藏族捕猎动物的禁忌。基于万物有灵和灵魂不灭的观念，藏族民众认为许多动物是神兽，是诸多部落灵魂的寄魂物，因此禁止捕猎杀害。如天葬习俗中的鹫鸟，被认为是帮助人们灵魂升天的神鸟，所以禁忌打杀。"丹顶鹤、乌鸦和喜鹊是整个岭部落的寄魂物，野牦牛、熊、蛇和鸟是江部落的寄魂物等，从而对其特意加以保护。"②在藏族地区还有"放生"的习俗，被放归神山的牛、羊、马等被视为"神物"，禁忌捕猎杀害。同样，神山和草原中的兔、虎、熊、野牦牛等野生动物亦被视为神兽，禁忌打猎。甘加思柔、仁青部落法规定："禁止在甘加草原上捕捉旱獭，如发现外部落成员捕捉旱獭，罚钱 10 至 30 元。部落内部，郭哇到年终挨家查问，是否捉了旱獭，如果说没捉则让他吃咒发誓，不敢吃咒即罚青稞 30 小升（每升 5 市斤）。"③

侗族的捕猎禁忌。在流传千年的习俗中，侗族民众将诸多动物视为神兽和吉祥物，从而就生出禁止捕猎这些动物的古老禁忌。如禁止捕猎在家做窝的燕子就是一例，燕子在自己家做窝被侗族民众视为一种吉利，预示着自家风水好，因此家家户户都会打扫干净，做好燕窝等燕子入住，反之若自家今年没有燕子居住，则会预示着自家今年诸事不顺，因此捕猎燕子就成为侗族民众的一项禁忌。

---

① 张济民：《青海藏族部落习惯法资料》，青海人民出版社 1993 年版，第 49 页。

② 甘措、彭毛卓玛：《论藏族民间环保习惯法之思想渊源》，载《青海民族研究》2008 年第 3 期。

③ 张济民：《青海藏族部落习惯法资料》，青海人民出版社 1993 年版，第 172 页。

3.保护其他资源的习惯法

除植物和动物外,还有诸多其他资源也受习惯法的保护,如高山、湖泊、水源和草原等,对这些资源保护的习惯法体现在下述几个方面:

藏族的"水""土"敬仰。藏族民众通常会在新年的第一天将"新水"和"新土"供奉于自家的神龛上,烧香、叩头以示对"水"和"土"的敬仰,并表达对养育自己水土的深厚感情。与之相对,藏族民众对破坏草原和水源的行为,处罚极为严重。如莫坝部落规定:"引起草山失火者,罚其全部财产的三分之二"[①];西藏当雄宗规定:"失火烧草原者属大案,罚款很重,一马步罚 1.5 块银元。"[②]按照藏族习惯法的规定,"青苗出土至收割结束前,不准在河里洗澡洗衣服,以防因污染河水而触怒神灵招致天罚"。[③]

藏族的"活地"禁忌。藏族的游牧民众认为,是土地和草原养育着牲畜和家人,因此要敬畏土地和草原。他们认为,草原和土地不应受到破坏,一旦被挖掘,土地和草原将被剥去皮肤,从而失去了自然和圆满,而土地和草原也将由"活地"变为"死地"。因此,藏族的游牧民众严守"活地"禁忌,不在草原和土地上胡乱挖掘。

藏族的神山、神湖禁忌。基于万物有灵的观念,藏族民众认为高山和湖泊皆有灵魂,每一个区域内皆有一座高山,它俯视大地,保护这一区域内的人和牲畜,湖泊也是如此,由此藏族民众认定这些高山和湖泊为神山和神湖。如地处藏区的嘉仁湖、鄂仁湖和卓仁湖被藏族民众称为"寄魂湖",作为神湖,藏族民众每年夏秋之交都要辗转千里,来此祭祀神灵,因此他们通常会像对待自己生命一样敬仰、崇拜这些神山、神湖。

羌族的祭山会。为了保护山川及山川中的树木和动物,羌族会在每年的四五月份举行祭山会,祭山会一般以村落为单位,通常是在村落的神林中举行。祭山会的目的在于通过庄严隆重的仪式让村民盟誓,以便封山育林和禁猎、禁伐、禁樵采等。"有的羌区还在集体盟誓中当众把一只狗吊死在'吊狗树'上,村民轮流上前向死狗吐口水且痛骂死狗,并宣誓谁违犯封山誓约必遭

---

①　张济民:《青海藏族部落习惯法资料》,青海人民出版社 1993 年版,第 64 页。

②　张济民:《青海藏族部落习惯法资料》,青海人民出版社 1993 年版,第 168 页。

③　华热·多杰:《藏族古代法新论》,中国政法大学出版社 2010 年版,第 98 页。

死狗一样的下场。"①

纳西族的水源保护。纳西族的《东巴经》规定："不得在水源地杀牲宰兽以免污血秽水污染水源；不得丢弃污物于水中；不得在水源旁大小便；不得在水流中洗涤小孩的尿片、妇女的衣裤等不洁之物等，否则将触犯水署神。"②

4.违反习惯法的惩罚措施

借鉴法律规则内部要素的相关论述，则上文所论述的主要是习惯规则的行为模式，而行为模式的实施有赖于法律后果的施行，因此下文主要阐述习惯规则的法律后果。少数民族环保习惯法的法律后果主要是财产性惩罚。这点在藏族、苗族和侗族习惯法中有着明显的体现，如青海藏族刚察部落的习惯法规定："一年四季禁止狩猎，捕杀一匹野马，罚白洋10元；打死一只野兔或哈拉（旱獭），罚白洋5元。"③毛垭地区习惯法规定："不能打猎，不准伤害有生命的东西，否则罚款。打死一只公鹿罚藏洋100元，母鹿罚50元，雪猪（或岩羊）罚10元，獐子（或狐狸）罚30元，水獭罚20元。"④贵州施秉县高坡苗寨的榔规规定："在古巴山只能捡干柴或砍马桑树和小米树，其他树种不能砍，砍一捆罚大洋5块。"⑤从江县高增侗族的《高增寨款碑》规定："凡进入封禁的山林砍柴一排，伐杉、松木一株，罚黄牛一头，白银五十两，大米一百斤，泥鳅一百二十斤。"

财产性惩罚在水族和畲族习惯法中也有典型体现，这主要是对违反封山育林公约的惩罚性措施。水族对违反封山育林公约的村民会处以一定的罚款，并"将罚款尽数用来邀请当地的文化演出单位或放映队为村民演出或放映电影，一方面对违规者进行惩罚，一方面对村民进行护林育林的宣传教育"。⑥

---

①　古开弼：《我国历代保护自然生态环境的民间规约及其形成机制》，载《北京林业大学学报》（社科版）2005年第1期。

②　兰元富、陈小曼：《丽江纳西族的习惯法与环境保护》，载《贵州民族学院学报》2008年第2期。

③　娄方生：《雪域高原的法律变迁》，西藏人民出版社2000年版，第76页。

④　张济民：《青海藏族部落习惯法资料》，青海人民出版社1993年版，第38页。

⑤　余贵忠：《少数民族习惯法在森林环境保护中的作用》，载《贵州大学学报》（社会科学版）2006年第5期。

⑥　古开弼：《我国历代保护自然生态环境的民间规约及其形成机制》，载《北京林业大学学报》（社科版）2005年第1期。

畲族的此种处罚被称为"罚酒禁林",但却将处罚的罚款"用来置办酒席,邀集全体村民聚餐,并由犯事者在席间当众赔礼道歉,保证不再重犯,较好地起到了惩前毖后的教育和警示作用。"[①]

布依族也有类似的惩罚措施,但规定更为细致,"砍护路树一棵罚款10元,失火烧山罚款50元以上,伤古树、毁坟山罚款100元以上,并罚杀猪一头封山。偷瓜果菜等罚款10元,牛马遭害照赔,毒害一只猫罚款3元,纵容违约不报者罚款3元。对有功人员给予奖励:对举报毁林事件者,每次奖20元;抓获毁林者,一次奖40元。每年元月6日颁奖一次,对文明家庭给予表扬奖励,对不文明行为给予批评处罚。"[②]

少数民族环保习惯法的有些法律后果是人身性惩罚。如藏族的史诗《格萨尔王》中就有相关描述:"觉如(注:格萨尔王)上山捕鹿,取鹿茸,拿石块打黄羊,用绳索捕野马,打杀周围山上的野兽,然后用尸肉垒屋墙,拿兽头围院落,使兽血汇成海子。"觉如打猎虽是生活所迫,但仍为此受到被驱逐的严厉惩罚。同样,苗族对于违反榔规和榔约的行为,"既有经济上的处罚,也有肉体上的惩治,还有剥夺名誉乃至开除寨籍的处分"等。

仡佬族对于破坏规约进行人身性惩罚有相关的案例,1984年,市坪申姓家族的小孩砍了韩姓家族老虎岭风水林的一棵树。韩家不要申家赔树赔钱,而是抓来申家那位砍树小孩的父亲并割掉他的一只耳朵,以示严惩。

(二)保护生物资源习惯法的哲学基础

1. 万物有灵的观念

少数民族环保习惯法的首要哲学基础是万物有灵的观念。所谓万物有灵,是指万事万物皆有生命,皆有其灵魂。万物有灵的观念是原始人类社会普遍共有的一种观念,是原始人类的哲学基础。"我们看来没有生命的物象,例

---

① 古开弼:《我国历代保护自然生态环境的民间规约及其形成机制》,载《北京林业大学学报》(社科版)2005年第1期。

② 古开弼:《我国历代保护自然生态环境的民间规约及其形成机制》,载《北京林业大学学报》(社科版)2005年第1期。

如,河流、石头、树木、武器等等,蒙昧人却认为是活生生的有理智的生物,他们跟它们谈话,崇拜它们,甚至由于它们所作的恶而惩罚它们";"每一块土地、每一座山岳、每一面峭壁、每一条河流、每一条小溪、每一眼泉水、每一棵树木以及世上的一切,其中都容有特殊的精灵"。① 万物有灵观念之所以产生,与原始人类对自然界的认识手段和反思性知识密切相关:由于认识手段的有限,在见识到自然界火山、地震、暴雨和雷电等的庞大威力后,原始人类就生发出对自然界中万事万物的信仰、崇敬,或恐惧、憎恨,这些感情最终逐渐演化为对自然事物的崇拜,并将它们予以神化,"在原始宗教里,物品被看作是赋有像人一样的生命的";"人如此经常地把人的形象、人的情欲、人的本质妄加到自己的神的身上,因而我们能够称它为与人同性同形之神,与人同感同欲之神,最终是与人同体之神"。②;反思性知识的有限体现为,人类认识自然事物总是从自身出发,"把自己当作权衡一切的标准"③,由此原始人类就将自身人类的诸多特性加诸自然界的万物身上,从而赋予万物以生命和灵魂,且认为人类的灵魂和万物的灵魂是不灭的,循环的。

正是持有万物有灵的观念,因此原始人类生发出要认真对待自然界的万事万物。万物有灵观念在我国少数民族中有着极大的影响,而其典型体现则是藏族和土家族。

藏族的万物有灵观念与苯教密切相关。苯教产生于原始社会时期,而那是人类社会产生万物有灵观念的共同时期,因此苯教中在阐述自然界事物时皆围绕万物有灵观念予以展开。"苯教从内容上看,是一种原始宗教,或者说是一种万物有灵的信仰,它所崇拜的对象包括天、地、日、月、星辰、雷电、冰雹、山川,甚至土石、草木、禽兽,包括一切万物在内。"④藏族先民认为,万物皆有灵魂,万物皆为神,这些神具有超出人类的非凡力量,是神圣不可侵犯的。由此人类只有顶礼膜拜、奉献供品,才能保持与万神之间的良好关系,也方能得

---

① [英]爱德华·泰勒:《原始文化》,连树声译,广西师范大学出版社 2005 年版,第390、519 页。

② [英]爱德华·泰勒:《原始文化》,连树声译,广西师范大学出版社 2005 年版,第553、559 页。

③ [意]维柯:《新科学》,朱光潜译,商务印书馆 1989 年版,第 98 页。

④ 王辅仁:《西藏佛教史略》,青海人民出版社 1982 年版,第 15 页。

到诸神的庇护。在人和自然界万物的中，人是神的奴隶，神是人的保护主，神的地位由人维护，而人的生活由神引导和庇护。由此形成了藏族原始的"人境共存，境毁人亡"的环保意识。此种意识客观上极大地保护了藏族所处的自然环境及其中的动植物等。

土家族也持有万物有灵的观念，典型体现是对于树神和植物的崇拜，这从一则乌杨古树的传说中可以看出：相传很久以前，有个土家寨子中流行一种眼痛病，所有医生都束手无策，这时寨子中来了两位姑娘，取出绿色的树叶为患者医病，患者很快康复。大家询问姑娘的姓名，姑娘只说姓乌，随后飘然而去。寨民为了报答姑娘的恩情，便四处寻找两位姑娘，最后在梵净山找到，但正欲前去询问，两位姑娘纵身跳上了乌杨树即不见了。寨民始明白是乌杨古树救了大家的性命。从这一传说中我们可以看到土家族的树神崇拜，他们认为乌杨古树是神灵，具有超凡的治病救人的能力，人类受乌杨古树的恩惠而得以解除疾病，因此人类也要敬奉古树，祭祀古树，与树木和睦相处。"从现象上看，老百姓对大山上的动物、植物、大石、岩崖、山洞、山峰等都视为崇拜对象，山神便具体地化为山石草木。……梵净山地区土家族、苗族、侗族和仡佬族人民的图腾崇拜即来自对梵净山的动物和植物的崇拜，所以这些动物、植物图腾与梵净山山神的崇拜合而为一。"[①]

2. 人与万物和谐共生的观念

既然万物有灵，那么人类除了不随意伤害万物之外，还要与万物和谐共生。此种人与万物和谐共生的观念在各民族中都有着重要体现。藏族民众与万物和谐共生观念的典型体现是在藏族民间广为流传的"六长寿图"，所谓六长寿是指有六类事物是长寿的，即岩长寿、人长寿、水长寿、树长寿、鸟长寿和兽长寿。藏族民众认为，岩、水、树、人、鸟和兽，这六类事物代表了自然环境要素的整体，六长寿图告诉民众，人类要想长寿，就要与自然界中的其他事物和谐共处。此外，藏族的诸多民间谚语也反映了人与万物和谐共生的观念，如"山林常青獐鹿多，江河长流鱼儿多"、"破坏草原地鼠繁殖快，扰害村庄的恶人搞头多"，这即是指自然界中的各类要素是相关联系、相互依存的，如果破坏其

---

① 章海荣：《梵净山神：黔东北民间信仰与梵净山区生态》，贵州人民出版社 1997 年版，第 118 页。

中某一要素,将势必影响到整个自然界的协调和发展,由此各种要素要和谐共生、相互促进才使得整个自然系统保持生生不息的蓬勃景象。

苗族社会中人与万物和谐共生观念的典型是岜沙苗族。在岜沙苗族中人与万物和谐共生的观念主要体现在下述几个方面:一是对于苗寨内部的生物资源均衡消费,而非超额消费。所谓均衡消费是指苗寨民众会根据苗寨内部植物和动物的数量进行消费,哪些植物和动物的数量多即消费多,那些数量少的植物和动物消费少,而其中某些稀缺生物资源则完全不消费,如对品种较少的野生鱼类赋予神性后完全放生。二是尽可能利用生物间相生相克的原理维系生态平衡,尽量减少人类的干涉。三是主张人与万物平等,人与万物和谐相处。在岜沙苗族内部有拜树神的习俗,之所以如此是因为在岜沙苗族民众的心中,树就是自己的祖先,树也是他们的亲人。岜沙人一出生,他的父母即为其种下"出生树",长大成年后要给他种"成人树",结婚时要种"婚姻树",待此人去世后,棺木即用"出生树",墓是平的,与山融为一体,后人在墓上种纪念树,人也就化为树了。

3.宗教中环境保护的观念

所谓宗教中环境保护的观念,是指我国少数民族信仰的宗教中所具有的保护环境资源的诸多良好观念。这些观念或者以传说的形式出现,或者以史诗为载体得以历代流传。总之,由于少数民族的民众基于对自身信仰宗教的信赖,从而信仰并遵从这些宗教观念,由此起到了保护环境资源的良好效果。就此而言,上文所阐述的"万物有灵"和"和谐共生"也属于此类宗教观念,但由于这两类观念的影响甚大,且宗教之外它们还受世俗思想的影响,因此就将它们独立出来论述了。下文主要集中于对除此之外的其他观念进行论述:

藏族苯教和佛教观念的影响。在藏族民众中,苯教和佛教的影响甚大,因此苯教和佛教诸多保护环境资源的观念就对藏族民众产生了重要影响。下面各举一例予以说明。藏族的苯教认为,人死之后,人的灵魂或者升入天界,或者托生为人,或者堕入地狱,但无论进入何界,自身的行为都要受到清算,这也包括保护或破坏环境资源的诸多行为。在藏族史诗《格萨尔王传》的《地狱救妻之部》中,描述了地狱情形:"手持凶器的众多狱吏,将无数的男女亡灵打得死去活来千百次,是因为他们活在人间时,野兽自由自在走野地,动刀动枪去袭击;野兽筑巢在树枝,捉鸟掏蛋卵石击;山间林中设圈套,捕捉麋鹿麝虎豹；鼠兔相戏草丛间，放出猎狗捕捉还；各色鱼蛙水中游，投毒下钩把命收，这些恶业得报应。"[1]佛教中对环境资源保护影响最大的观念是戒"杀生"。戒"杀生"既是藏传佛教的第一条，同时也是藏传佛教戒律中最为重要的一条。佛教认为，众生平等，万物皆有生命，且因果循环。杀生是一种罪过，是万恶之首，不仅杀人为杀生，践踏一株植物也为杀生。戒"杀生"就要求藏族民众爱护一切生命，不随便伤害一草一木。"对藏族人来说，有关对神山神水的禁忌以及'不杀生'的禁忌，已不仅仅是一种外在的社会规范或公约，而是心理上的一种坚定信念。这种禁忌被一种不可抗拒的力量控制着，成为一种内化了的观念和行为，一种道德规范。就是说，只要触犯它，就会导致灾难。因此，严守此类禁忌是自然的行为，成为人们一种自觉的习惯行为。"[2]此外，佛教的"十善法"对于藏族民众的影响也较大，以"十善法"为基础的民间规约规定："要相信因果报应，杜绝杀生；严禁猎取禽兽，保护草场水源；禁止乱挖药材，乱伐树木"。

(三)少数民族中的赔命价习惯法

赔命价制度在人类历史上源远流长，其产生主要是用以替代"以牙还牙、以血还血"的血亲复仇，用财物赔偿替代血亲复仇是人类历史发展的共同规律，这在西方社会和东方社会中皆有着明显体现。西方社会中赔命价制度的典型代表是日耳曼民族的赔偿金制度，《日耳曼尼亚志》言及，"宿仇并非不能和解，甚至仇杀也可以用若干头牛羊来赎偿，这样不独可以使仇家全族感到满足，而且对于整个部落更为有利，因为在自由的人民中，冤仇不解是非常危险的事"。[3]而东方社会中赔命价的代表则是藏族的赔命价制度。当然，除藏族的赔命价制度外，我国其他的少数民族，如女真族、党项族、瑶族、羌族和彝族等也有大致相同的赔命价制度，如女真族的律法规定"杀人者偿马牛三十"，而

---

① 青海省文联民间文学研究组搜集翻译编印本：《地狱救妻之部》，第52～53页。

② 南文渊：《高原藏族生态文化》，甘肃民族出版社2003年版，第27页。

③ ［古罗马］塔西佗：《阿古利可拉传——日耳曼尼亚志》，马雍、傅元正译，商务印书馆1958年版，第38页，转引自高仰光：《论日耳曼法中的赔命价制度》，载《比较法研究》2006年第3期。

党项族律法也规定"杀人者纳命价三百二十千"。

藏族的赔命价制度历史久远，早在吐蕃时期的律法中就有相关规定，如《狩猎伤人赔偿律》、《唆（纵）犬伤人赔偿律》和《盗窃追赔律》这三部律法中皆规定了人身伤亡赔偿规范。藏族的赔命价制度，主要是指在发生杀人和伤害案件后，双方当事人及其家属为了缓解或消除由此案件引发的纠纷和矛盾，聘请具有一定社会地位和影响的人士，如部落领袖后裔和佛教活佛等讨论案情并议定，由加害人向受害者或者受害者家属支付一定的金钱和实物作为补偿，以换取受害者及其家属放弃报仇，并最终达成和解的一项制度。赔命价在初始时主要体现为死者的命价，即是对受害者的明码标价，但随着赔命价制度的不断发展，命价所包含的内容也渐趋增多并不断完善，至今为止，命价所包含的内容主要有：调头费，即将受害者家属从复仇的情绪中调回头来，阻止受害者亲属复仇的费用；丧葬费，即受害者葬礼支出的费用，包括停尸铺垫费和盖尸布费等；抚恤金，主要是对受害者亲属包括子女、配偶和兄弟的抚恤费用；伏法、洗手费，是给部落首领和宗教领袖的费用，表示加害人已经认罪伏法，接受审判结果；审稿费，即审理案件所支出的费用，类似于今天的诉讼费；煞尾费，即以一头牦牛在其尾上挂一把扫帚，系仪式性费用，表示尽弃前嫌；超度费，主要是用以超度受害者亡灵的费用。

当代社会中藏族的赔命价制度由于其固有的某些缺陷而日益受到部分学者和实务界人士的批判。如有学者认为，赔命价习惯法"助长了血亲复仇这一原始残余习俗的沿袭与发展……助长了宗教干预法律、干预行政行为的死灰复燃，造成了法律秩序的混乱，淡化了人们的法制观念，使社会综合治理的各项措施无法落实"。[①] 还有学者认为，赔命价制度"不问案件事由，不管致害人有无过错，是否违反国家制定法，只要致人死亡伤害，就要赔命价，从而混淆了罪与非罪、违法犯罪行为与合法行为的界限，损害了国家法律的权威与尊严"。[②] 法律实务界也持同样的批判立场，如，青海省果洛藏族自治州政法委颁布了《关于坚决禁止"赔命价"问题的暂行规定》，青海省黄南藏族自治州州委也颁布了《青海省黄南州委关于严格依法办事，坚决禁止赔偿命价的决定》，

[①]　张济民：《诸说求真——藏族部落习惯法专论》，青海人民出版社 2002 年版，第 182 页。

[②]　高奇才：《中国少数民族习惯法研究》，清华大学出版社 2003 年版，第 259 页。

西藏自治区第七届人民代表大会常务委员会第 27 次会议通过了《西藏自治区人民代表大会常务委员会关于严厉打击"赔命金"违法犯罪行为的决定》。

尽管如此,作为一项传统刑事制度,由于其代表并满足了一定地域和一定族群民众的内在需要,赔命价在过去、现在,乃至一定时期的将来仍对藏族民众有着重要的影响。通过每一个赔命价个案的审视,我们可以看到赔命价在处理伤害和杀人案件后,加害人往往能够取得受害者及其家属的谅解,从而取得了较好的社会效果。

(四)赔命价习惯法与恢复性司法的会通

案例 1:1974 年加拿大安大略省 kichene 市有两个年轻人连续实施打破他人窗户、损坏教堂、商店等破坏行为,共有 22 人的财产受到侵害,这两个年轻人承认法庭指控的罪行,却拒绝履行对被害人进行赔偿的判决。后来,在当地缓刑机关和宗教组织的努力下,两名犯罪人与被害人分别会见后认识到自己的错误,对自己的行为道歉并交清了赔偿金。[①]

案例 2:被告人闹者,男,26 岁,青海省果洛藏族自治州甘德县青珍公社牧民。被告人闹者于 1978 年 10 月 16 日被生产队派遣看守草山。当日,闹者与另一牧民才秀因牲畜吃草问题发生争执。其间,才秀用木棒击打闹者头部,闹者则以刀刺中才秀左肩及左胸,致其伤重死亡。案发后,被告人闹者投案自首。经审理(再审),甘德县人民法院以故意伤害(致人死亡)罪判处闹者有期徒刑 3 年。1981 年 2 月 25 日,闹者获假释出狱。被害人亲属(3 人)闻讯后携刀前往县城,见到闹者即持刀追杀,致闹者逃回县公安局看守所,不敢出门。次日,闹者的母亲拿现金 100 元到被害人家求情,后来又请宗教人士和原部落头人的后裔出面调解,并赔偿命价 6000 元,被害人亲属方才罢休。[②]

上述两则,一为恢复性司法的开端案例,一为赔命价制度的经典纠纷解决。通过考察二者,我们可以感性地察觉到它们二者有着相同的特点,当然这些特点是什么还有待下文的理性分析,首先让我们对"会通"一词作一番考察:

[①] 衣家奇、姚华:《恢复性司法:刑事司法理念的重构性转折》,载《云南大学学报》(法学版)2006 年第 3 期。

[②] 张济民:《青海藏区部落习惯法资料集》,青海人民出版社 1993 年版。

1. 关于"会通"

可考的"会通"一词最早来源于《易经》，其云："圣人有以见天下之赜，而拟诸其形容，象其物宜，是故谓之象。圣人有以见天下之动，而观其会通，以行其典礼，系辞焉，以断其吉凶，是故谓之爻。"关于"会通"的学说主要集于中西文化方面，诸如张之洞、梁漱溟、胡适、陈独秀等先贤皆提出用"会通"方式融贯中西文化，当然，由于学者论述云集也致使各家对于"会通"的方式有着不同的理解。下文以法律文化的会通为例，谈一下笔者对于会通的理解。

对于法律文化会通，我们首先反对这样一种方式，即将会通理解为用法律文化的一方同化另一方，当然多是用强势的法律文化同化弱势的法律文化，如用西方法律文化同化中国法律文化。从历史的长远角度观察，这种以一方同化另一方的会通方式是不可取的。如正因为现今许多法学学者秉持这一会通方式，致使现今中国法学成为"西方法学在中国"①，这样一个令人痛心的局面。而要防止会通的走形或变质首先就要放弃这种想法。那么什么才是正确的法律文化会通方式呢？我们必须承认，有着不同法律文化背景的学者总是会站在自己法律文化的角度来理解对方的法律文化。法学学者在理解一种法律文化之前，他的思想不可能是白纸一张，否则根本就不可能发生理解。任何人在理解之前都带着自己原来的法律文化观念，即法律学者自身文化的"前见"或"偏见"，只要情形是这样，那么理解就是在学者自己原有法律文化背景上的理解。

合理的法律文化会通方式应是建立在理解双方法律文化基础之上的，法律文化会通的前提是双方法律文化有着共通的基础，没有这种共通的基础也就没有法律文化的会通。正如沈家本所言："方今世之崇尚西法者，未必皆能深明其法之原，本不过藉以为炫世之具，几欲步亦步，趋亦趋。而墨守先型者，又鄙薄西人，以为事事不足取。抑知西法之中，固有与古法相同者乎。""我法之不善者当去之，当去而不去，是为之悖；彼法之善者当取之，当取而不取，是为之愚。夫必熟审乎政教风俗之故，而又能通乎法理之原，虚其心，达其聪，损

---

① 邓正来：《中国法学向何处去》，载《政法论坛》2005 年第 1 期。

益而会通焉,庶不为悖且愚乎。"①由此可知,法律文化的理解必须建立在双方共通的基础之上。因此本书的"会通"是指,不同法律文化在现实共通的基础上的融会贯通。当然就法律文化而言,我们所欲会通的不只是中国法律文化与外国法律文化,还有习惯法律文化与国家法律文化,中国古代法律文化与现代法律文化。下文就以作为中国习惯法律文化的赔命价制度与作为西方法律文化的恢复性司法的会通为例具体说明会通的方式。

2. 赔命价制度

赔命价制度是指由地方的权威依据相沿成习的习惯法,强制侵害他人生命、健康的行为人承担一定财产赔偿责任,以解决纠纷、缓和双方矛盾、修复双方关系、维护地方秩序的一种法律制度。我们之所以把赔命价视为一种法律制度,在于它所代表的不只是一种表层的习惯法规则,更重要的是深深蕴含于其中的契合当代刑事司法发展趋势的司法理念,这种理念是需要我们挖掘并会通的地方性资源。一般而言,赔命价制度大体有如下两个特征:

它是针对侵害别人生命和健康行为的一种制裁措施。以侵害客体的不同,可以分为死命价和活命价两种。死命价是指因致人死亡而承担的丧葬费、应支劳力费以及其他各项将来损失等费用。如瑶族在发生杀人案件后,杀人者"要赔人命钱、眼泪钱即死者亲属所流眼泪的赔偿、埋葬费即埋葬死者的费用、养命钱死者家属的抚恤费、火塘钱吃人命案宰猪牛所用的费用等各项费用"②;活命价又称赔血价,是指因致人伤残而应承担的医药费、误工费以及其他各项将来损失等费用。如"壮族习惯法对殴斗伤人的处理是由打伤者负责把受伤者包医包养,至医好为止。如果医不好,则按杀人案处理。即使医好了,但造成终身残疾,不能劳动的,亦由打伤者包养到死为止"。③

它主要是一种财产责任。赔命价制度根据受害人所受伤害的情况,再与加害人协商后确定加害人所应赔偿的数额,并由地方权威强迫加害人支付相应的财物。赔命价制度就其本质而言,主要是一种财产责任,它是由赎刑演变

---

① 沈家本:《裁判访问录》,载李贵连:《沈家本年谱长编》,台湾成文出版社1992年版,第27~29页。

② 高其才:《中国少数民族习惯法研究》,清华大学出版社2003年版,第165页。

③ 高其才:《中国少数民族习惯法研究》,清华大学出版社2003年版,第167页。

而来的,旨在用财产代替刑罚。如景颇族习惯法规定赔命价须按"同态赔偿原则赔偿,如头发赔羊毛二三斤,脑子赔玛瑙或银子四十两,眼睛赔两颗宝石,耳朵赔两块打火石,手脚赔四把大刀,肋骨赔八根长矛,肚子赔一个瓮罐,肠子赔一串料珠,腰赔一个铁三脚架,脊骨赔一支枪,头皮赔一口锅,身体赔装饰银泡的衣服两件等"。[①]

3.恢复性司法政策

恢复性司法是指通过加害人与被害人之间面对面的接触、沟通与交流,并经过专业人士充当中立的第三者调解,促使加害人通过道歉、赔偿、社区服务、生活帮助等措施使被害人因犯罪所造成的物质、精神损失得到补偿,使被害人因受犯罪影响的生活恢复常态,同时亦使加害人通过自己的行为重新融入社区。恢复性司法政策将刑事司法从传统的报应性刑罚移转到关注为犯罪行为所侵害的被害人,司法的重心不仅立足于如何使犯罪行为得到应有的惩罚,而且将注意力重点放在使受犯罪侵害的社会成员利益得到弥补。使刑事司法由对抗转向对话、由制裁转向恢复。总体而言,恢复性司法有以下几个特点。

第一,它通过使受害人、加害人和社区恢复到原来的状态,从而尊重每一个人的尊严与平等,建立理解并促进社会和谐。恢复性司法是以犯罪人自愿认错、被害人获得赔偿、社区公共利益得以补偿等方式实现,在这过程中,涉及多方主体的利益再分配。因而,在这一再分配过程中,应当均衡多方主体的利益关系,既要尽量使受损的被害人获得赔偿、增进受损社区公共利益,但同时也要适当考虑犯罪人的主观认识与态度、赔偿能力、家庭经济状况等综合因素,保障犯罪人的正当权益,防止犯罪人过分承担惩罚性赔偿而忽视其权益的保障。因此"大多数倡导者都同意的恢复性司法的一项核心价值为:互相同意的,无强迫地参与和作出决定"[②]。

第二,它为受害人提供了获得补偿、增强安全感和寻求将事情了结的机会,使罪犯能够深刻认识其行为的原因和影响并切实承担责任,同时使社区能够理解犯罪的根本原因,促进社区福利并预防犯罪。"恢复性结果就是通过道

---

① 高其才:《中国少数民族习惯法研究》,清华大学出版社 2003 年版,第 164 页。
② [英]麦高伟:《英国刑事司法程序》,姚永吉等译,法律出版社 2003 年版,第 480页。

歉、赔偿、社区服务、生活帮助等补偿被害人因犯罪所造成的物质精神损失,使被害人受犯罪影响的生活恢复常态;同时,也使犯罪人通过积极的负责任的行为重新取得被害人及其家庭和社区成员的谅解,从而重新融入社区"。[①] 恢复性司法的社会效益主要体现为:被害人的获偿、犯罪人从思想到行为的框正、社会正常关系与秩序的恢复的回归。

4. 赔命价制度与恢复性司法共通的基础

从上文对赔命价制度及恢复性司法政策的简单介绍,我们可以观察到二者具有许多共同的地方,为了更好地把握二者会通的基础,下面我们便详细地对于二者共通的部分也即二者会通的基础加以描述:

一是两者的目的大体相同。赔命价制度与恢复性司法政策都迥异于现阶段的国家司法政策,现阶段的国家司法政策是报应性的,其主要目的是惩罚犯罪者,"当被告被起诉,面对国家时,国家只关心永恒正义的崇高利益,而不考虑犯罪被害者,把索取赔偿看成是他们的一般私人利益,留待另外的司法活动来解决"。[②] 而赔命价制度和恢复性司法政策的目的主要是解决纠纷,通过解决纠纷,消除潜在的矛盾并恢复当事人之间及社区地方的秩序。当然赔命价制度所要解决的纠纷主要发生于乡土社会之中。在乡土社会中,群众都希望社会成员之间维持友好和睦的人情关系,尤其是在低头不见抬头见的熟人社会中,这种"人情关系"被民众赋予非常深刻的秩序意义。而恢复性司法主要是适用于社区之中,通过社区的努力和帮助,使受害者得到补偿和恢复,使社区的秩序得以恢复,从而也使加害人通过自己的努力重新融入社区之中。

二是两者对于犯罪的理解相同。二者都认为犯罪主要侵犯的不是国家的利益而主要侵害了受害者及其家属、家族的利益,当然受伤害的还有他们所在社区的利益。赔命价制度认为,犯罪主要侵害的是被害人的利益,以及更广泛的家族利益。犯罪原本就是犯罪人与被害人之间矛盾冲突的结果,因此,犯罪首先侵害的是受害者的利益,因此对犯罪的处理应当主要由被害人及其家族

---

① 张庆方:《恢复性司法》,载陈兴良:《刑事法评论》(第12卷),法律出版社2003年版,第439~440页。

② [意]恩里科·菲利:《犯罪社会学》,郭建安译,中国人民公安大学出版社1990年版,第151页。

来发挥作用。而恢复性司法对于犯罪的理解与之相同,犯罪不再被认为是"孤立的个人反对同志关系的斗争"①,而首先是个人对个人的侵害,是加害人对于被害人权利的侵害;其次,由于加害行为发生在社区内部,因此其还侵害了所在的社区利益,最后加害行为才侵害了国家的法律秩序。

三是两者承担刑罚的方式相同。二者都主张使用财产刑而不是监禁刑。赔命价制度由于其目标只是旨在解决已产生的纠纷,因此其责任形式主要是赔偿财产,如藏族"打死人命后,被害者一方要出兵报复,杀人的一方则给对方送 100 元左右的牲畜作挡兵款,表示低头认罪,愿意谈判解决。命价因地区、死者的身份而有差异,一般为 500~1000 元藏洋"。②而恢复性司法其责任形式相对多样,主要有以下几种:赔偿(主要是物质赔偿)、劳动服务、向被害者及其家属道歉等。恢复性司法中加害人在进行了有效赔偿后就可以免除或大大减轻刑事处罚,这样一方面会促使犯罪人积极赔偿,另一方面也不会因为犯罪人被监禁而降低其赔偿能力。而道歉能够减轻被害人的精神负担,也有助于受害人和其他受犯罪影响的人的宽容和接纳犯罪人。当然这些措施的出发点和宗旨都是为了更好地解决纠纷,消除双方的矛盾。

四是两者解决纠纷的方式及参与的主体背景大体相同。恢复性司法政策改变了国家—犯罪人这种国家追诉的单一方式和单向惩罚模式,而采取了一种由加害人、受害人或其家属、中间调停人等多方共同组成的互动模式。"和解(被害人与加害人之间)、协商(由被害人、加害人及其他人参加)、圆形会谈(由被害人、加害人及多方参与)逐渐被认为是恢复性司法的三种主要表现形式。"③恢复性司法政策的最终目的是积极参与犯罪的处理,帮助被害人的家属和加害人及其家属双方进行面对面地接触,鼓励在被害人、加害人之间重新建立一种适当的社会关系,以消除双方间的纠纷及矛盾。而在民族地区的赔命价习惯法意识中,对各种因犯罪侵害引起的纠纷主要是由双方当事人及其亲族参加,在村社长老、头人或是宗教领袖的介入主持下解决。其中被害人及其家属、亲族享有绝对的处分权,如"高山族没有一个常设的司法机构,等到案

---

①　马克昌:《犯罪通论》,武汉大学出版社 1999 年版,第 5 页。

②　高其才:《中国少数民族习惯法研究》,清华大学出版社 2003 年版,第 165 页。

③　[美]丹尼尔·W. 凡奈思:《全球视野下的恢复性司法》,载《南京大学学报》2005年第 4 期。

情发生时,临时组织一个审判组织,审判组织由以下人员组成:被害人的亲属若干人,加害人的亲属若干人,部落长老、里头等".[1]

当然立足于恢复性司法政策,赔命价制度有许多需要改进的方面;同时就赔命价的本土资源的角度而言,作为外来者的恢复性司法政策也有许多变通之处,当然,也正是因为如此才使二者不仅有会通的基础而且有了会通的必要。通过二者的会通,我们既可以使赔命价制度摆脱原始落后的帽子,又使恢复性司法适合了中国的国情,使二者发挥他们的比较优势,促进刑事纠纷的更好解决。

五、非物质文化遗产的国家法保护

针对非物质文化遗产的法律保护,理论和实践中主要有一个争议的焦点问题需要搞清楚,即非物质文化遗产的属性问题,只有在弄清楚这个问题后我们才能真正谈及非物质文化遗产法律保护制度的建构,并就保护的理念、手段、措施和制度等展开讨论。

非物质文化遗产一方面具有浓郁的文化性。非物质文化遗产是"一种包括文化财富的所有方面的文化表现形式".[2] 非物质文化遗产是人类文明的重要组成部分,是人类社会悠久历史的结晶,它是不同民族和种族文化积淀的重要反映,代表着鲜活的文化基因。一个种族或民族的非物质文化遗产映射着这一民族或种族的生活方式和思维方式,保留和记载着这一民族的原生状态,反映着他们的审美观念和心理架构,既是这一民族的个性体现和内在精神不可或缺的要素,也是该民族珍贵的文化资源,具有极其重要的文化价值。另一方面,非物质文化遗产也具有深深的经济性。所谓非物质文化遗产的经济性,是指在市场经济条件下,非物质文化遗产可以作为一项资源被开发和利

---

[1]　高其才:《中国少数民族习惯法研究》,清华大学出版社 2003 年版,第 198 页。

[2]　[澳]卡迈尔·普里:《民间文学艺术表现形式的保存与维护》,高凌瀚译,载《版权公报》(中文版)1998 年第 4 期。

用,形成较好的文化产品或文化产业。我国 2011 年刚刚颁布的《中华人民共和国非物质文化遗产法》第 3 条规定:国家鼓励和支持发挥非物质文化遗产资源的特殊优势,在有效保护的基础上,合理利用非物质文化遗产代表性项目开发具有地方民族特色和市场潜力的文化产品和文化服务。同时,世界知识产权组织(WIPO)在《保护传统知识的政策目标和核心原则(草案摘要)》和《保护传统文化表现形式/民间文学艺术的政策目标和核心原则(草案摘要)》中也认为:传统知识、传统文化/民间文学艺术的固有价值,包括其社会、精神、经济、思想、科学生态、技术、商业和教育价值。只是需要注意的是,非物质文化遗产的经济性往往无法直接表现出来,它需要借助非物质文化遗产的文化性以展现,"某种非物质文化遗产之所以存在经济价值,往往是由于它具有某种文化价值的缘故"。① 由此而言,就非物质文化遗产的文化性和经济性来说,文化性是第一位的,经济性是第二位的,经济性通常依附于文化性,离开了文化性,也就谈不上所谓的非物质文化遗产的经济价值了。文化具有公共性是说,文化是一定人群所共享的(这是事实),同时,这一特指的文化具有成为共同体全体享有的倾向、潜力甚至冲动(这是可能性),恰恰是这种可能性使文化不像那些私有性的事物一样因为占有的人越多而使每个人的占有份额越少,相反,它会因为享有的人越多而越有价值,越受到尊崇。诚如上述,由于非物质文化遗产具有较强的公共性,多涉及民族文化和民族利益,因此其与公法的关系就较为密切;同时,由于非物质文化遗产的首要特性是文化性,更需要政府的扶持和帮助,因此世界上的绝大多数国家,基本上采取了以公法为主、私法为辅的保护模式。如法国、德国、日本、韩国等,我国亦是如此。以 2011 年刚刚颁布实施的《中华人民共和国非物质文化遗产法》为例,该法案规定我国的文化主管部门是非物质文化遗产保护工作的主管部门,并从行政法的角度对各政府部门的职责进行规定,由此也可见我国采取的公法为主的保护模式。当然,以公法为主并不否定私法的保护作用,尤其是在我国对非物质文化遗产保护现状羸弱的情况下,更应当研究非物质文化遗产的私法保护。由此,下文就分两部分介绍非物质文化遗产的法律保护,一为公法保护,一为私法保护。

---

① 陈天培:《非物质文化遗产的经济价值》,载《改革与战略》2006 年第 5 期。

(一)非物质文化遗产的公法保护现状

学界的学者们普遍认为,我国非物质文化遗产的公法保护要好于私法保护,当然,这也是世界各国非物质文化遗产保护中的普遍现象,这点在非物质文化遗产的公法保护现状中体现得尤为明显,如截至 2011 年,我国已有昆曲、古琴艺术、龙泉青瓷传统烧制技艺、热贡艺术、藏戏、玛纳斯等 31 项列入"人类非物质文化遗产代表作名录";另有羌年、黎族传统纺染织绣技艺、中国木拱桥传统营造技艺 3 项入选"急需保护的非物质文化遗产名录",从而成为世界上入选联合国教科文组织非物质文化遗产名录项目最多的国家。

非物质文化遗产的公法保护主要体现在宪法和行政法领域,尤其是行政法领域中。所谓公法保护主要是指,在政府履行管理非物质文化遗产的职能过程中,政府公权力有效保护非物质文化遗产,保证非物质文化遗产的生命力,并确保非物质文化遗产在社会生活中不断发展创新并发扬光大。其制度性规定体现在:我国《宪法》第 22 条第 2 款规定:"国家保护名胜古迹、珍贵文物和其他重要历史文化遗产。"第 47 条规定:"中华人民共和国公民有进行科学研究、文学艺术创作和其他文化活动的自由。国家对于从事教育、科学、技术、文学、艺术和其他文化事业的公民的有益于人民的创造性工作,给以鼓励和帮助。"宪法作为母法和我国的根本大法,上述规定无疑为我国立法机关制定保护非物质文化遗产的相关法律提供了宪法根据,同时也为行政机关制定行政规章和采取相关的保护措施提供了宪法依据。

我国现行行政法规、规章和条例中对于非物质文化遗产提供保护的主要是:1997 年国务院颁布的《传统工艺美术保护条例》、2005 年国务院办公厅颁布的《关于加强我国非物质文化遗产保护工作的意见》、2005 年国务院发出的《关于加强文化遗产保护工作的通知》和 2011 年的全国人大《非物质文化遗产保护法》。其中,尤以《非物质文化遗产保护法》意义最为重大。《非物质文化遗产保护法》共计 45 条,分为总则、非物质文化遗产的调查、非物质文化遗产代表性项目名录、非物质文化遗产的传承与传播、法律责任和附则 6 章。总体而言,《非物质文化遗产法》属于公法性质,其中的条文内容主要涉及行政法。这体现在:(1)第 6 条确立了文化部门的行政主管部门地位,对非物质文化遗产进行集中管理;(2)第 11 条至 17 条确立了非物质文化遗产的调查工作,包括调查的主体可以是文化主管部门,也可以是公民、团体或其他组织,调查方式是对非物质文化遗产予以认定、记录、建档,建立健全调查信息共享机制;(3)第18至27条确立了非物质文化遗产的代表性项目名录制度,包括代表性名录的程序、内涵、主管机构等;(4)第28条至37条确立了非物质文化遗产的传承和传播制度,具体体现在认定传承人和传承单位的条件和奖励办法;(5)第38条至42条规范和调整了政府保护非物质文化遗产的职责或行为,针对不同违法情况制定不同的行政处罚。

《非物质文化遗产保护法》的颁布实施,标志着我国非物质文化遗产的公法保护工作由此进入了一个新的阶段。首先,《非物质文化遗产保护法》的出台,明确了政府的管理职能,使得政府的管理既有法律支持,同时也具有相关的法律责任,从而监督管理、责任落实就有了根本依据;其次,《非物质文化遗产保护法》的出台,让非物质文化遗产的保护工作有了法律保障,就可以对违反法律的一切行为,以及相关的人与事做出公正有效的处罚,以遏制那些违法行为对非物质文化遗产保护所造成的严重损害。

当然,我们还需要看到在公法领域有了《非物质文化遗产保护法》的保障,这固然是非物质文化遗产保护的一个重大成绩,但毕竟单纯一部法律的作用是有限的,我们也不能指望通过这一部法律来解决非物质遗产保护领域的所有问题,因此仍需要有其他的法律来进行配套、协调或填补空白,因此下文集中于对非物质文化遗产公法保护的制度体系构建。

(二)非物质文化遗产公法保护的域外借鉴

日本关于非物质文化遗产保护的立法较早,早在1871年就颁布了保护工艺美术品的《古器物保护法》,可谓是非物质文化遗产保护的先行者和前驱者。而后,在1897年通过了保护古寺庙遗产的《古寺庙保存法》,1919年保护历史名胜的《历史名胜天然纪念物保护法》和1929年保护社寺建造物、城郭、宫殿、住宅、茶室等国宝的《国宝保护法》,直至1950年通过颁布了非物质文化遗产保护最为重要的一部法律——《文化财保护法》。

在历经四次大的修改后,《文化财保护法》已成为日本社会中一部综合性文化遗产保护法。日本现行的《文化财保护法》是2004年修订的,加上附则共8章120条。第一章是总则,共有4条。分别规定了该法的目的,文化财的概念和政府、地方团体的职责,民众、政府和文化财所有者对文化财的认识等。后面几章中涉及非物质文化遗产内容的主要是第三章的无形文化财和无形民俗文化财及第五章的文化财保存技术。第三章的无形文化财共 7 条,规定了无形文化财及其之外的无形文化财的指定,以及无形文化财保持者或保持团体的认定、保存、经费等内容;第三章的无形民俗文化财,规定了无形民俗文化财的指定、管理、经费及重要无形文化财以外的无形文化财的记录等。第五章的文化财保存技术的保护共 6 条,规定了文化财保存技术及其保持者或保存团体的确定,对该技术的保护、展示及政府对该技术的援助等。

这部法律所保护的文化遗产既包括有形的文化财,如建筑物、美术作品等,也包括无形的文化财,如戏剧、风俗习惯等。综合而言,《文化财保护法》所保护的非物质文化遗产包括了无形文化财、无形民俗文化财和文化财保存技术三类。其中,无形文化财包括戏剧、音乐和工艺技术及其他在历史和艺术上具有很高价值的无形的文化成果等;无形民俗文化财是指有关衣食住行、职业、信仰、年节庆典等风俗习惯和在了解民众生活上不可缺少的民间艺术。文化财保存技术,主要是指那些在民间艺术表演过程中所使用的乐器等工具的制作、修理、维护的技术,工艺品的原材料和制作工具的制作、维护技术,以及有形文化财的保存修理技术等。

在日本《文化财保护法》中对于非物质文化遗产进行保护的主要是指定制度和登录制度。所谓指定制度,是指在对文化遗产进行严格筛选的基础上,对其中特别重要且具有特殊价值的非物质文化遗产进行指定,对被指定的非物质文化遗产进行保存和记录整理,进而对这些遗产的传承人进行认定。登录制度是作为指定制度的补充存在的,登录制度所保护的对象是现在还没有被指定但具有保护价值的建筑物等,包括近现代建筑物和古建筑物。登录制度是作为一种保护和不保护之间的中间状态,是民众的自发保护和国家的控制相接和保护模式。

(三)我国非物质文化遗产公法保护的构建

对于我国非物质文化遗产公法保护的构建,本书拟通过三部分进行论述,分别是非物质文化遗产公法保护的目标、非物质文化遗产公法保护的原则和非物质文化遗产公法保护的具体制度。

1. 非物质文化遗产公法保护的目标

维护和强化非物质文化遗产的内在生命力是非物质文化遗产公法保护的目标,这从《保护非物质文化遗产公约》中可以明确看出。《公约》第 2 条指出,保护是指"确保非物质文化遗产的生命力的各种措施,包括非物质文化遗产的确认、立档、研究、保存、保护、促进、宣传、弘扬、传承(特别是通过正规和非正规教育)和振兴。"由此而言,非物质文化遗产的保护措施就具有高低两层:一是低层次的,也是防御性的措施,即确认、立档、研究和保存,这主要是指利用现代社会中的诸多科学技术将非物质文化遗产采制下来归类存档,作为资料保留和保存,以便让后人也可以如同我们一般欣赏到美不胜收、精妙绝伦的诸多艺术珍品。当然,之所以言及是低层次的,主要在于此项措施更多的是针对那些在现实生活中已濒临灭绝而又无法继续传承的非物质文化遗产项目。二是高层次的,也是拓展性的措施,即保护、促进、宣传、弘扬、传承和振兴。这些措施的目标在于发展非物质文化遗产项目,让这些项目在我们这一代人手中不单是保存,更在于发扬光大、传承创新,正是如此,教科文组织将是否有持续发展的可能性列为世界非物质文化遗产申请保护的重要条件。

2. 非物质文化遗产公法保护的原则

非物质文化遗产公法保护的原则,是指那些在非物质文化遗产公法保护的过程中,必须要注意的诸多准则。这些准则起着承上启下的作用,承上是公法保护的目标,即保存和维护非物质文化遗产的生命力;启下是公法保护构建的具体制度,这些准则即是公法保护具体构建的纲领,具体制度的构建要围绕着这些准则展开。综合而言,在非物质文化遗产公法保护中,有三项原则是特别需要铭记的,分别是真实性原则、整体性原则和人本原则。

所谓真实性原则是指我们所要保护的非物质文化遗产是原生态的项目,是这个项目的本真面目。真实性原则之所以被提出,主要是在民俗经济大行其道的今天,在当前非物质文化遗产的开发利用中,存在着诸多加工、篡改、伪造非物质文化遗产的情况,这与非物质文化遗产的保护是背道而驰的。真实性原则的认识和提出是有一个渐进的过程的,正是在这一过程中,真实性原则的迫切性和内涵逐渐被不同国家的学者所认识和讨论。真实性原则的提出始于 20 世纪 60 年代,即在第二届历史古迹建筑师和技师国际会议上通过的《威尼斯宪章》中提出了真实性原则,而后在 1994 年的奈良会议上通过了《关于真实性的奈良文件》,正式提出真实性原则作为非物质文化遗产保护的一项重要原则。

所谓整体原则是指,我们所要保护的不单是非物质文化遗产项目本身,与非物质文化遗产项目紧密相关的文化生态环境也要采取措施进行保护。此项原则之所以被提出,主要在于非物质文化遗产之所以具有特色,除了非物质文化遗产项目本身外,周边的文化生态环境也是重要的促进因素。非物质文化遗产都与特定的文化生态环境休戚与共,因此保护非物质文化遗产,就要保护其赖以生成的文化生态环境。与真实性原则相类似,整体原则也是在非物质文化遗产保护的过程中逐渐确立的。《威尼斯宪章》指出,古迹的保护包含对一定范围环境的保护。2005 年在西安召开的国际古迹遗址理事会第 23 届大会上指出,承认周边环境对古迹遗址的独特贡献,有必要保护和延续遗产及其周边环境的有意义的存在,以减少对文化遗产的真实性、意义、价值、整体性和多样性所构成的威胁。

所谓人本原则是指非物质文化遗产的保护必须遵循维护人权和发展公民文化权利的原则,必须遵循维护世界和平、促进经济社会和文化发展的原则。联合国教科文组织在《保护非物质文化遗产国际公约》中强调,本条约是在"参照现有的国际人权文书"的基础上制定的。这些国际人权文书主要是《世界人权宣言》、《公民和政治权利国际公约》、《经济、社会和文化权利国际公约》等。之所以提出人本原则主要在于,非物质文化遗产的产生在于人,存在和传承在于人,发展和创新在于人,且更为根本的是,我们之所以保护非物质文化遗产也在于让这些项目带给我们这代人和后代人更高的享受,是为人服务的,因此"人"居于非物质文化遗产的中心位置。

3. 非物质文化遗产公法保护的制度设计

非物质文化遗产公法保护首要涉及的问题是保护的主体问题。由于非物质文化遗产的文化性,尤其是在面对经济大潮时的脆弱性,这就需要政府承担起精神家园守护者的责任,以维护世界的文化多样性和社会的可持续性发展。政府作为非物质文化遗产保护的主体首先需要选定一定的政府机构进行管理,根据我国《非物质文化遗产保护法》第 7 条规定,国务院文化主管部门负责全国非物质文化遗产的保护、保存工作;县级以上地方人民政府文化主管部门负责本行政区域内非物质文化遗产的保护、保存工作。政府管理机构的功能包括提供政策保障、制定相关法律、确保资金投入和参与国际合作四个方面。当然除了文化主管部门外，相关的保护主体还有保护非物质文化遗产的个人或群体、教育机构、公共文化机构、科研机构及专家学者和大众传媒、其他社会力量等。这集中体现在《非物质文化遗产保护法》第9条规定：国家鼓励和支持公民、法人和其他组织参与非物质文化遗产保护工作。第34条规定：学校应当按照国务院教育主管部门的规定，开展相关的非物质文化遗产教育。新闻媒体应当开展非物质文化遗产代表性项目的宣传，普及非物质文化遗产知识。第35条规定：图书馆、文化馆、博物馆、科技馆等公共文化机构和非物质文化遗产学术研究机构、保护机构以及利用财政性资金举办的文艺表演团体、演出场所经营单位等，应当根据各自的业务范围，开展非物质文化遗产的整理、研究、学术交流和非物质文化遗产代表性项目的宣传、展示。

在具体的保护措施方面，联合国教科文组织在1989年的《保护民间文化创作建议案》中提出相关的保护措施，这包括鉴别、保存、保护、传播、维护。其中，鉴别是为了建立登记体系，对非物质文化遗产进行分类；保存是为了能够让研究者进行研究，并让普通民众欣赏到这些非物质文化遗产，保存的措施是建立研究机构或者博物馆、艺术馆等；保护是为了非物质文化遗产能够得到传承，这主要是针对非物质文化遗产的创作者和传播者的，要求政府在正式的课程及校外课程中，以适当的方式设计并引入民间文化的教学和研究，在个人或团体研究、推广、培训或扶持民间文化项目时给予道义和经济上的支持，促进有关民间文化保存的研究。同样，联合国教科文组织在其《保护非物质文化遗产公约》中，认为非物质文化遗产的保护方式主要有确认、建档、研究、保存、保护、宣传、弘扬、传承（主要通过正规和非正规教育）和振兴，其主要用意在于确保非物质文化遗产的生命力。同时，《公约》还要求"各缔约国应该采取必要措施确保其领土上的非物质文化遗产受到保护"，这些措施包括"适当的法律、技术、行政和财政措施，通过拟定清单、制定保护规划、建立保护机构、培养保护队伍、加强宣传、传播、教育等来确认、展示和传承这种遗产"。① 我国2011年通过的《非物质文化遗产保护法》在借鉴世界和其他国家经验的基础上，认为

---

① 王鹤云、高绍安：《中国非物质文化遗产保护法律机制研究》，知识产权出版社2009年版，第204页。

对于非物质文化遗产的保护措施主要有调查、保存、确认、维护、传承、发展、教育、研究、传播、开发和利用等。这体现在第3条规定：国家对非物质文化遗产采取认定、记录、建档等措施予以保存，对体现中华民族优秀传统文化，具有历史、文学、艺术、科学价值的非物质文化遗产采取传承、传播等措施予以保护。第12条规定：文化主管部门和其他有关部门进行非物质文化遗产调查，应当对非物质文化遗产予以认定、记录、建档，建立健全调查信息共享机制。

(四)我国非物质文化遗产的私法保护现状

目前我国尚未有一部专门的非物质文化遗产保护的私法法律，对非物质文化遗产的私法保护只能借助于现有法律。现有制度规定主要集中体现于知识产权领域，其他私法较少涉及，下文主要集中《著作权法》、《商标法》和《专利法》的相关规定。

1.《著作权法》的保护

《著作权法》对非物质文化遗产的保护主要是一种静态保护，即记录、分类、编辑等方式，通过文字、语音、数字化等多媒体手段将非物质文化遗产保存，并以相关的著作人身权和财产权对它们进行保护。著作权法的保护模式具有极大的优越性，这主要体现在其所提供的经济激励可以有效地推动对非物质文化遗产发源地、传承人对民间文艺作品等非物质文化遗产的保护，并推动非物质文化遗产的继续发展。如我国的《著作权法》有效保护了诸多民族特色房屋的建筑设计图、民族服饰的设计和雕刻设计等。

尽管如此，我国目前《著作权法》对非物质文化遗产的保护仍显单薄。这体现在：一是就整体而言，《著作权法》对非物质文化遗产的保护基本处于空白状态。目前《著作权法》能够为非物质文化遗产提供法律保护依据的只有其第6条。第6条规定：民间文学艺术作品的著作权保护办法由国务院另行规定。但此项规定一直迟迟未出台，这就大大阻碍了对非物质文化遗产的实质保护。二是我国《著作权法》对保护对象的要求较高，导致很大一部分非物质文化遗产达不到保护的标准。我国《著作权法》要求其所保护的作品必须具有完整性和独创性，但许多非物质文化遗产所欠缺的恰恰就是完整性或者独创性，因此很难获得《著作权法》的有效保护。如我国很多非物质文化遗产是整个民族或者地区在经过千百年众多手工艺人千锤百炼的基础上形成的,因此很难说有特别的独创性。三是我国《著作权法》关于署名权的僵硬性规定实质上阻碍了对非物质文化遗产的保护。由于非物质文化遗产的主体特色,即除个人外,社区和组织也是其主体,这就与我国《著作权法》对署名权的要求差距较大,因此在这一方面很难做到有效保护。如我国贵州地区的蜡染技术,在其几千年的传承过程中不断发展、传播,从而现今贵州境内的包括苗族、布依族、水族、瑶族在内的多个少数民族都拥有蜡染这一传承的技艺,在这种情况下应如何授予权利? 这对于我国的《著作权法》而言是一个较大的难题。但若考察国际上的相关法律,我们可以看到国际文件其实是有这方面规定的。如《保护民间文学艺术表达免被滥用国内立法示范法》就有明确规定:在一切向公众传播的印刷出版物中,均需以适当方式注明一切来源明确的民间文学表达形式的出处,即指出所使用的有关表达所出自的居民团体或地理位置。

2.《商标法》的保护

相较于《著作权法》,我国的《商标法》对非物质文化遗产的保护较强,因此学界认为在现有的知识产权制度中商标制度最适合对非物质文化遗产进行保护。此种保护主要体现在《商标法》的第9条和第31条中。我国《商标法》第9条规定:申请注册的商标,应当有显著特征,便于识别,并不得与他人在先取得的合法权利相冲突。第31条规定:申请商标注册不得损害他人现有的在先权利,也不得以不正当手段抢先注册他人已经使用并有一定影响的商标。此两条对非物质文化遗产的保护主要体现在"拥有的在先权利,排除其他人的不当利用或者侵权"。在我国的具体司法实践中,利用商标权保护的非物质文化遗产主要有重庆的铜梁龙舞和无锡宜兴的紫砂壶等。

尽管如此,《商标法》对非物质文化遗产的保护仍具有一定的局限性,这主要体现在商标法对非物质文化遗产的保护只能起到防御的作用,即抵御权利人以外的第三人对注册商标的仿冒使用,而非物质文化遗产本身所蕴含的文化价值以及其中的经验、技巧和技艺等却无法得到有效保护。

此外,我国《商标法》中的地理标志制度也可以对非物质文化遗产起到实质性的保护作用。如《商标法》第16条规定:商标中有商品的地理标志,而该商品并非来源于该标志所标示的地区,误导公众的,不予注册并禁止使用;但是,已经善意取得注册的继续有效。前款所称地理标志,是指标示某商品来源于某地区,该商品的特定质量、信誉或者其他特征,主要由该地区的自然因素或者人文因素所决定的标志。运用地理标志制度对非物质文化遗产进行保护,其优势主要有三个方面:一是地理标志的无限期保护规定契合了非物质文化遗产权的永久性保护内涵。二是地理标志的不可转让性暗合了非物质文化遗产的公共性和文化性要求;三是地理标志的权利主体有利于非物质文化遗产的群体性要求。

3.《专利法》的保护

我国《专利法》对非物质文化遗产的保护主要体现在两方面:一是专利的积极保护;二是专利的预警保护。专利权的积极保护主要是指对于那些符合我国现行专利法规定的非物质文化遗产,可以通过申请发明专利、实用新型或外观设计的方式来进行自我保护。具体而言,主要是指只要一种非物质文化遗产符合我国《专利法》的授予条件,就可以获得一定的专利权利。典型的事例有扬州漆器技艺、安化千两茶、苏绣等。所谓专利的预警保护,是指通过建立数据库等技术手段,以技术手段为防御武器,使专利的剽窃者在申请专利时达不到专利申请的新颖性、创造性等标准,以便防止其他国家或者个人对非物质文化遗产进行非法利用。如我国已经建立了中医药传统知识数据库,以保护我国传统的中医药知识免遭其他国家或者个人的非法利用。

当然,《专利法》的保护也具有一定的问题,这首先体现在专利的积极保护方面,即一般的非物质文化遗产很难达到专利的新颖性、实用性和创造性的要求。如由于绝大多数的非物质文化遗产是一种群众创造的产物,尤其是一种地区性或民族性的技术,因此处于公开或者半公开的状态就很难符合《专利法》的新颖性要求。其次,在专利的预警保护中,所建立的数据库也只能是保护非物质文化遗产的一种低层次的防御手段,而无法实现非物质文化遗产的所有内涵和价值。

(五)我国非物质文化遗产私法保护的目标

诚如上述,我国非物质文化遗产的私法保护虽然取得了一定成就,但同时也存在着诸多缺憾和不足之处,这就需要我们在未来的制度设计中加以改正,以便有效地保护非物质文化遗产。改正的措施既有对原有私法法律的修修补补，也有对现有法律的扩大解释，或者出台相关的司法解释等，但相比较这些措施，更为根本的是构建专门的非物质文化遗产的私法制度体系，以切实有效地保护非物质文化遗产。构建我国非物质文化遗产的私法制度体系，首要的是明确其保护目标。

就我国当前的非物质文化遗产保护现状而言，笔者认为若构建我国非物质文化遗产私法保护制度，保护的目标主要体现为两点：一是承认价值，增进尊重；二是防止滥用，赋予权利。之所以选择这两点作为保护目标，主要在于它们切合我国当前非物质文化遗产保护的实际需要。本书所谓的承认价值，是指承认我国域内的某些民族、社区或群体对它们相对应的文化遗产的固有权利和价值，这包括社会方面、文化方面、精神方面、经济方面、科学方面、智力方面、商业方面和教育等诸多方面的权属和价值，并承认这些非物质文化遗产将会惠及相应的民族、社区和群体，也包括我国的所有国民甚至世界范围内的民众。可以说，承认非物质文化遗产的价值是构建私法保护制度的首要目标。所谓增进尊重，是指加强对非物质文化遗产的保存和保护，并维持拥有这些非物质文化遗产的个人、社区或群体的尊严，以及对非物质文化遗产的文学完整、智力和精神的敬仰。可以说，增进尊重是对承认价值的进一步要求，也是对承认价值的进一步加强。防止对非物质文化遗产的滥用是指，为了保护非物质文化遗产，需要为当地民众、社区或其他群体提供必要的法律手段，包括有效的强制措施，以防止对其文化表达及其衍生事物进行超出习惯和传统方式的滥用，"并促进对惠益的平等分享。赋予权利是指政府需要授权当地民众、社区或其他群体对其自身的非物质文化遗产行使适当的权利，这种权利应当以平衡、公平和有效的方式行使"。①

同时需要我们注意的是，除了上述两项目标外，2004 年 WIPO－IGC 第七次会议在通过的《保护传统文化表达/民间文学艺术的政策目标与核心原则（草案）》中还确立了另外十一项政策目标，包括："满足社区的实际需求；支持习惯做法和社区合作；有助于保护传统文化；鼓励社区创新与创造；促进思想与艺术自由、研究与文化的公平交流；有助于文化多样性；促进社区发展和合

---

　　①　The protection of traditional cultural expressions/ expression of folklore：draft objectives and principles，WIPO/GRTKF/IC10/4，Oct 2，2006，Annex，and p. 3.

法贸易活动;排除未经许可的知识产权;增强确定性、透明度及其相互信任"。①

(六)我国非物质文化遗产私法保护的原则

将上述目标放置于我国的法律场域中,并对它们进行具体化的认知,笔者认为有两项原则需要特别予以保护,这两项原则的提出是为了更好地实践下述具体的制度构建。

如同上文,在《保护传统文化表达/民间文学艺术的政策目标与核心原则(草案)》中,委员会也列出了9项保护原则,这分别是:反映有关社区的愿望和期望原则;平衡原则;尊重并与其他国际和地区协议或文件相协调原则;灵活和全面保护原则;承认文化表达的特殊性质和特点原则;与传统知识的保护相协调原则;尊重土著人民和其他传统社区的权利与义务原则;尊重民间文学艺术、传统文化表达的习惯用法和传播原则;保护措施的有效性和可操作性原则。将这些保护性原则放在我国的法律体系中,则可以综合为两项保护性原则,分别是利益平衡原则和尊重习惯原则。

所谓利益平衡原则是指在我国非物质文化遗产的保护中,需要平衡各类主体的利益关系,平衡各方面的利益关系。"利益衡平就是指当事人之间、个人与社会之间的利益分配应当符合公平的价值观念。利益衡平是民法精神和社会公德的要求。"②各类主体的利益关系中包括平衡非物质文化遗产创造者和使用者之间的利益关系,非物质文化遗产来源群体的权利与义务间的关系,非物质文化遗产私人利益与公共利益之间的关系。只有平衡各方面的利益关系,平衡各类主体的利益关系,才能保证非物质文化遗产的使用、传承和创造。平衡利益关系所教会我们的是:"需要非物质文化遗产知识产权制度通过权利内容和权利限制的制度设计,在不同利益之间寻找最佳平衡点,以形成一种精巧的利益平衡机制在非物质文化遗产保护和利用的矛盾冲突中,不存在孤立

---

① The protection of traditional cultural expressions/ expression of folklore: draft objectives and principles, WIPO/GRTKF/IC10/4, Oct 2, 2006, Annex, and p. 2.

② 吴汉东:《知识产权私权属性的再认识》,载《社会科学》2005 年第 10 期。

的群体利益、个人利益或社会利益。"①

所谓尊重习惯原则，是指在非物质文化遗产的保护中，国家和社会其他主体应当尊重习惯法和惯例，这主要是尊重那些依据习惯法和惯例使用、开发、交流、传承和传播其非物质文化遗产的做法。尊重习惯原则，鼓励传统方式，这包括按照传统方式使用非物质文化遗产、分配必要的利益等。但如果随着整体社会形势的发展，个人、社区和群体等各类主体认可了改变习惯法使用和分配的行为方式，则可不被认为是对于习惯法和惯例的侵害。

（七）我国非物质文化遗产私法保护的制度建构

对于非物质文化遗产私法保护制度的具体建构，主要是分析非物质文化遗产制度的法律关系，这包括法律主体、法律客体和法律内容三个方面。下面即围绕这三个方面展开分析。

作为一种特殊客体，非物质文化遗产需要立法者根据其特征量身定做一套特别保护体制，以提供充分有效的知识产权保护。为了对我国的非物质文化遗产提供充分有效的保护，笔者建议，从长期规划着眼，应当分别制定《民间文学艺术保护法》和《传统知识保护法》，以建立民间文学艺术和传统知识的特别保护体制，正如美国所制定的《印第安艺术和手工艺品法令》，"目的在于制止对版权的侵害，并给本土艺术家的传统作品以特别保护"，它"是对华盛顿及美国境内假冒印第安艺术的最大震慑"。② 当然，对非物质文化遗产的知识产权保护除了建立特别保护体制外，仍然可以寻求现行知识产权法的保护，彼此并不排斥。

非物质文化遗产具有群体性特征，其权利主体大多是特定社区和群体，有时个人也可能成为权利主体。当然，有些国家的法律也规定国家是非物质文化遗产的权利主体，而我国非物质文化遗产权利主体的制度设计则需要根据我国的具体国情而定。我国没有《公约》所指的社区的概念，所以非物质文

---

① 李墨丝：《非物质文化遗产保护法制研究——以国际条约和国内立法为中心》，华东政法大学 2009 年博士论文，第 238 页。

② ［美］威利·史密斯：《非物质文化遗产的保护与知识产权——华盛顿美国本土艺术的个案》，祝鹏程译，载《民族艺术》2013 年第 1 期。

遗产的权利主体不包括社区。同时,由于我国非物质文化遗产相当丰富,如果以国家作为权利主体,那么特殊权利的统一行使对于政府来说将是一个很大的负担,并且也不利于发挥来源群体保护非物质文化遗产的积极性和主动性。因此,在我国,非物质文化遗产特殊权利的权利主体应当是非物质文化遗产的来源群体,个人有时也可能成为权利主体。

非物质文化遗产的特殊权利包括精神权利和经济权利。其中,精神权利包括要求注明出处的权利和禁止歪曲、滥用的权利,经济权利包括使用许可权和获得报酬权。对于非物质文化遗产的原生使用,法律不应将其归入应当取得许可的范围之内,而对于非物质文化遗产的商业使用,则必须事先取得权利主体的许可,并支付一定的使用费,使用费的数额、支付方式、支付期限等由使用者和权利主体协商确定。

前述言及,利益平衡原则是非物质文化遗产保护的一项重要原则,此项原则集中体现于非物质文化遗产私法保护的权利限制方面。利益平衡原则要求我们在对于非物质文化遗产保护的同时,也要注意过度保护所带来的垄断问题,因此为了更好地弘扬和发展非物质文化遗产,就需要在必要保护的基础上,兼顾其他利害关系人的利益及社会公共利益。基于利益平衡原则的要求,我们既要授予非物质文化遗产权利人一定的独占专有权利,同时又需要对其权利给予合理的限制,因此在构建我国非物质文化遗产的私法保护体制时,应确立合理使用、法定许可和强制许可三项权能限制制度。基于我国知识产权相关法律的精神和原则,所谓合理使用,是指在非物质文化遗产的保护中,基于公平、正义和公共健康等公益目的,在非营利使用、标明了来源地又不侵害到其他主体权利的情形下可以不用事先告知和支付报酬而使用。所谓法定许可,是指为了保护、发展和弘扬本民族的优秀文化,允许使用者对已经在国内普遍公开,且广为流传的非物质文化遗产进行商业开发利用,且无须征得权利主体的许可,但权利人声明不得使用的除外。所谓强制许可,是指在发生公共健康危机等涉及公共利益或国家安全时,国家主管部门可以依职权批准他人有偿使用相关的非物质文化遗产。

非物质文化遗产的私法责任,主要指的是当某些主体侵害了非物质文化遗产者的权利或者逃避某些法定义务时所应承担的法律后果。参照我国《著作权法》、《商标法》和《专利法》等法律规定,当某一主体侵害了非物质文化遗产者的权利或者逃避某些法定义务时,理应承担相应的民事责任、行政责任和刑事责任。民事责任的承担包括停止损害、恢复影响、赔礼道歉和赔偿损失等；行政责任的承担方式主要是国家行政管理部门可以责令侵权人停止侵权行为，并没收违法所得，没收、销毁侵权复制品，或者处以行政罚款等；在刑事责任方面，如果侵权者的行为情节严重构成犯罪时，可对其依照刑法处罚等。

六、非物质文化遗产和传统知识 习惯法保护的基础

本部分对非物质文化遗产和传统知识习惯法保护进行探讨，第一部分，也是首先需要追问的是，非物质文化遗产和传统知识习惯法保护的研究现状。第二部分，非物质文化遗产和传统知识为什么需要习惯法的保护，或者习惯法对于传统知识的保护具有什么样的价值？第三部分，在非物质文化遗产和传统知识需要习惯法保护的基础上，我们需要知道哪些习惯法可以对非物质文化遗产和传统知识提供保护？第四部分，非物质文化遗产和传统知识需要习惯法的保护，且习惯法也能够提供保护，但当前学界对非物质文化遗产和传统知识习惯法保护的研究多浅尝辄止，由此当前非物质文化遗产和传统知识习惯法保护所遇到的困境是什么？在面临如此困境的情况下，我们需要构建一个什么样的非物质文化遗产和传统知识习惯法保护体系，方能走出困境？

（一）非物质文化遗产和传统知识习惯法保护的研究现状

国内学界对非物质文化遗产和传统知识的习惯法保护进行阐述的著作有赵方的《我国非物质文化遗产的法律保护研究》、李墨丝的《非物质文化遗产保护国际法制研究》、田艳的《中国少数民族基本文化权利法律保障研究》、齐爱民等的《非物质文化遗产保护法：超越知识产权与知识产权的超越》、周方的《传统知识法律保护研究》和李发耀的《多维视野下的传统知识保护机制实证研究》；相关的论文有臧小丽的博士论文《传统知识的法律保护问题研究》、包哲钰、罗彪的《论民间法对非物质文化遗产保护的可能贡献》、邓江凌、张文彬的《非物质文化遗产保护：民间法与国家法的融合》、吴安新、张磊的《民间法之

私法渊源地位探究：从非物质文化遗产保护的角度》等。根据笔者通过 Westlaw、Hein online 等数据库的检索，国外对非物质文化遗产和传统知识的习惯法保护进行研究的学者有 Paul Kulak、Lewandowski、Antonio Gutierrez、Carlos M. Correa、Darrel A. Posey & Graham Duffield、Jessica Myers Moran、Kristina Swiderska 等。

通观上述著作和论文，我们可以发现，国内外现有对传统知识习惯法保护的论述主要分为四个部分，即国际社会和国际组织对于传统知识习惯法保护的态度，各国对于传统知识习惯法保护的态度，习惯法对于传统知识保护的价值和意义，传统知识习惯法保护的困境。

对于国际社会和国际组织的态度，学者们主要列举了国际劳工组织《土著和部落民族第 169 号公约》、美洲国家间人权委员会批准的《美洲土著居民权利宣言（草案）》、《保护非物质文化遗产公约》、《土著人民权利宣言》等国际和地区的法律文件。对于各国政府的态度，学者们主要举出了孟加拉《生物多样性和社区知识保护法（草案）》、巴拿马 2000 年第 20 号法、菲律宾的《土著人权利法案》、哥斯达黎加的《生物多样性法》、美国印第安部落法庭、澳大利亚的诸多判例等。

对于习惯法的价值和意义，学者们认为，"习惯法设定了传统知识相关主体的权利和义务，以满足传统社群的需要并确保传统知识的有效传承"。[①] "对于如何防止传统知识的不当使用或不当披露，如何进行利益分配以解决争端等，习惯法也都形成了一套特有的做法并一直沿用，可以说，习惯法是最早的、最原始的传统知识保护方式。"[②]习惯法与非物质文化遗产具有共同的地域性；习惯法所具有的民族心理性与非物质文化遗产有内在的天然联系；对非物质文化遗产保护的国家立法缺失和政府保护的缺陷，凸显了民间法的优越

---

① Swiderska K, protecting Community Rights over Traditional Knowledge: irnplications of customary laws and Practices. Project Folder IIED, London, 2006.

② International Institute for Environment and Development, June 2009, Protecting Traditional Knowledge from the Grassroots up, at www. iied. . org/pubs/display. php? o ＝I7067llE, 下载日期：2013 年 5 月 15 日。

性。① 对于传统知识习惯法保护的困境,学者们提出了两个方面,一是习惯法本身的口头性、不为外界所知、随社会环境而改变等特性阻碍了它对于传统知识的保护;二是习惯法保护传统知识的效力,尤其是它的族外效力、社区外效力和跨国效力等。若解决不好这一问题,则在域外侵权比比皆是的情况下,传统知识的习惯法保护就没有意义。当然,需要指出的是,学者们皆认为习惯法是保护传统知识的方法之一,且习惯法的保护要与知识产权、合同法和特别法等密切合作,共同作用于传统知识的保护。如 Carlos M Correa 提出了现行知识产权机制、特别知识产权制度、习惯法、反不当占有机制(指传统知识文献化、来源地证明、事前告知同意)。② Darrel A. Posey & Graham Duffield 所讨论的架构则涉及西方传统的财产权体系、合同与合同、现行知识产权体系、国际公约、习惯法与他们提出的传统资源权体系。③ WIPO 秘书处在 2004 年 3 月第 6 次会议中也提出要尊重现存对传统知识保护的做法及各种不同选择保护的方式,例如结合现行的法律机制如知识产权法、不公平竞争法、侵权法、刑法、获取及利益分享法、习惯法、合同法、环境法、原住民权利法等来建立对传统知识的保护。

(二)习惯法对传统知识保护的可能价值

1.习惯法与传统知识的亲缘性,使得习惯法对传统知识的保护具有一定价值。不论是追问传统知识为什么需要习惯法的保护,还是探讨习惯法对于传统知识保护的可能价值,其实都是在作比较研究,当然不是拿习惯法与传统知识做比较,而是将习惯法与国家法进行比较。相较于国家法,习惯法更有可能为传统知识提供保护,这种较高的可能性主要来源于习惯法与传统知识的亲缘性。

首先,习惯法与传统知识的亲缘性,在于习惯法本身即是传统知识的一部

---

① 包哲钰、罗彪:《论民间法对非物质文化遗产保护的可能贡献》,载《山东大学学报》(哲学社会科学版)2010 年第 3 期。

② [美]Carlos M. Correa:《传统知识与知识产权:论传统知识保护有关的问题与意见》,载国家知识产权局条法司:《专利法研究》,知识产权出版社 2003 年版,第 459 页。

③ [美]Darrel A. Posey & Graham Duffield:《超越知识产权——为原住民族和当地社区争取传统资源权利》,许建初等译,云南科技出版社 2003 年版,第 75 页。

分。本书以传统知识所包含的要素为标准,将传统知识区分为科技类传统知识、习惯类传统知识和艺术类传统知识。其中,习惯类传统知识又细分为传统习俗和传统制度,而习惯法就类属于传统制度的范畴。对于传统社区而言,源远流长的习惯法规定了如何保护非物质文化遗产,"这些习惯法对于非物质文化遗产本身是不可或缺的,传统习惯法和非物质文化遗产构成了一个不可分割的整体"。①

其次,习惯法与传统知识的亲缘性,还在于习惯法与传统知识同源于传统文化。"习惯法非源自商业化,它通常有一个强大的精神品格,与关涉自然资源和自然景观的信仰体系紧密联系在一起。它们通常基于尊重自然或地球母亲的基本价值观,社会公平与和谐,并服务于公共利益。传统知识和资源被视为集体的历史遗产,而这些遗产没有个人可以拥有,因为他们被认为来自上帝。"②中国传统文化是中华文明汇集而形成的能够反映我国各民族特质的一种包容性的民族文化,它是为华夏地域内的中华民族所创造,并为中华各族儿女所世代继承和发展,具有鲜明的民族特色,是中华民族各种思想文化和观念形态的总体表征。习惯法和传统知识同源于传统文化,在传统文化的浸润下,习惯法和传统知识具有高度的同质性和亲缘性。最为突出的是,习惯法和传统知识皆以儒家文化为纲领,如儒家中的"天地君亲师",在习惯法和传统知识中皆有着典型体现。拜师广泛存在于各类传统知识的传承中,无论是冶金、酿造和榨取等科技类传统知识,还是戏曲、雕刻和刺绣等艺术类传统知识;而拜师同时也是传习习惯法的重要内容,拜师在习惯法上的制度意义在于,拜师后师傅、徒弟的权利义务与拜师前是截然不同的,对此习惯法有着详尽的规定。

最后,习惯法与传统知识的亲缘性,还在于习惯法与其他传统知识是相随、相伴、同质和同化的。相随相伴的例子如,我国传统知识中的主要节庆有端午、中秋和春节,这三个节日既是普天同庆、合家欢聚的时刻,具有重要的传统文化意蕴;同时也是诸多习惯法中的重要节点。以雇佣习惯法为例,每临端午、中秋和春节,雇佣习惯法规定:一是节庆期间雇工要放假休息;二是雇主需

---

① WIPO Intellectual Property Handbook：Policy, Law and Use, WIPO Publication No. 489(E), 2004, SecondEdition, Para. 7. p. 74.

② Swiderska K, protecting Community Rights over Traditional Knowledge：irnplications of customary laws and Practices. Project Folder IIED, London, 2006. p. 362.

要部分给付节庆前这阶段时期内的工资,端午发放的是年后上工至端午间的部分工资,中秋发的是端午至中秋间的部分工资,春节发的是全年剩余的工资,端午和中秋一般发放本段期间内工资的 1/2 或 1/3;三是雇主还需要给付雇工一定的福利,如粮、油、肉、面、衣服等不一而足。同质同化的例子如,传统知识中婚、丧、嫁、娶是各个家庭的大事,里面涉及大量的传统习俗,且仪式的操办需要大量的人手,以笔者调研的 H 村为例,婚丧仪式中所需要 20~40 人手,而这是仅凭单个家庭或单个家族成员的力量无法办到的,就需要亲戚、朋友、四邻和乡亲各个家庭的帮助,由此内生的帮工习惯法就产生了。今天你家有事我去你家帮忙,那么当明天我家有事时,你就需要到我家帮忙。同时借助于婚丧嫁娶中的此种互帮互助,习惯法也在其关系网络中有了其独特的实施机制。此点在笔者调研的 H 村中有一典型例子,H 村中有个家庭平时忙于挣钱,不怎么参与村内这样的"帮忙",且在与村民做生意时每每"杀熟",惹得村民们对他们家意见很大,结果其父亲葬礼仅有同族的三个人去帮忙,连管事的大总管都没有请到,在给周边亲邻磕了三遍头后,方又有五个人前去帮忙,结果其父亲的葬礼就在磕磕绊绊中草草收场,既给村民们留下了诸多茶余饭后的谈资,同时也警示着村民们,务必要遵守帮工习惯规范在内的村落习惯法。

2.传承人对习惯法熟悉且亲切,使得习惯法对传统知识的保护具有一定的价值。同处于乡村社会的场域中,传统知识的传承人对于习惯法是熟悉而亲切的,而对于国家法则是陌生而排斥的,由此相较于国家法,习惯法对于传统知识的保护成本就较低,从而保护起来就具有极大的便利性。"人由于'出生'的偶然性而被'抛到一个特定社会里',这个特定的社会自然有一整套特定的传统。如果这个人要展开自己的生命历程,就必须适应,或者说大体上适应这套传统。"[①]习惯法即为这套传统中很重要的一部分,在村民的成长过程中,这些习惯法会慢慢地深入其意识和观念中,成为其心理结构不可或缺的一部分。就乡村社会而言,其内部有许多种让村民们认识并熟悉习惯法的技艺,最为典型的是教化的方法。所谓教化,是指通过说明一种观念或事物的价值、功效等来使被说服者相信它们存在和延续的合理性,它是一个年长者向年幼者、位尊者向位卑者传输和教导的过程。对于乡村中此种教化的作用,费孝通认

① 秋风:《立宪的技艺》,北京大学出版社 2004 年版,第 67 页。

为是一种权力,名之为"教化权力"。费孝通先生认为,"每个要在这逆旅里生活的人都得接受一番教化,使他能在这些众多规律下,从心所欲而不碰着铁壁"。同时在教化的过程中,须"不怕困,不惮烦,又非天性;于是不能不加以一些强制。强制发生了权力"。① 自然就是教化权力,对于习惯法的教化也是同样的过程。

反观国家法,由于其西化色彩和城市背景,就使得乡村社会中传统知识的传承人对其陌生而又排斥,最终由于无法解决自己的难题而敬而远之。与传统知识保护相关的国家法有专利法、著作权法、商标法和合同法等,这些法律一方面是从西方移植而来,与中国传统社会格格不入;另一方面,这些法律主要着眼于现代城市社会中的新技术、新知识,而对于乡村社会中千百年传承下来的传统知识要么漠视不管,要么不能适应,心有余而力不足。这两种情况就导致了传统知识、传承人与国家法之间的疏离。学者蒋鸣湄:调研的案例就很好地说明了这一问题。杨似玉是国家文化部确定的第一批国家级非物质文化遗产项目"侗族木构建筑营造技艺"的代表性传承人,他曾问蒋鸣湄"你有没有什么办法不给别人拍我建造鼓楼? 比如注册商标、专利什么的? 他们(建设单位)拖欠我的工程款好久了,我不让别人(将鼓楼作为标志性建筑)进行拍照、宣传了,他们不就着急了嘛?"对此,蒋鸣湄认为:"显然,包括专利制度在内的现有知识产权制度对那些直接从自然经济环境中脱胎而出的杨似玉们来说,实在太陌生了! 他们或许需要一种强制力来帮助解决一些现实生活问题,但并不强调是法律,也可能不在乎是什么样的法律。"②

3.习惯法对传统知识保护的价值,还在于习惯法与国家法搭配可以构筑一个较为完善的传统知识的保护体系。诸多学者的研究表明,知识产权虽然能够对传统知识提供部分保护,但由于知识产权与传统知识间的根本矛盾和对立,使得知识产权无法对传统知识提供完整而有力的保护,对此学者们已经达成了基本共识,解决的办法是构建一部保护传统知识的特别法。"习惯法不单会促进生态的可持续发展和社会公平,而且他们还为内生发展而非外部驱

---

① 费孝通:《乡土中国 生育制度》,北京大学出版社 1998 年版,第 65 页。
② 蒋鸣湄:《论传统科技知识保护与专利制度的关系——以中国西南民族地区发生的个案为例》,载《云南大学学报》(法学版)2009 年第 4 期。

动的发展提供基础,因此就长远而言,会更为适当、有效和可持续。"①笔者在此所要表达的观点是,在这部传统知识保护的特别法中,习惯法的内容应占有一席之地。之所以如此,在于习惯法可以解决诸多国家法无法处理的难题。确定传统知识的主体即为典型例证。"传统知识保护的主体和客体认定,是传统知识立法保护的关键问题。"②传统知识的主体之所以重要,在于只有确定了传统知识的主体才能谈及传统知识的保护,并加以制度构建,否则再美好的制度设计也只是空中楼阁、海滩上的沙雕。

研究传统知识的主体所要解决的是传统知识的归属问题,就层级而言,即哪些传统知识属于个人,哪些传统知识属于社区,哪些传统知识属于民族,哪些传统知识属于国家。若在各个层级上再加以细分的话,则个人的传统知识是属于甲,还是乙。社区的传统知识是哪一类型的社区,这些类型社区中的哪一层级的社区。以类型论,有行政区划类型的社区,即村、镇、县、市、省等;以民族论,有瑶族社区、侗族社区、布依族社区等;以传统知识的类同和辐射为标准,则相应的有地域范围不等的各类社区。相较于个人和国家而言,社区作为传统知识的主体是较为常见的一种类型形态。当然,社区是较为常见的名称,除此之外,还有人群、社群和群体等称谓。由于传统知识主体主要是社区,因此相应的社区习惯法对此有较大助益,关于传统知识相关的社区习惯法下文有所介绍。

4. 国际社会和各国的实践经验告诉我们,习惯法对传统知识的保护具有一定的价值。如国际劳工组织所制定的《土著和部落人民公约》就规定,所在国在制定关涉某一民族的国家立法时,应适当考虑这些民族本身的习惯和习惯法。③ 美洲国家间人权委员会制定的《美洲土著居民权利宣言(草案)》中也承认了习惯法的效力。当然,国际社会中强调对习惯法保护传统知识最为典型的是《保护土著民族文化遗产准则草案》,这部草案由土著居民问题工作组在有关国际组织、机构、论坛和会议的协助下起草的。在第一部分中,草案提

---

① Swiderska K, protecting Community Rights over Traditional Knowledge: implications of customary laws and Practices. Project Folder IIED, London, 2006. p. 361.

② 安守海:《传统知识保护的客体和主体分析——从地方立法的视角》,载《知识产权》2008 年第 3 期。

③ 《土著和部落人民公约》第 8 条。

及制定保护土著民族文化遗产准则的基本标准,认为国际社会和各国应当认识到土著民族的习惯法是其民族自决权的固有部分,从而理应确保习惯法在最大限度上为法律上保护土著民族的文化遗产提供指导,例如在所有权、对权利的管理及共同决策等问题上。草案的第二部分阐明了制定保护土著民族文化遗产准则的目的,认为对土著民族文化遗产的保护应当做到下述几点:①依照相关土著民族自己的风俗和习惯法保护土著民族的文化遗产;②依据土著民族的相关习惯法,奖励并保护基于传统的创新和革新;③建立一个包含土著民族相关习惯法的特殊保护制度,以保护那些在现行知识产权制度看来是所谓公有领域的土著民族文化遗产。此外,草案还特别强调了保护土著民族文化遗产的事先自由知情同意原则,并提及国家有义务在法律制度中落实事先自由知情同意原则,但获得事先自由知情同意的法律制度应当尊重相关土著民族有关的习惯法。

对于各国在保护土著民族文化遗产方面需要采取的措施,草案共提及了三项,分别是:①与土著民族文化遗产相关的国内立法应当承认土著民族在文化遗产管理方面的习惯法。国内的法院和其他主管行政机构对此习惯法也应当一体承认。②所在国在制定过与土著民族文化遗产相关的国内立法和其他条例时应与相关土著民族协商且应当让他们参与相关立法。此种协商和参与应当由根据土著民族习惯法有权代表土著民族的人士出面进行。③就土著民族文化遗产问题提起的诉讼程序,应当与土著民族文化遗产所涉习惯法相适应。④所在国的相关行业和企业应当制止个人违反文化遗产的集体性质并违反土著民族相关的习惯法。

除立法规定外,各国也分别展开了习惯法的司法实践,如美国联邦政府给予诸多印第安部落一定的自主权,这些部落法庭可以依据自己的习惯法予以判决。在加拿大,皇家委员会土著事务部曾建议其政府在中央、省的法令与习惯法有所冲突时承认习惯法的优先权。而在非洲的许多国家中施行习惯法和一般的司法体系双重并行的模式,法庭可以根据当地的习惯法处理争端。

(三)保护传统知识的习惯法描述

前文述及,习惯法是传统知识的一部分;除此之外,传统知识与习惯法的关系还体现在习惯法是保护传统知识的重要手段。当然,并非所有的习惯法都能够保护传统知识,而仅是某些习惯法能够对传统知识提供保护,这些习惯法主要归属于两种类型,分别是传统知识的传承习惯法和传统知识的社区习惯法。

1. 传统知识的传承习惯法描述

传承习惯法之所以重要,在于它有助于确定传统知识的归属问题。现有的绝大多数传统知识案件都是侵权诉讼,而侵权诉讼的关键是确定传统知识的归属,正是在归属问题上闹不清楚,才致使原被告双方发生纠纷进而司法诉讼。

我国的传统知识数量众多,涵盖广泛,但能够产生争执和纠纷的都是那些在当今市场上具有竞争性和营利性的传统知识,或者是具有潜在竞争性和营利性的传统知识,如对张小泉和泥人张的争夺。因为能够带来很大的利润和财富,所以这些竞争性和营利性的传统知识的持有人就对于其传承分外注意,总会设立这样和那样的规则予以限制知识的外流和扩散,如"葡萄常"的创始人常在,为了保证玻璃葡萄的绝技能够掌握在自己家中,就设立了"不外传、不传媳、传女不传子"的规则,这些规则即是本书所要研究的传承习惯法。既然这些规则为传统知识的传承而制定,则通过这些规则也就能明了传统知识的归属问题。

当然,除了上述这些"绝技"、"秘方"的传承外,更为重要,也更为大量传承的传统知识是一般的知识和技术,如医疗知识、建筑知识、酿造知识、刺绣技术、雕刻技术和裁缝技术等等。其实,这些知识和技术也非常重要,尤其是对于乡村社会中的乡民们,掌握这些知识和技术就意味着有份相对稳定的工作、有保障的收入和相对体面的生活。"家财万贯,不如一艺在身","赐子千金,不如教一艺在身","一艺在身,胜如田庄在手","一艺在身,一生无忧",这些各地的俗语都充分说明了乡村社会中知识和技术的重要性。既然如此重要,因此这些知识和技术的传承也有着习惯法的规制,它们也属于传承习惯法的范畴。对于传承习惯法,本书以传承的方式为标准,主要介绍三类,分别是综合性的传承习惯法、师徒传承习惯法和家内传承习惯法。

(1)综合性传承习惯法。所谓综合性非指习惯法的综合,而是指传承方式的综合,由综合性的传承方式派生出综合性的传承习惯法。由此,所谓综合性传承习惯法是指针对某一种知识和技术有多种传承方式,规制多种传承方式的习惯法的总称就是综合性传承习惯法。于此,本书以少数民族地区的医药传承习惯法为例进行介绍。

根据学者的调研,少数民族地区的医药传承主要有四种方式,赵利群等调研的云南迪庆藏药传承主要有寺庙内部传承、师徒传承、家族内部传承和院校培养传承,而赵富伟和薛达元调研的四川、贵州等侗医药、苗医药和彝医药的传承方式主要有祖传、师传、自学和学院教育,龚济达调研的云南德宏州景颇族医药传承方式主要有家族传承和师徒传承。综合而言,师徒传承和家族内部传承是主要方式,而这也是习惯法作用较为广泛的传承方式。具体的规则描述如下:

①继承人选取规范。家族传承的习惯规范是"传子不传女,传内不传外",如"景颇族传统医生在选择继承人时首先考虑自己的子嗣,而且通常只为一名男性。只有在缺乏男性子嗣或其他特殊情况下,才会考虑女性及姻亲关系的继承人"。[1] 师生传承的习惯规范是师傅在选取徒弟时,重点考虑徒弟的德行和年龄。侗族、苗族和景颇族等的医者特别讲求医德,因此对于徒弟的德行就格外看重,只有品德良好、心地善良的人方能成为学医弟子;没有血缘关系的弟子要始终善待师傅,如此方能获得师傅的真传和倾囊相授。少数民族的医者认为年龄太小心智不成熟,既无法行医救人,反而伤害自身,因此认为只有心智成熟的年龄才能行医。

②药方继承规范,徒弟对于习得师傅的药方要妥善保管,认真用药,不能随便更改,否则药方将失去效用;秘方的传授一般仅限于直系血亲之间,没有血缘关系的徒弟很难获得师傅的秘方。如"按照老藏医的习惯,家传秘方只传家人,如果没有传承者,就会随着藏医的圆寂而失传"。[2]

(2)师徒传承习惯法。所谓师徒传承习惯法是指在师傅传给徒弟知识和技术时,双方所要遵循的诸多习惯规范。于此,本书以白族木工技艺的传承习

---

① 龚济达:《云南德宏州景颇族医药传统知识传承与发展现状要求》,中央民族大学2012年硕士学位论文,第28页。

② 赵富伟、薛达元:《中国民族医药传承危机研究》,载《中央民族大学学报》(自然科学版)2008年增刊。

惯法①为例进行介绍。

云南白族的木工技艺在历史上即以技艺高超而闻名，至明代时大理国的漆器还被人珍视为"宋剔"。白族的木工技艺之所以高超，有多方面的原因，最为主要的有两点：一是源自于白族的居住文化。白族的民居讲究"一正两耳"、"三枋一照壁"、"四合五天井"、"六合同春"，这其中需要大量的木工操作，由此就培养了大批技艺高超的木匠师傅。二是得益于白族木工技艺的传承习惯规范。白族木工技艺的传承习惯法细致而严谨，既保证了木工技艺的代际传承，同时也促成了木工技艺在同代之间的有序竞争，从而使得白族的木工技艺不断发扬光大，这其中尤以"木匠之乡"剑川地区的传承习惯法最为突出。剑川地区木工技艺的传承主要有家内传承和师生传承两类，家内传承主要是父传子、兄传弟，所涉及的主要是家内的伦理规范；而师生传承主要是师傅传承学生，所涉及的就是制度范畴的习惯规范了。剑川地区木工技艺的师生传承规范，按照学艺的先后顺序，主要有下述几种：

①拜师规范，木工师傅若是收取外村的徒弟，则此徒弟不仅要去师傅本村的主庙拜祭鲁班神，还需拜祭师傅的祖先；此外，还要举行隆重的拜师仪式，徒弟除要行大礼外，还要孝敬一定的腊肉、烟、酒和茶献给师傅；师傅此时要给徒弟讲明行规和自己的要求，待徒弟应允后，方正式确立师徒关系。

②学艺规范，木工技艺的学习主要靠师傅的言传身教，一般是做活的过程中师傅讲解，徒弟帮着打下手，徒弟一边观察，一边模仿。徒弟对于师傅要毕恭毕敬、惟命是从，师傅对于徒弟学艺过程中享有一定的训斥和惩罚权。

③待遇规范，徒弟在学徒期间的工作没有报酬，师傅仅提供一日三餐，所做工作的收入归师傅所有。学徒一般是三年时间，且在三年满后还需要为师傅无偿工作一年，以答谢师傅，因此有"跟师三年，谢师一年"之说。

④禁忌规范，徒弟在出徒后，可自立门户，但不能在师傅从业的地区揽活，而需要到异地他乡，以避免与师傅抢活。

上述剑川地区的木工传承习惯规范不仅保证了木工技艺的有序传承，也使得木工技艺在代际间精益求精、发扬光大。

（3）家内传承习惯法。无论汉族地区，还是少数民族地区，乡村社会内部

---

①　关于白族木工技艺的传承规范，笔者主要参阅了赵世林：《云南少数民族文化传承论纲》，云南民族出版社 2002 年版，第 207～209 页。

的传统知识大部分是家内传承,这既源于家内传承的便利性和经济性,也在于家内传承传统知识的完整性和长远性。家内传承所依赖的习惯规范较为单一,主要是"传内不传外,传子不传女"。此条习惯规范不单在时间上具有长久性,古代社会和现当代社会中皆广泛流行;即便在地域上也具有广泛性,汉族地区和少数民族地区皆普遍存在。

古代社会中之所以产生"传内不传外,传子不传女"这样的习惯规范,主要是基于家族生存的考虑。古代社会中的家族既是一个伦理单位,同时也是一个生存共同体。为了家族的生存,对于那些具有竞争力和营利性的传统知识就要自己独有。此外,考虑到古代传统知识的技术含量并不高,极易复制,为了保证技术不扩散,因此"传内不传外"的习惯规范就产生了。女儿虽然也是家族的成员,但考虑到女儿的外嫁,若将技艺传给女儿,则面临着技艺外传和扩散的风险,所以在"传内不传外"原则的框定下,"传子不传女"也就顺理成章了。

古代社会中有着诸多"传内不传外,传子不传女"例子。其中最为悲惨的要数郭公砖的例子。郭公砖是一种空心砖,最初在战国至西汉时期用于砌筑墓室。由于郭公砖年代久远、造型独特、纹饰华丽,且仅出现于我国的河南地区,故宋代以后逐渐成为收藏品。明代王士性在其所著《广志绎》中曾言:"今三吴所尚古董皆出于洛阳。……郭公砖长数尺,空其中,亦以甃冡壁,能使千载不还于土。俗传,其女能之,遂杀女以秘其法。"在这一例子,郭家的女儿习得了制造郭公砖的技术,为了怕女儿出嫁致使技术外泄,不得以郭家只好将自己的女儿杀死。当然,在"传内不传外"的框架内,也有"传女不传男"的例子,最为出名的莫过于葡萄常。葡萄常的创始人常在曾立下家规"不传外,传女不传男,不传媳妇",为了既达到"不传外",又可以"传女不传男",常家的两代五个女儿只好终身不嫁,成为毛泽东笔下的"葡萄常五处女"。

自古代至现当代,虽然历史的车轮在中国大地上留下了深深的车辙,但乡村社会中"传内不传外,传子不传女"的家内传承规范却没有多大改变。以笔者调研的 H 村为例,传统知识的传承扔以家内传承为主,只有在自己家的子弟实在不愿学习或者有着更好的出路的情况下,这些传统知识的掌握者才会考虑师徒传承,这一点在营利性较强的科技类传统知识上体现得尤为明确。榨油传统知识上,四处油坊三处是由各自的自己儿子开设的,原因在于他们掌握了最为主要的提纯秘方,即便还有一处是女婿开设,但这还是在答应养老送终的前提下。H 村还有一个较为厉害的手艺人 P,他既会酿酒,还会吊粉皮,尤其是他吊的粉皮,不仅色泽透明,而且劲道,口感好,被称为"水晶粉皮"。P 有三个儿子、三个女儿,虽然六个孩子现在都在吊粉皮,但只有三个儿子获得了粉皮中所加的原料,而三个女儿仅知道吊粉皮的技艺。

2.传统知识的社区习惯法

社区对于传统知识的法律保护具有重要意义,这从传统知识的概念界定中就可以窥见。当前学界对传统知识的界定多从狭义,如 WIPO 的界定,传统知识是传统社区在千百年来的生产和生活实践中所创造出来的知识、技术、诀窍和经验的总和。由此,传统社区或者社区就成为传统知识的主体。

"社区"一词来源于拉丁语 communities,意指伴侣或共同的关系和感情。其首次被提出是由德国社会学家 F. 腾尼斯在他的《社区与社会》一书中①。随后美国学者查尔斯·罗密斯把德语的 Gemeinschaft 翻译成为英语的 Community。20 世纪 30 年代中国社会学界又把英语的 community 翻译为中文的"社区"。对于社区的概念,不同的学者有着不同的界定。腾尼斯认为,社区指的是"一种存在于前工业社会的,具有共同习俗和价值观念的,并由同质人口所组成的彼此关系密切、守望相助,富有人情味的社会共同体"。② 美国社会学家戴维·波普诺认为,社区是指"在一个地理区域里,围绕着日常交往方式组织起来的一群人"。③ 日本社会学家横山宁夫认为,"社区是具有一定的空间地区,是一种综合性的生活共同体"。④ 费孝通先生也认为,社区是"若干社会群体(家族、氏族)或社会组织(机关、团体)聚集在某一地域里,形成的在生

---

① 腾尼斯把人类群体共同生活的表现形式区分为两种类型:一类是社区,而另一类是社会。他把社区视为是传统社会里关系密切的社会团体,人们加入社区这种团体,并不是他们有目的选择的结果,而是因为他们本身是生于此,长于此,所以是自然形成的。具体参见[德]斐迪南·腾尼斯:《共同体与社会:纯粹社会学的基本概念》,林荣远译,商务印书馆 1999 年版,第 95~100 页。

② [德]斐迪南·腾尼斯:《共同体与社会:纯粹社会学的基本概念》,林荣远译,商务印书馆 1999 年版,第 98 页。

③ [美]戴维·波普诺:《社会学》(下册),刘云德、王戈译,辽宁人民出版社 1987 年版,第 558 页。

④ [日]横山宁夫:《社会学概论》,上海译文出版社 1983 年版,第 108 页。

活上互相关联的大集体"。① 综合国内外学者的观点,我们可以看到对于社区的定义主要分为两种:一种是从功能出发,认为社区是一群相关联的人组成的社会团体;另一种从空间结构出发,认为社区是由一个地区内共同生活的人群所构成的社会单位。

同时,学者们还普遍认为,社区主要是由下述几个基本要素构成:①地域。地域是一个社区存在的物质基础。作为区域性社会,占有一定的地理位置是社区存在的不可缺少的基本条件。②人口。人口是社区活动的主体,没有一定数量的人口是不能被称之为社区的。同时社区人口既有量的一致要求,同时还有质的不同规定,即区分为同质人口与异质人口。一般而言,传统社区的人口多是同质性的,而现代社区的人口主要是异质性的。③共同的社区文化和制度。共同的社区文化和制度是一个社区迥异于其他社区的基本特征所在。社区成员的社会化是接受社区文化的结果,同时又是形成共同文化和制度的前提。"社区的共同文化和制度指导并控制着社区的行动,促使社区构成一个整体。"②④居民的凝聚力和归属感。社区的居民对自己所属的社区具有一种情感上和心理上的凝聚力。这主要表现为:一是共同的意识,如具有共同的伦理观念、共同的习俗等;二是一定地方的乡土观念,对于家乡的风俗习惯、家乡的口音等具有深深的认同感。

传统知识的主体是社区,传统知识是在社区中产生、发展和演化的,由此社区中的制度就可以为传统知识提供保护。"传统社区的习惯法通常会对传统社区如何传承、发展和开发非物质文化遗产做出规定,如非物质文化遗产持有者的权利和义务,非物质文化遗产商业利用的方式、收益分享,有关争议的解决等等。"③"将习惯法应用于那些侵犯非物质文化遗产的犯罪是一种授权土著社区的方式,而这些土著社区自殖民化以来已经无力保护他们的遗产。虽然改造那些遗失的习惯法将付出巨大的努力和很长的时间,并且将花费更多的时间颁布关于非物质文化遗产的适当条款,但对于土著社区来说这是一项值得的努力,因为这是他们自己的法律在努力保护他们的遗产。恰当的观

---

① 费孝通:《费孝通文集》(第5卷),群言出版社1998年版,第530页。

② 罗萍:《社区导论》,武汉大学出版社1995年版,第7页。

③ 李墨丝:《非物质文化遗产保护法制研究——以国际条约和国内立法为中心》,华东政法大学2009年博士论文,第119页。

念,配上更为适合的框架,对于土著社区来说是最好的方法以保护他们珍贵且脆弱的财产。"①我国乡村社会中的社区制度主要体现为习惯法和反映习惯法内容的村规民约。下文就以少数民族地区的两种社区制度——苗族的议榔和榔规、瑶族的石牌律为例予以介绍。

(1)苗族的社区习惯法

与其他少数民族相比,苗族传统习俗中最具特色的是它的议榔和榔规,而这也是苗族社会中的基层社区组织和社区习惯法,由此下文就主要介绍苗族社会内部的议榔和榔规情况。

由于苗族内部各地区分立,因此议榔在各地苗族社会中的称呼也不尽一致。如在黔东南称之为"议榔"或"议榔组织",而在广西大苗山则称之为"栽岩会议"或"埋岩会议",此外还有"勾榔"、"勾夯"等称谓。尽管"名"众多,但这些"名"所指向的"实"都大致相同,即苗族社会内部的一种基层政治组织。在这些"名"中,"议榔"这一概念逐渐获得大多数学者的采纳,本书也采用此种称谓。

虽然议榔是苗族社会内部最为重要的基层政治组织,但这一组织却非常设,它最为主要的职能在于制定和执行榔规——这一苗族社会内部最为重要的习惯法形式。此外,议榔还兼具组织血亲复仇和武装斗争的职能。议榔之所以是一个非常设组织,主要是由其服务对象榔规所决定的。只有当现有的榔规无法回应和解决社会新出现的事例或者现有榔规的执行效力出现问题时,议榔才会成立。议榔有大小之分,小的所辖地域如一个鼓社或者寨子,大的所辖地域包括几个寨子甚至是某一地区。议榔在成立之前,通常先有各寨的寨头们商议榔规内容,然后召集所有民众举行大会,"由寨头手持芭茅和梭镖(代表权力和权威)宣布议定的习惯法的内容"②。为了保证榔规的神圣性,也为了以后榔规实施的有效性,大会的举行通常伴随着严格而神圣的仪式,"凡有事,专刹牛相约,食片肉,即死不敢忘性"③。"人们认为石头有超自然的

---

① Jessica Myers Moran:Legal Means for Protecting the Intangible Cultural Heritage of Indigenous People In a Post-colonial World,*the Holy Cross Journal of Law and Public Policy*,Volume XII (2008).

② 高其才:《中国习惯法论》,中国政法大学出版社 2008 年版,第 222 页。

③ 民国《镇远府志》卷儿《风俗》。

力量，祭石以后，对石头发誓，谁要违反誓言，会受到惩罚。"[1]通过超自然的力量或者大家集体盟誓，使得议榔所制定的榔规为民众所信从，并做到有所敬而不敢犯。

议榔的组织者一般被称为"榔头"，也有的地方叫"娄方"或"理老"。寨子内部的榔头多是自然产生而非依靠选举，这主要源于榔头自身的素质，包括对榔规的熟习，处事的公正，德高望重且在寨子内部有着相当的威信，苗族的榔头有些类似于汉族地区红白事的大总。少数几个寨子或者地区的榔头是由小寨子的榔头选举产生的。

议榔所产生的规范被称为榔规，榔规是苗族社会内部最为重要的习惯法表现形式，也是维护苗族社会内部秩序稳定最有力的保障。由于榔规多是口头性的，因此文本并不多见，在此笔者主要摘录一份民国时期雷山县的榔规进行分析。"五、本乡居民以后如有起心不良，偷牛盗马，一经拿获或查出者，处罚大洋叁拾贰元，赔偿花红在外；六、本保居民以后如有为非作贼，挖墙过壁，偷猪盗犬，一经拿获或查出者，处罚大洋贰拾元，赔偿在外；七、本乡居民以后如有偷稻谷、小米、苞谷、高粱等类，一经拿获或查出者，处罚大洋贰拾元，赔偿花红在外；八、本乡居民以后如有偷园瓜、小菜、田鱼等类，一经拿获或查出者，处罚大洋叁元陆角，赔偿花红在外；九、本乡居民以后如有偷砍杉木或剥取木皮者，一经拿获或查出者，处罚大洋贰拾元，赔偿花红在外；十、本乡居民以后如有起其贼心，偷柴盗草，一经拿获或查出者，处罚大洋贰元肆角，赔偿花红在外。"[2]通过分析这份榔规可见：一、榔规中皆是禁止性规范，即规制民众"不得"的行为模式，由此榔规的作用主要是维护日常的社会生活秩序的；二、违反榔规的责任承担方式主要是财产性惩罚，且惩罚的数额与盗窃的金额成正比。如牛马价值大，罚款的数额是 32 大洋，柴草的价值小，罚款的数额是 2.4 大洋。三、榔规主要涉及的是盗窃罪，盗窃的对象有牛马、猪犬、稻谷、瓜果、林木和柴草等，基本涉及民众日常生活中的所有用品，由此也可见榔规所维护的是苗族民众的日常生活秩序。

---

① 周相卿：《台江县五个苗族自然寨习惯法调查与研究》，贵州人民出版社 2009 年版，第 67～68 页。

② 雷山县《民国档案》，101 号，转引自周相卿：《雷公山地区苗族习惯法中的榔规问题研究》，载《原生态民族文化学刊》2009 年第 2 期。

　　新中国成立后,随着土地改革、三大改造和人民公社等基层政治经济制度的推行,尤其是改革开放后市场经济的推动和影响,议榔和榔规逐渐退出了历史舞台,取而代之的是各寨子和村落所制定的村规民约。历史上,榔规是苗族社会内部习惯法最为重要的表现形式;而至当代,村规民约则成为苗族社会中习惯法的主要表现形式。当然,苗族社会内部也不能一概而论,有些寨子的村规民约没有多少实质性内容,而有些寨子的村规民约则包含了丰富的习惯法规范。"在雷公山地区的一些苗族村寨,不再举行议榔活动的一个重要原因是传统上的榔规已经被村规民约等形式所取代,由于村规民约中很好地体现了习惯法的内容,没有必要举行议榔立法。"①下述村规民约系雷山县脚猛村《村规民约》的部分规范:"在村属集体山地和别人的山地偷砍柴火、树桩、干毛柴、割垫圈草、秧青、草等,违者先罚款 30 元外,另每挑罚款 20 元。砍松木柴的每节罚 10 元,偷砍树木者先罚款 60 元,另,杉树每棵罚 100 元,松树每棵罚 80 元,砍作扁担用的杉树每根罚 20 元,松树的每根罚 10 元;接近马路边的不管是本村山还是私人的山,偷砍者加倍罚款,带斧头和车子进山偷砍者先罚款 150 元。另砍来的柴、木,按以上条约罚款;偷砍竹子、笋子者先罚 30 元,另每根罚款 10 元;偷盗家畜、家禽者先罚 500 元,另偷的家畜、家禽每斤罚款 50 元,偷蔬菜类的先罚款 20 元,另辣子、西红柿每一个罚 1 元,各种瓜类及茄子、洋芋、豆每斤罚款 10 元,偷苞谷的一包还两包,处每包罚款 5 元。"②若以上述村规民约的规范与民国时期的榔规规范相比较,我们可以发现两者有着极大的相似性:两者都是禁止性规范,通过"不得"约束村民的盗窃行为,维护日常生活秩序;两者皆通过罚款的形式以作为违反规范的责任承担方式,且罚款数额也是等级式的;两者所涉及的皆是日常生活中的物资用品。当然,现今的《村规民约》与民国时期的榔规也有不同之处,这主要表现为下述两点:一是现今的《村规民约》更为细致,操作性也更强,如林木细分了杉树和松树,且又分为树木、做扁担用和松木柴三类;二是罚款除了性质罚款外,还有数量罚款,如偷蔬菜类的先罚款 20 元,另辣子、西红柿每一个罚 1 元,各种瓜类及茄子、

---

　　① 周相卿:《雷公山地区苗族习惯法中的榔规问题研究》,载《原生态民族文化学刊》2009 年第 2 期。

　　② 周相卿:《台江县五个苗族自然寨习惯法调查与研究》,贵州人民出版社 2009 年版,第 72 页。

洋芋、豆每斤罚款 10 元。

由上述榔规和《村规民约》的比较我们看到，议榔和榔规虽然渐趋消失在历史舞台上，但榔规的内容却很好地为《村规民约》所承接，通过《村规民约》的形式继续为苗族社会的安定团结所服务。之所以如此，在于苗族民众所处的文化环境具有延续性，苗族民众对于非正式规范的需求仍然存在，由此在变换形式后榔规所包含的习惯法内容仍旧延续存在着。

（2）瑶族的社区习惯法

瑶族的社区习惯法主要有两种，一是流行于广西瑶族的石牌制，二是通达于广东瑶族的瑶老制。下文主要介绍广西瑶族的石牌制，以此为例描述分析瑶族社会内部的社区习惯法。

瑶族的石牌制最早可追溯到明朝初年，那时瑶族的祖先陆续迁入大瑶山，为了应对大瑶山周边恶劣的自然环境和连续不断的匪患，也为了保持社区内部稳定团结的社会秩序，瑶族民众就自发建立了具有自卫和自治性质的石牌制。作为一种基层社会组织，石牌制是由石牌会议、石牌头人、石牌法、石牌机构和石牌兵等组成。

石牌制是瑶族社会内部的基层社区组织，石牌法是瑶族社会内部的社区法。石牌法的产生与石牌会议密切相关。石牌会议，又名"会石牌"，开会前先有村老和社老制定石牌法的草案，这一草案主要是由社老和村老根据当前社会现象加以揣摩考究而找出的解决办法。待草案完成后，由社老和村老分别就草案内容与村民协商，待村民们同意后，就择定日期召开石牌会议。石牌会议多选在各村道路相近的地方，待众人到齐后鸣四枪由社老宣布会议召开。会议一般先由社老"料话"，而后由其宣读事先拟定的草案——"料令"。宣布料令时，须逐条解释，务使与会者都能听懂。"料令"宣读完后，若众人同意，则须在载有料令的纸上签字，签字时由社老斩落一只鸡的鸡头，将鸡血滴入盛酒的碗内，而后村民们饮酒以歃血盟誓。当然，若是大型石牌会议，则要剽牛，以牛血盟誓，以牛肉聚餐。石牌头人是既是石牌法的制定者，同时也是石牌法的监督者，他们主要负责调解纠纷、裁决案件和教育民众。石牌头人的产生较为多元，有些石牌头人由道教的师公和道公转化而来，有些是由有"才德"的人担任，而另一些则系由老头人培养而成。保障石牌法有序运行的是石牌惩罚，凡是违反石牌法规定的都要接受石牌惩罚，这包括羞辱刑的游村喊寨、逐出村寨，财产刑的罚款、没收家产和做工抵罪，肉刑和一定数量的死刑。石牌刑罚的执行方式有受害者执行、石牌丁执行和血亲行刑三种。

石牌制经历了五个发展时期：从明朝初年至清朝嘉庆年间为发轫期；从道光二年至咸丰三年为发展时期；咸丰四年至光绪八年为低潮时期；从光绪九年至宣统三年为复兴期；从中华民国建立至 1930 年为鼎盛时期。新中国成立后，随着国家权力的下移和对乡村地区控制力的加强，加上一系列破除旧制度的思想文化运动，石牌制和石牌法在瑶族社会中因受到批判而被禁止了。80年代后，随着思想解放、制度放活，且由于当时瑶族地区的社会秩序较为混乱，瑶族民众又重新制定了一系列的新石牌法。新石牌法与老石牌法相比，既有着诸多继承上的相似性，同时又有着许多传承上的差异性。下文试以金秀瑶族自治县长垌乡长垌村六架屯 2007 年制定的新石牌①为例进行分析。

关于治安方面，石牌的内容有（1）有关偷盗行为的：对偷盗者以批评教育为主，由石牌组织、队委或者召开村民大会对其进行教育；同时，当事人以书面的形式检讨，通过教育无悔过者处以罚款，罚款数量由村民大会决定。（2）有关赌博行为的：发现有赌博行为要积极检举，由石牌组织没收其赌具、赌款，并对当事人批评教育，罚款数量由村民大会决定。对外来赌博者要加倍罚款。（3）对乱搞男女关系行为者（指破坏及危害对方家庭和睦，造成不良社会影响的），按传统方式让当事人履行教育餐，请全村人吃饭，并在席间检讨以警示后人。（4）对有意损坏公共财物及他人财物行为的，要求当事人采取补救的方式改正错误，或以物、钱等方式赔偿损失，对其行为批评教育。（5）禁止打架斗殴行为，如发生类似事件，首先要求过错方要赔礼道歉，对伤者支付医药费、误工费，并在全体村民会议上检讨。（6）有造谣、无中生有、诬告他人的行为的，经石牌组织或村民大会确认有其事后，当事人要赔礼道歉，并按传统方式向对方挂红（封包），进行书面检讨，检讨书公开张贴。

关于生产生活方面的有：(1)提倡人人参与公益事业活动，对不参加公益事业、不投工行为者，采取补工的方式补偿，或因其他因素确实不能投工投劳者，可按 30 元/工的方式将钱缴纳给集体，或村民大会决定补偿的办法。（2）人人讲卫生，遵守公共秩序，不乱倒垃圾；牲口要关养，不能乱放出来，有违反者，对其进行批评教育。（3）维护良好的生态环境，养成爱护环境、保护环境的

意识,禁止破坏生态平衡的行为发生,如有违反,要公开检讨。(4)有关涉及土地、山界纠纷行为的。①旱地造林要与水田相隔至少是平水面的 5 丈的距离。②旱地造林户与户之间(八角、杉林等)各距离中界 1 米,发生纠纷者,小的树木要求移苗,大的树木应当砍过界的树枝。③户与户之间的界线:两户之间自己协商做标记,如有蛮占、多占、私自移动界线标记,违反者要付调解误工费(误工费以当年当时工价计算)。(5)有关禽畜损害农作物的事情发生,由双方当事人协调解决。按农作物损坏程度以当时价格等价赔偿。(6)倡导团结互助,尊老爱幼,互敬互爱,帮贫助困等良好的社会风气。①对不赡养老人者,对其批评教育,指定其每月付给老人一定生活费。②对有虐待妇女或其他家庭暴力行为者,在群众大会上赔礼道歉。③婚姻自由,不允许买卖婚姻。发现有买卖婚姻的行为,要举报到公安机关;有阻止、干涉自由恋爱行为的,对干涉者进行批评教育。④不歧视老、弱、病、残、幼及经济条件比较差的人,对贫困、弱势人群给予必要的关心和帮助,有敌视或伤害他们的人或事,令其在村民大会上检讨。(7)妨碍交通行为禁止在交通道路堆放杂物,禁止侵占道路,如有违反,责令其限期清除障碍物,退还侵占道路,保证道路畅通。(8)严禁侵占公共场所,违者责令其在限期内退还,不听令者在群众大会上检讨,屡犯者按传统习俗罚教育餐。(9)公共财物的使用和管理。①不得侵占公共财物,违者限其退还原物,损坏照价赔偿,并在村民大会上检讨。②借用公共财物需履行借用手续,按时归还,损坏照价赔偿;不按时归还者,向其收取租金。(10)与外界发生纠纷时,由石牌组织召开村民大会,共同分析问题,讨论解决问题的方法,拿出处理意见和方案,化解矛盾,妥善处理。(11)宗教信仰自由,允许不同民族不同支系的人有自己的信仰。若出现歧视其他民族,不尊重其宗教信仰的行为,对其进行批评教育;明知故犯者,要做书面检讨。(12)尊重民族的风俗习惯,对因不尊重风俗习惯而伤害了民族感情、造成民族隔阂者,对其进行开导、做思想工作。(13)关心孩子的成长教育,重视家庭教育、传统文化教育和社区教育,支持、配合学校教育,对妨碍儿童健康成长的行为的人或事进行批评,令其改正。

在石牌的创立程序方面,新石牌与旧石牌相差无几,都注重了参与的全面性和民主性。只是起草人和召集人由社老和村老改为了生产队的队长。在石牌内容方面,新石牌与旧石牌也大体一致,主要集中于维护社会治安和保护生产生活两个方面。维护社会治安的有禁止盗窃、赌博、打架斗殴、乱搞男女关系、故意损害公私财物、造谣诬告等。保护生产生活的有划清土地、山界的、禽畜损害农作物、侵占公共场所、公私财物、妨碍公共交通等。相关条款中不得、禁止的词汇较多，因此主要是禁止性规范。只是新石牌的表现形式多为村规民约，"村规民约基本上是按照过去石牌的精神，按照那个规定，但是我们规定呢比石牌的多写一点"①。只是在石牌法的处罚规定方面，新石牌法与旧石牌法极大不同，在去除了旧石牌法相关的肉刑和死刑后，新石牌法主要继承了旧石牌法的罚款规定，相比旧石牌法，新石牌法的罚款也较轻。如新石牌法的处罚措施有给被处罚人挂红、罚"三个三十"，即三十斤米、三十斤酒和三十斤肉，请全村吃石牌教育饭等。

　　除上述两类社区习惯法外，传统社区还有些独特的制度性安排有助于保护传统知识。"本土社区往往有其独特的保存和保护知识的方式……尽管与以前相比，全球化时代，保护传统知识的问题变得更加突出了，但这个时代对保护传统知识的本土方式有着更广泛的意义。"②如乌干达坎帕拉区对于传统医药知识的保护则有下述方法，如传统知识的非文本化，"他们通过口头形态保存自己的知识，是因为这样就没人知道这种知识并用它来治疗其他病人"。采药和用药所遵循的习惯规则，"在某些药物的挑选和使用方面，他们严格遵循规则，从而也起到了防止知识被盗用的保护机制的作用"。③

---

　　① 罗昶：《瑶族村规民约的制定与固有习惯法——以广西金秀六巷为考察对象》，载《广西政法管理干部学院学报》2008 年第 6 期。

　　② ［南非］贾尼丝·德塞尔·布辛耶、［瑞士］威布科·凯姆：《政治战场：资本主义之下保护本土和传统知识的谈判空间》，邢玉洁译，载《国际社会科学杂志》（中文版）2010 年第 2 期。

　　③ ［南非］贾尼丝·德塞尔·布辛耶、［瑞士］威布科·凯姆：《政治战场：资本主义之下保护本土和传统知识的谈判空间》，邢玉洁译，载《国际社会科学杂志》（中文版）2010 年第 2 期。

七、非物质文化遗产和传统知识
习惯法保护的制度建构

前述言及，当前对传统知识习惯法保护的研究主要面临两重困境：一是习惯法的口头性、不对外公开、随环境而渐变等特征阻碍了习惯法的司法适用。"如同民间传说和其他形式的传统知识，它不是固定的。相反，每一代用本土语言口头传递习惯法，因此随着时间和经验的发展，习惯法也在发展变化。"[①] "以习惯法作为保护传统知识的制度会产生一个问题：如何清晰地界定相关的习惯及其准确内容。尚不清楚是否各种习惯法都就第三方对传统知识的使用有精确规定。对于一个潜在的使用者来说，这会带来很多法律的不确定性，因为很难确定传统知识中的某一部分是否受到保护，受保护的知识有哪些具体限制，以及谁是真正的所有者。"[②] 二是传统知识习惯法保护的族外效力、社区外效力和国外效力殊可疑虑。对于当前研究中的这两重困境，诸多学者和专家皆给出了建设性的意见。如杰西卡·迈尔斯 莫兰(Jessica Myers Moran)认为，在美国社会中若要用习惯法保护非物质文化遗产，首先需要土著民族必须改造他们的法律，而这些法律是他们文化的一个重要组成部分。第二个是需要发展关涉非物质文化遗产保护的规定。这就允许土著团体决定哪些保护是必需的，哪些是最好的保护手段。这也允许土著民族用他们的观点实施最适当的惩罚。此外，因为习惯法是内生产生的，并且持续变化着，如同文化遗

[①]　Jessica Myers Moran: Legal Means for Protecting the Intangible Cultural Heritage of Indigenous People In a Post-colonial World, *the Holy Cross Journal of Law and Public Policy*, Volume XII (2008).

[②]　[荷]尼古拉斯·布雷：《数据库及习惯法对保护传统知识的贡献》，张芝梅译，载《国际社会科学杂志》(中文版)2007年第2期。

产,因此习惯法和文化遗产之间有着一种价值的先天契合性。^① 这其中,尼古拉斯·布雷(Nicolas bray)的建议较具代表性典型性。为了破解传统知识习惯法保护的效力难题,布雷建议将传统社区视为是一个"基于习俗的创新体系",从而构筑传统知识习惯法保护的内保护体系和外保护体系。所谓内保护体系,即在传统社区内部运用习惯法对传统知识进行保护,"我们不需要在社区内部解决传统知识保护问题,习惯法可以解决社区内的保护,不需要外加知识产权来完成这个任务";所谓外保护体系,即在传统社区外部,将习惯法与知识产权相结合以对传统知识进行保护,"问题在于基于习俗的创新体系如何与现有的全球知识产权法框架相衔接","这个想法是传统知识拥有人需要一种得到国际承认的财产权。这种权利可以充当枢纽和媒介,连接社区内实行的知识产权习惯法与用来处理社区和第三方关系的全球知识产权法。一旦这种权利得到承认,传统知识拥有人可以签发包含习惯法规定的许可证,如果有人违反许可证的规定或者侵犯他们的财产权,可以按照习惯法的规定处理"。^②布雷的建议在理论方面具有很大的创造性,在实践方面也具有较大的可行性。只是对于我国的传统知识保护而言,无论是汉族地区,还是少数民族地区,可行性就不强了。原因在于布雷所针对的是联邦制下的立法和司法体制,而我国是单一制的立法和司法体制,两者间具有极大的不同。尽管如此,借鉴布雷的创造性建议,并结合我国的立法和司法体制,笔者建议采取立法设计和司法适用两种方法破解传统知识习惯法保护的当前困境。

(一)非物质文化遗产和传统知识习惯法保护的立法设计

对于传统知识习惯法保护的立法设计,本书主要从两个方面加以论述,分别是立法设计的资源准备和立法设计的技术路径。

---

① Jessica Myers Moran:Legal Means for Protecting the Intangible Cultural Heritage of Indigenous People In a Post-colonial World,*the Holy Cross Journal of Law and Public Policy*,Volume XII (2008).

② [荷]尼古拉斯·布雷:《数据库及习惯法对保护传统知识的贡献》,张芝梅译,载《国际社会科学杂志》(中文版)2007 年第 2 期。

1.立法设计的资源准备

法院所审判的案例是主动走入法院中的,与司法的此种被动性不同,立法设计所需要的资源要由立法机关主动加以调查和收集。在将习惯法纳入法律体系前,立法机关有两件事情需要完成,以便为立法设计准备资源,一是习惯法的调查,二是习惯法的成文化。

所谓习惯法的调查主要是指通过实地调研的方式以掌握日常生活中习惯法的样态。我们要将保护传统知识的习惯法纳入法律之中,首先要知道有哪些保护传统知识的习惯法,而此种知道就需要调查研究。调查得越认真、深入、广泛和完备,立法的工作也就会越为成功。习惯法的调查有民间调查和官方调查之分。至今为止,我国规模较大也是较为成功的官方习惯法调查当属清末民初的两次,彼时的习惯法调查之所以启动,皆源于当时立法的考虑。第一次是1907年的习惯法调查,其目的在于筹备立宪和民商法律的修订。诚如《安徽宪政调查局编呈民事习惯答案(卷上)》凡例所称:"习惯为法律之渊源,东西各国或认为有习惯法之效力,或采取为成文法之材料。我国开化最早,民情风俗有沿袭远古者,有逐渐变迁者。现值编纂法典,自应调查精详,以为立法之预措。"①第二次是1918年的习惯法调查,其目的也是为将要制定的法律提供立法资源,如《修订法律馆条例》第一条便明文规定:"修订法律馆掌编纂民刑事各法典及其附属法规,并调查习惯事项。"②

下文通过介绍清末习惯法调查的组织机构、制度章程和调查方式等,以为我国非物质文化遗产和传统知识习惯法的立法借鉴。1907年,光绪帝发布《各省设立调查局各部院设立统计处谕》,根据指令各省开始设立调查局,每省的调查局设总办一人,管理全局事务,总办人选由本省的督抚选任。总办以下设咨议员若干。各省在设立调查局后即开始制定办事章程,章程一般包括法制、统计、调查、庶务、书记、核对和收发等。以《广东调查局办事详细章程》中的调查分则为例,可见章程制定的仔细和严密。

第一节:本局调查分为两类:一、行文调查;二、派员调查。

第二节:行文调查应具之件如左:(1)文内叙明该项事件之性质,于旧

---

① 《安徽宪政调查局偏呈民事习惯答案(卷上)》,凡例,第1页。
② 《修订法律馆条例》,载《东方杂志》第15卷,总37213页。

政俗为某项,即新政某项之根据。(2)申明调查该项事件之意旨及其作用。(3)应具图说者。(4)应具表目及释例者。(5)应具调查简章者。(6)应饬属先行出示晓谕者。(7)临时拟具之件。(8)专件行文调查。

第三节:派员调查应筹之件如左:(1)派员调查分列三项,司局委员调查、各股员调查、特派干员调查。(2)调查程限以行程之远近、查事之繁简为衡。(3)调查考成,视调查之明晰疏漏为断。

第四节:本局分三级以任调查:(1)初级。村围(指围内有民居者),凡依山而居者曰坑,傍水而居者曰涌、曰窖者准此。(2)二级。都堡,凡都堡外之乡墟准此。(3)三级。城镇,凡府厅州县城乡内外,以城概之,先从初级入手,层递推求较易调查,或可免疏漏。

第五节:本局分立权限以专调查:(1)盐法之调查。凡东差之行政规章及沿习利弊,洋盐之浸灌,路途缉私之船局名额,其闲绅商办事,民宅控争,并有关于差法场情者,归运司调查,由本局汇报。(2)财政之调查。现在司道府厅州县各衙门添设统计处,应遵宪政编查馆奏定章程第十一条,由各该衙门统计处分别列表禀送调查局,其各局处所亦应仿照办理以归一律。(3)军政之调查。此项应归本局调查,然止查统计,其营垒之形势,军港之险要,码台之坚固,仍归督练公所调查处,暨水陆营务处任之。(4)军政隶八旗之调查。凡满汉驻防、督练公所,不遑顾及,仍归本局调查,责成所派之员协同协佐领办理。①

清末民商事习惯法调查的方式多为修订法律馆拟定调查问题,而由各省根据拟定的问题搜集本地区的习惯法,最后报送于修订法律馆。在习惯法调查的过程中,诸多省份为了调查的规范化,根据修订法律馆拟定的调查问题,自行设计了规范化的报告书,这既大大提高了调查的效率,同时也增强了调查的科学程度。下面以直隶调查局的一份报告书为例示范。

某府(厅)某州(县)某某答问

第一款住民,第一项住民总问题,一、本籍客籍区别之习惯,答:云云;二、普通民籍之外有无特别籍贯,答:云云。

右式为但分款项者,先列全题逐一作答,凡第二、三行均照上格式一

---

① 《广东调查办事详细章程清册》,中国第一历史档案馆元字千二百六十八号,转引自眭鸿明:《清末民初民商事习惯调查之研究》,南京师范大学 2007 年博士论文,第 42 页。

字写,如一目中尚有分作两类者,如第三部民事习惯第二款第四项第三目第一类抚养子、第二类赘婿为子,则报告式如左:第一类抚养子,一、抚养人为子者云云照写全题,答:云云;第二类赘婿为子,一、以赘婿为子者云云照写全题,答:云云。

如民事习惯第一款第二项第一目,于一问题中又有分为甲乙丙丁字样者,则报告格式如左,第一目契约合同文书之属,一、何种契约云云,照写全题,甲不动产云云,照写全题,答:云云;乙动产买卖云云,照写全题,答:云云。

按照右式逐句置答,如有厥疑不答之条并题厥之可也.其余各部报告书格式以此类推。①

清末民商事调查主要采用问答式,少量采用陈述式。"此书有一项中分数目者、有一目中又分细目者,答者逐条置答须写全题,按照另定答问式样,其所答文字不构格式或列图表均无不可,总之,以详为贵。"②

综观清末的习惯法调查,我们可以看到自上而下,有条不紊,机构、章程、经费、方法等统一组合在一起,构筑起了一个立体的习惯法调查,从而取得了较大的成绩。清末习惯法的官方调查适足为我们调查传统知识习惯法保护的典型榜样。

习惯法的调查仅是为习惯法的立法吸收提供了诸多可供借鉴的资源,而要将日生活中的习惯法纳入到法律之中还需要将习惯法予以成文化。由于习惯法多是以口语和日常用语的形态呈现,因此在法律人看来,就显得杂乱无

---

① 直隶调查局法制科第一股编:《直隶调查局法制科第一股调查书(一)》,第一部,报告书格式,第1~2页,转引自眭鸿明:《清末民初民商事习惯调查之研究》,南京师范大学2007年博士论文,第47页。

② 直隶调查局法制科第一股编:《直隶调查局法制科第一股调查书(一)》第一部,报告书凡例,第1~2页。

章,且缺乏必要的法律逻辑贯穿其中①。于此,梁治平曾言及,"社会方面的表现是缺少一个类似于法学家那样的阶层,当时的情况是,既没有人对民间习惯予以全面的记录、整理、阐说和使之系统化,也没有人试图和保证将这样一套学理贯彻到诉讼活动中去"。② 而与之相迥异的是,西方国家近代法律的建立,基本上是在承继本土习惯法的基础上,无论是英美法系还是大陆法系,这一点体现得都较为明显③。英美法系中,判例法的体制为司法中采用民间习惯法提供了重要的通道,"皇家法院慢慢采用了诸多习惯法,同时为了与王国的名誉相匹配而拒绝了另外一些习惯法"④,从而诚如埃尔曼所论,"王国的普通法便作为习惯法的同义词使用"。⑤ 而在大陆法系中,"一位当代的观察者认为,假如综观法国与德国在一千五百年左右的法律规范,可能会发现……两家的法律都大体由习惯构成,这些习惯尚未条文化,它们产自本土,而且地方化的程度还相当之高。至少从 13 世纪开始,在知识阶层中间持续不断的罗马法研究提供了一个思想背景,它越来越被用来解释并且补充地方的习惯规则,

---

① 当然,需要指出的是,"杂乱无章、缺乏法律逻辑"等是站在我们今天的视角而言,若站在彼时彼地的乡民立场,则所观察到的结果肯定是不同的。如格莱恩就认为,中世纪法典编纂之前的习惯规范并不缺乏精确的和详细的形式,且是立基于更好的理性基础之上,从而它们是表述清晰、广为人知和不可或缺的。H. Patrick Glenn, The Capture, Reconstruction and Marginalization of Custom, *The American Journal of Comparative Law*, Vol. 45, No. 3, American Society of Comparative Law (1997), pp. 613~620.

② 梁治平:《清代习惯法:社会与国家》,中国政法大学出版社 1996 年版,第 175 页。

③ 当然,西方的许多学者对于习惯规范的法典化也是持怀疑和反对的态度,如比格教授认为,某些习惯规范的细微差别不易被法典或国家法的重述捕捉到,因此正式的(官方的)习惯规范永远会存在缺陷。对习惯规范进行的法典化或国家法的重述将移除习惯规范本身固有的灵活性,而且会使随着社会变化而不断发展的习惯规范变得僵化。David M. Bigge & Amelie von Briesen, Conflict in the Zimbabwean Courts: Women's Rights and Indigenous Self-Determination in Magaya v. Magaya, 13 *Harv. Hum. Rts. J.* 301 (2000).

④ Lief. H. Carter, Thomas F. Burke, Reason in Law, Boston: little, Brown and Company. 1984, p. 155.

⑤ [美]埃尔曼:《比较法律文化》,贺卫方、高鸿钧,清华大学出版社 2002 年版,第 33 页。

在法国和德国都进行着某种'继受'的过程"①。以法国为例,习惯法的此种成文化经历了三个过程:一是习惯法的私人汇编阶段,主要是由私人学者对于日常生活中的习惯法进行整理,将它们予以成文化,此种努力体现在如1250年的《诺曼底习惯法大全》、1253年的《韦尔曼德瓦习惯法集》、1280年的《博韦地区习惯法》等。二是习惯法的官方统一化阶段,1454年法国国王查理七世发布了著名的《蒙蒂·勒·图尔救令》,规定今后习惯法的汇编要在国王的专家委员会协助下进行,且对于以前的习惯法汇编要重新编订,以便让成文化的习惯法朝着统一化的方向迈进。这时期典型的习惯法有1509年的《奥尔良习惯法》、1510年的《巴黎习惯法集》、1583年的《诺曼底习惯法集》等。三是习惯法的全国统一化阶段,17世纪以后,随着资本主义经济的发展,为了保障法国全境范围内商品的自由流通和交易,统一全国范围内的习惯法的呼声日渐高涨,由此出现了一些适用于法国全境范围的习惯法,如洛塞尔在1607年出版的《习惯法精神研究》、德玛的《合乎情理的民法》、布尔琼的《法国普通法与巴黎习惯法之原则》等,这些习惯法的汇编为1804年法国民法典的制定奠定了坚实基础。

基于两大法系的此种特色,韦伯总结道,西方近代法律的一个重要源泉,就是"由众多的职业法律家提炼出市场交易中某些共识的标准化表达"。② 由此,习惯法的成文化就是对于习惯法进行语言的置换,即把以口语和日常用语为载体的习惯法转化为以书面用语和法言法语为载体的习惯法。语言是存在之家,"一切法律规范都必须以作为'法律语句'的语句形式表达出来,可以说,语言之外不存在法。……即使认为存在前语言的法,也必须回到语言中才能将思想的和感知的法律内容条文化并使之有效……如果没有语言,法和法律工作者只能失语。……法的优劣直接取决于表达并传播法的语言的优劣"。③ 由此,习惯法的成文化也必然是一个从模糊到清晰、从不确定到确定、习惯法的内容以及外在的表达形式固定化的过程。

---

① [英]约翰·P. 道森:《法国习惯的法典化》,杜蘅译,载《清华法学》(第八辑),清华大学出版社2006年版,第40页。

② Max Weber, Economy and Society: An outline of Interpretive Society, Guenther Roth & Claus Wittich (eds.), University of California Press, 1978(second printing). V. Ⅱ. P759.

③ [德]伯恩·魏德士:《法理学》,丁晓春、吴越译,法律出版社2005年版,第71页。

2.立法设计的技术路径

在论述立法设计的技术路径之前,本书需要先行介绍立法设计的已有基础,以便为设计立法的技术路径奠定基础。所谓立法设计的已有基础,主要考察的是我国立法中习惯法的采用情况和制定法对习惯法的态度。综合而言,我国制定法对习惯法主要有三种态度:一是尊重习惯法,尤其是诸多少数民族地区的习惯法,如《殡葬管理条例》第 6 条规定:"尊重少数民族的丧葬习俗;自愿改革丧葬习俗的,他人不得干涉。"二是采纳习惯法,如《全国年节及纪念日放假办法》第 4 条规定:"少数民族习惯的节日,由各少数民族聚居地区的地方人民政府,按照各该民族习惯,规定放假日期。"《物权法》第 116 条第 2 款规定:"法定孳息,当事人有约定的,按照约定取得;没有约定或者约定不明确的,按照交易习惯取得。"三是保护习惯法,如《城市民族工作条例》第 24 条规定:"城市人民政府应当保障少数民族保持或者改革民族风俗习惯的自由。"

所谓立法设计的技术路径,主要指的是保护传统知识的习惯法是如何纳入法律中的,它遵循的是何种技术路线。综合而言,保护传统知识的习惯法纳入法律之中主要有三种技术路径,当然此种划分立基于法律层次的不同:一是国家层面上对传统知识习惯法的承认和尊重;二是地方一般层面对传统知识习惯法的吸纳和援用;三是民族地方自治层面上对传统知识习惯法的变通和补充。

国家层面上对传统知识习惯法的承认和尊重。在国家层面上之所以要对传统知识习惯法予以承认和尊重,主要有两个原因:一是认识到国家制定法的不完善,因此需要习惯法予以补充,尤其是涉及非物质文化遗产和传统知识,更需要习惯法的襄助。对于国家制定法的不完善和习惯法的补充地位,包括我国在内的世界各国法律皆有体现。如《瑞士民法典》第 1 条规定:"法律无规定之事项,法院应依习惯法裁判之。"《日本民法典》第 92 条也规定:"习惯如与法令中无关公共秩序之规定有异,关于法律行为,依其情况,得认当事人有依习惯者,从其关系。"我国民国时期的《中华民国民法典》第 1 条也曾规定:"民法所未规定者,依习惯;无习惯或虽有习惯而法官认为不良者,依法理。"二是国家层面上法律的全域性与习惯法地域性间的矛盾,使得国家层面的法律只得承认和尊重,而不能具体纳入。国家层面上的法律面向全国,实施效力及于中华人民共和国的全域境内;而习惯法却"十里不同风,百里不同俗",地域性恰恰是习惯法的特征之一。若是将习惯法直接纳入法律之中，就会出现操作困难、相互打架的情形。由此，妥帖的办法只能是承认和尊重，即承认和尊重习惯法的补充地位，具体的纳入只能留待地方立法。如《中华人民共和国非物质文化遗产法》第16条规定，进行非物质文化遗产调查，应当征得调查对象的同意，尊重其风俗习惯，不得损害其合法权益。第39条规定，文化主管部门和其他有关部门的工作人员进行非物质文化遗产调查时侵犯调查对象风俗习惯，造成严重后果的，依法给予处分。

地方一般层面对传统知识习惯法的吸纳和援用。与国家层面上对非物质文化遗产和传统知识习惯法的承认和尊重不同，地方立法对非物质文化遗产和传统知识的习惯法可以具体吸纳和援用，这主要与地方立法的特点相关。所谓地方立法，"是指特定的地方政权机关，依据一定职权和程序，制定、认可、修改、补充和废止效力不超出本行政区域范围的规范性文件的活动"。① 根据我国《立法法》的相关规定，地方立法主要区分为两种，一是执行性立法，即为了实施上位法，根据本地方的实际情况制定具体的实施细则；二是职权性立法，即为了管理本地方的事务而制定的地方立法。无论是执行性立法，还是职权性立法，皆需要习惯法纳入其中。执行性立法需要习惯法，在于国家立法与地方情形需要相结合，而习惯法最为代表地方的情况；职权性立法需要习惯法，在于用习惯法处理本地区的事务最为得心应手。地方立法的习惯法纳入主要采用两种方法：一是吸纳；二是援用。所谓吸纳是指将某些社会上运行良好的习惯规范，经过调查、收集、整理和筛选等，直接吸收为法的内容，使其具有法的效力。如地方立法对诸多地方上的婚姻、丧葬、亲属等习惯规范的吸纳。所谓援用是指在立法中明确沿用某些不具有法律效力的习惯规范。

民族自治地方层面上对传统知识习惯法的变通和补充。不同于一般地方层面的立法，民族自治地方层面上对非物质文化遗产和传统知识的吸收主要通过变通和补充的方法。《中华人民共和国民族区域自治法》第19条规定："民族自治地方的人民代表大会有权依照当地民族的政治、经济和文化的特点，制定自治条例和单行条例。自治区的自治条例和单行条例，报全国人民代表大会常务委员会批准后生效。自治州、自治县的自治条例和单行条例报省、

---

① 周旺生：《关于地方立法的几个问题》，载《行政法学研究》1994年第4期。

自治区、直辖市的人民代表大会常务委员会批准后生效,并报全国人民代表大会常务委员会和国务院备案。"第20条:"上级国家机关的决议、决定、命令和指示,如有不适合民族自治地方实际情况的,自治机关可以报经该上级国家机关批准,变通执行或者停止执行;该上级国家机关应当在收到报告之日起六十日内给予答复。"与一般地方立法权不同,民族自治地方立法权的突出特点是补充和变通。此种补充和变通,主要体现为在享有自治权的范围内,自治地方的人大和政府有权制定自治条例、单行条例等,报经上级国家机关批准,变通执行上级国家机关的不适合民族自治地方实际情况的决议、决定、命令和指示。如《阿坝藏族羌族自治州施行〈中华人民共和国继承法〉的变通规定》中规定,法律允许公民所有的家传珍宝和宗教用品视为遗产。继承开始后,没有遗嘱、遗赠和扶养协议的,经继承人协商同意,也可以按照少数民族习惯继承。历史上遗留下来的特殊继承关系,按照本规定有关条款的精神办理。

(二)非物质文化遗产和传统知识习惯法保护的司法适用

国家立法的目的是既为普通民众提供正确的行为模式,也为司法裁决提供判解制度。与国家立法的目的不同,司法的目的是解决纠纷,将破损的社会秩序复归于平静。司法解决纠纷的模式通常分为两种,一是非诉讼的纠纷解决,二是诉讼纠纷解决。非物质文化遗产和传统知识习惯法保护的司法适用也不例外,它也主要包括诉讼的司法适用和非诉讼的司法适用。非诉讼纠纷解决的措施有多种,包括和解、调解和仲裁等。本书主要以调解中的民间调解为例予以介绍。

1.非物质文化遗产和传统知识习惯法的民间调解

对于非物质文化遗产和传统知识习惯法民间调解的论述,笔者主要以调研的H村中的一则调解纠纷为例进行介绍。

H村的榨油生意持续了大概20年时间,自2005年后每况愈下,这主要源于如鲁花、胡姬花、西王等大榨油厂将产品全面推向了农村市场,基于价格优势挤垮了这些小本生意的榨油作坊。2005年、2006年A和B分别关停了油坊转做其他生意,2007年Z在将榨油设备卖给也是H村的E后也转行其他生意。为了和大榨油厂避开正面竞争,2009年S和E同时开始做花生油加工生意。相比之前的榨油生意,花生油加工既有利也有弊。利处在于避免了与大榨油厂的竞争,由此可以继续做生意以养家;弊端在于生意的范围较小,毕竟十里八乡内有多余花生进行加工的农户不多,因此同行间竞争异常激烈。

纠纷就发生在同村也同行的 S 和 E 之间。起因在于 2011 年 E 听加工的农户说 S 在散布他的谣言,说他只有机器不会榨油,不仅同样的花生出油率低,而且加工的花生油不提纯容易"沸锅",吃了不利于健康。E 就去找 S 理论,结果两人一言不合大打出手,最终演变为两个家族间的争斗。为了平息争斗,解决矛盾,村委会就对于两家进行了调解。在阐述事实经过后,争议的焦点集中于 E 到底有没有榨油技术和提纯秘方。若有,就是 S 造谣;若没有,就是 E 无事生非。E 解释说,榨油技术和提纯秘方都是 Z 提供的;S 不信,认为榨油技术可以提供,但提纯秘方肯定不会。面对此种局面,村委会就找到了 Z,问他到底有没有提供提纯秘方给 E。面对双方的争斗,Z 承认榨油技术给 E 了,但提纯秘方有没有给,他不能说,"他两家就是打的进监狱了,我也不说,说了我就倒霉了"。虽然此后 S 和 E 也几次找到 Z 要求作证,但 Z 都没有松口,既不参与也不管,村委会纠纷的调解只能就此作罢。

经过此次纠纷后,E 的生意大不如从前,虽然他的加工费比 S 低,但生意仍然惨淡,1 年后不得已也转行了。农户之所以选择 S 而不选 E,就在于他们相信 E 手中没有 Z 的秘方,所以加工的花生油不如 S 的质量好。此种判断的原因主要在于"秘方这东西,从来都是传男不传女,传内不传外的,要不是没有儿,连亲闺女都不传,哪有给别人的?"[1]"栗家韩友三,闺女嫁出去,嫁妆给了 30 万,也不给煮下货的秘方。那别人更别说了。"[2]

在采访的过程中,笔者也曾问 Z 到底有没有将秘方给 E,Z 笑而不答。在笔者答应保密的情况下,村委会主任 L 分析了可能的情况。他判断 Z 应当是将秘方给 E 了,要不 E 能花 30000 块钱买一批旧设备,外面 20000 就能买崭新的了。要是没给秘方,Z 早就说了,他才不怕得罪 E。Z 不说,不是怕得罪 S,而是怕惹恼他二哥 F。当年因为争着开油坊,Z 和 F 差点打破头,最后他们的父亲 D 偏向小儿子,才把秘方给了 Z。Z 后来因为油坊发家了,F 有几年都不踏他爹 D 和弟弟 Z 的门。这两年 D 去世了,Z 经常帮衬 F,兄弟两个的关系

---

① H 村尚克学口述,2013 年 8 月。

② H 村耿延友口述,2013 年 8 月。

才缓和些。要是让 F 知道他弟弟 Z 把家传的秘方给卖了,让他抓住理,那他还不和 Z 闹翻了天。Z 不说到底有没有给 E 秘方怕就怕他这个二哥 F。

虽然这只是一个半途而废的民间调解,但从中我们仍然可以看到习惯法作用的端倪,这其中最为重要的习惯法就是"传内不传外",它是民间纠纷和调解中的"理",不管在国家法中的位置怎样,但在民间社会中老百姓都信服这样的理。"如何解决纠纷是一种实践智慧,解决纠纷的过程不是国家权势的比拼,在基层,很大程度上,是一种理的比较,即民间习俗与法律规则的较量。只有当事人拒不认理时,才有可能进入实质的审判阶段。"①因为信服它,所以 S 敢于说 E 加工花生油的质量不行;因为信服它,老百姓判断 E 没有秘方,从而致使 E 生意惨淡不得不转行;因为信服它,Z 不得不保持缄默,以便被他二哥 F 抓住吵闹的由头。也许有些人不信服,也许有些人会采取机会主义行为,如 Z 也许真如 L 的分析,将秘方卖给了 E,但这仍无损于它在乡村社会中作为评判纠纷标准的身份,因为在明面上没有一个村民敢于提出对它的质疑,除非他能够忍受大家异样的眼光,由此我们可以相信,在未来的日子中它以及它所属的习惯法仍会在乡村社会中大行其道。

2.非物质文化遗产和传统知识习惯法的诉讼适用

在撰写非物质文化遗产和传统知识习惯法的诉讼适用时,笔者通过各种渠道搜索了我国法院关于非物质文化遗产和传统知识的诉讼案例,尽管笔者已尽量多渠道的搜索,但结果却令人失望,我国现有关于非物质文化遗产和传统知识的诉讼案例少之又少,为数不多的几个案例还多是以"不正当竞争"、"商标纠纷"和"继承纠纷"等为案由进行诉讼的,通观笔者所搜集的这数个案例,我们可以得出如下结论,当然这也是法律实务界和学界已达成的一种共识:一是我国关于非物质文化遗产和传统知识的立法偏少,虽然已经制定了《中华人民共和国非物质文化遗产保护法》和各地区的非物质文化遗产保护条例,但这些立法主要侧重于行政保护,而可用于民事诉讼的条款匮乏,由此难以保障传承人在内的当事人的合法权益;二是立法制度的滞后极大阻碍了非物质文化遗产和传统知识的司法诉讼,由此使得现实生活中大量关于非物质

---

① 彭中礼:《当前民间法司法适用的整体样态及其发展趋势评估》,载《山东大学学报》(哲学社会科学版)2010 年第 4 期。

文化遗产和传统知识侵权的事例得不到及时公正的审理;三是即便少数案例走入司法渠道,也是借助于其他法律,通过其他的诉讼事由,如"天津泥人张传人之争"的诉讼目标是"谁是真正的传承人",但由于没有相关的法律依据,故只能求助于"反不正当竞争法","南溪豆腐干"案的诉讼目标也是"真正传人",却只能借助于继承法予以解决;四是在这些诉讼案例中,当事人为了保护自己的权益都在一定程度上诉求于习惯法,如非物质文化遗产和传统知识的传承规则等;五是提起诉讼的这些当事人多处于城市场域中,而乡村场域中的当事人对乡村中非物质文化遗产和传统知识的侵权多求助于非诉讼解决,尤其是民间调解。

对非物质文化遗产和传统知识习惯法的诉讼适用,本书主要论述三个方面的内容,分别是非物质文化遗产和传统知识习惯法诉讼适用的程序、非物质文化遗产和传统知识习惯法诉讼适用的内容、非物质文化遗产和传统知识习惯法诉讼适用的方法。

(1)非物质文化遗产和传统知识习惯法诉讼适用的程序

道格拉斯曾言,程序是法治和恣意而治的分水岭,由此非物质文化遗产和传统知识习惯法诉讼适用的制度建构,首先就需要关注程序问题。非物质文化遗产和传统知识习惯法诉讼适用的程序包括两个方面,分别是当事人对非物质文化遗产和传统知识习惯法的主张和举证、法官对于非物质文化遗产和传统知识习惯法的认定。

苏力曾言:"乡民们依据他们所熟悉并信仰的习惯性规则提出诉讼,这是习惯进入司法的首要条件。"① 由此,当事人的主张是非物质文化遗产和传统知识习惯法诉讼适用程序的开端,此处的当事人既包括原告,也包括被告,双方当事人皆可以在起诉或者答辩时主张习惯法以证明并支持自己的诉讼请求。在当事人主张后,紧接着需要的是当事人的举证,即举出证据证明存在这样的习惯法,且这项习惯法能够支持并证立自己的主张。关于当事人对习惯法的举证责任,我国民国时期的判例即有规定:"习惯法则之成立,以习惯事实为基础,故主张习惯法则,以为攻击防御方法者,自应依主张事实之通例,就此项多年惯行,为地方之人均认其有拘束其行为之效力之事实,负举证责任。如

---

① 苏力:《中国当代法律中的习惯——从司法个案透视》,载《中国社会科学》2000 年第 3 期。

不能举出确切可信之凭证,以为证明,自不能认为有些习惯之存在。"①于此,我们可以通过下述案例②以为说明。

在年画艺术中,与天津的杨柳青、江苏的桃花坞和山东的潍坊相齐名的是河南的朱仙镇,而在朱仙镇的木版年画中,最为有名的则是"天成老店"。2008年,天成老店的传人尹国全向开封市工商局递交申请书,称其叔叔尹辅礼及其儿子尹国法的年画店悬挂"天成老店"招牌,而这与其登记注册的"开封县朱仙镇尹国全木版年画天成老店"名称相近似,故要求摘除。在经过调查研究后,开封县工商局作出了开工商处字(2008)第 243 号行政处罚决定,以尹国法门店悬挂"天成老店"牌匾与尹国全注册登记的名称相近似,侵犯尹国全的合法权益为由,责令尹国法立即停止侵权行为。对此处罚决定,尹国法不服,经申诉不成功后,向开封县法院提起行政诉讼。

法官在审理这起案件时指出,原告尹国法和第三人尹国全争议的实质问题是木版年画"天成老店"老字号的使用权问题,即非物质文化遗产的争议。法院查明,原告尹国法与第三人尹国全共同的祖先尹清元于清初年间创办了朱仙镇木版年画"天成老店"后,"天成老店"作为木版年画的老字号流传至今。在诉讼中,尹国全提出,曾太祖父尹清元有两个儿子,长子尹德顺和次子尹德成,两人同是"天成老店"的继承人,兄弟两个分别在开封花井街和北书店街开设两处作坊,后来尹德顺带领儿子尹杰周回到朱仙镇开设"天盛老店",因此尹辅礼应该是其父尹杰周创办的"天盛老店"的继承人,而非"天成老店"的继承人。虽然尹国全有此说法,但由于没有向法院提供可信的证据,因此法院建议原告和第三人应通过其他法律途径解决。

由此案我们看到,虽然尹国全提出了"天成老店"的传承问题,即自尹清元的儿子始,就有"天成老店"和"天盛老店",依据传承习惯法,尹国全是"天成老店"的继承人,而尹国法是"天盛老店"的继承人,但由于没有提供相关的证据证明此种传承,因此法院没有采信。

在当事人主张和举证后,法官就需要对当事人所提出的习惯法进行认定。此处的认定包含两个层面:一是实体认定;二是程序认定。实体认定主要指的是法官需要确认现实生活中确实有此项习惯法的存在,如上述案例中,法官要

---

① 王泽鉴:《民法总则》,中国政法大学出版社 2001 年版,第 56～58 页。

② 具体案由和判决参见(2009)汴行终字第 76 号。

确认当地确有字号传承的习惯规范。现实中法官的此种确认有两种方法,一是由一方当事人提出,若对方当事人未反驳,则此项习惯法即被法官确认;若对方当事人反驳也须提出支持自己主张的证据,然后由法官予以认定裁判。二是法官依据自己的职权调查,此种调查既可以是法官依据自己的地方性知识了解、知道,如只要有一定生活经验的法官基本都知道字号传承规范,也可以通过别的渠道获知,如辅佐人制度、仲裁人制度、权威教科书、司法判决、习惯法的编纂和司法认知等①。

程序认定主要指的是法官要确定此项民间习俗确实构成了诉讼中的习惯规范。于此,我国民国时期的判例可为参考。民国二年(注:1913年)上字第三号判例明确规定了习惯法确认的要件:"凡习惯法成立之要件有四:(一)有内部要素,即人人确信以为法之心;(二)有外部要素,即于一定期间内就同一事项反复为同一之行为;(三)系法令所未规定之事项;(四)无背于公共之秩序及利益。"②即日常生活中的民间习俗只有满足上述四个条件,法官方能认定为习惯法。以上述案例中的字号传承习惯规范审视,则四项条件皆可满足。无论是物质性的财产还是非物质性的财产,家族内传承一直为中国的老百姓所认可,这已几近于日常生活中的"公理",由此具备"人人确信以为法之心";虽然近代以来政治、经济和社会形势有了翻天覆地的变化,但包括字号在内的家族传承规范一直为众人所奉行,并未有中断;由于横跨新中国成立前后,因此法律的缺失需要习惯法的补足,同时此种传承规范也没有违背公共秩序和利益。于此,我们可以从"泥人张第六代传人"案③中清晰看出。

原告天津市泥人张世家绘塑老作坊、张宇(天津市泥人张世家绘塑老作坊经理)认为被告陈毅谦(天津泥人张彩塑工作室职工),使用"泥人张第六代传人"名义进行虚假宣传和不正当竞争,要求其在媒体上刊登声明向原告赔礼道歉;并要求被告北京天盈九州网络技术有限公司和宁夏雅观收藏文化研究所,向原告赔礼道歉,原告要求法院判三被告赔偿经济损失30万元,精神损失10

---

① 姜世波:《司法过程中的习惯法查明——基于非洲法和普通法的启示》,载《山东大学学报》(哲学社会科学版)2010年第2期。

② 苏亦工:《中法西用:中国传统法律及习惯在香港》,社会科学文献出版社2002年版,第153页。

③ (2012)津高民三终字第16号。

万元。天津市二中级人民法院在审理后出具了(2011)二中民三知初字第150号判决,原告对此判决不服,上诉至天津市高级人民法院,高院在审理后判决驳回上诉,维持原判。

对于此项诉讼,里面的争点甚多,较为关键的一项是,北京天盈九州网络技术有限公司和宁夏雅观收藏文化研究所,在介绍、宣传陈毅谦及其作品时使用"泥人张第六代传人"的称谓是否具有事实基础。于此,天津高院进行了论证,指出,从历史角度看,始创于清末、蜚声国内外的"泥人张"彩塑艺术的形成、发展,不仅有着特殊的历史背景,而且是以有别于其他民间艺术的独特方式传承至今。根据天津市高级人民法院(1996)高知终字第2号民事判决查明的事实,张明山为"泥人张"彩塑创始人,张明山之子张玉亭、张华棠承继了其父的彩塑技艺风格,又有创新,为泥人张第二代传人,张明山之孙张景禧、张景福、张景祜为泥人张第三代传人,张景禧、张景福、张景祜之子张铭、张钺、张镇、张錩等又分别继承、发展和创新了前辈的彩塑技艺风格,成为泥人张第四代传人,但在张景禧、张景福、张景祜及其后代从事艺术活动的一段时间内,因连年战争、社会动荡、生活贫困,失去了从事艺术创作的客观条件,张景禧、张景祜、张铭等仅以制作民间传统作品或大学教具等维持基本生活,张景禧曾一度改行经商。1949年2月天津解放,市政府派员找到张景禧等鼓励其继续进行彩塑创作,1950年至1955年张景禧取得营业执照,开办泥人张社,制作泥人或给大学制作模型教具以维持生活。1958年天津市政府在市文化局的建议下,决定成立由张明山后代张景禧、张铭、张镇等共同参加的天津泥人张彩塑工作室,张景禧任副主任,张铭任教学组长,张镇、张乃英、张宏英也先后在天津泥人张彩塑工作室工作,其间培养了张氏新一代及非张氏"泥人张"彩塑艺术传人,使"泥人张"彩塑得以发展和扩大影响。本案一审期间已查明,1993年天津市文化局曾举办"纪念张明山诞生一百六十周年泥人张彩塑艺术座谈会",会议的出席人员有中央部委、天津市政府领导,艺术美术界知名人士,还包括张氏家族传人中当时工作于中央工艺美术学院的张錩、时任天津泥人张彩塑工作室主任的张铭、工作于天津泥人张彩塑工作室的张宏英、工作于天津市艺术博物馆的张乃英。座谈会后形成了天津文化史料第四辑——《纪念泥人张创始人张明山诞生一百六十周年专辑》,其中部分文章提及,在党和政府的关怀下,第四代传人张铭主持了天津彩塑工作,并且培养了包括张乃英、逯彤、杨志忠等的第五代传人。2006年6月,"泥塑(天津泥人张)"纳入第一批国家级非物质文化遗产。2007年6月,经天津泥人张彩塑工作室和张氏传人共同申报,"泥人张彩塑"纳入天津市第一批市级非物质文化遗产名录。2009年出版的张氏家族泥人张第四代传人张锠主编的《中国民间泥彩塑集成泥人张卷》一书中,也对"泥人张"彩塑艺术的非血缘传人进行了介绍,书中称新中国成立后,"泥人张"彩塑艺术得到新的发展,让这门"父传子承"的家庭艺术跨越家族门槛成为社会艺术。书中还重点介绍了非张氏家族成员的"泥人张"弟子,如北京的郑于鹤、天津的杨志忠,在泥人张弟子代表作中也收录了杨志忠、逯彤的部分作品。通过上述生效判决、地方史志类图书及专业学科类图书等记载的"泥人张"彩塑艺术的渊源及发展历程可以看出,天津泥人张彩塑工作室培养出来的一些非张氏泥人张彩塑艺术传承人,已得到艺术美术界和张氏家族泥人张传人的认可。

在天津高院的此项论证中,主要是指出基于历史的原因,"泥人张"技艺的传承,除父子传承外,还有师徒传承,基于师徒传承的习惯规范,认定陈毅谦为"泥人张第六代传人"是具有事实基础的。

(2)非物质文化遗产和传统知识习惯法诉讼适用的内容

首先,非物质文化遗产和传统知识的习惯法可以作为事实以为诉讼证明。"法律就是地方性知识,地方在此处不只是指空间、时间、阶级和各种问题,而且也指特色,即把对所发生的事件的本地认识与对可能发生的事件的本地想象联系在一起。"①因此,法官在审理案件时,只有将案件放入日常生活之中,方能理解当事人的诉求,也才能把当事人的纠纷处理好。下述案例②即是事实证明的一例典型。

合川桃片在四川和西南地区极为有名,这其中尤以同德福为盛,1915年同德福桃片在巴拿马万国博览会(世博会前身)参展获金质奖章,被誉为"世界第一桃片"。同德福系由余晓华的祖父余洪春与蒋盛文始创于1898年,1916年由余洪春长子余复光继承经营发扬光大后名扬国内外,由此余晓华的爷爷余复光被誉为桃片大王。1956年公私合营后,由于历史原因余晓华的父亲停止使用"同德福"的商号。2002年余晓华重新启用"同德福",并以其为商号成

---

① [美]吉尔兹:《地方性知识——事实与法律的比较透视》,邓正来译,载《西方法律哲学文选》(下),法律出版社2008年版,第150页。

② 案例的详细情况参见(2010)北京一中院行初字第2260号。

立合川市老字号同德福桃片厂。无奈此时,成都同德福合川桃片食品有限公司已先行申请注册了"同德福"商标,为了夺回"同德福"商标,余晓华向商标评审委员会提出申请,要求依据《中华人民共和国商标法》第 32 条(原第 31 条)的规定撤销成都同德福公司对于"同德福"商标的使用权。在经过审查后,商标评审委员会做出了《关于第 1215206 号"同德福 TONGDEFU 及图"商标争议裁定书》,驳回了余晓华的申请。后余晓华提起行政诉讼,起诉商标评审委员会。

在此次诉讼中,余晓华的法律依据主要是《中华人民共和国商标法》第 32 条,即申请商标注册不得损害他人现有的在先权利,也不得以不正当手段抢先注册他人已经使用并有一定影响的商标。为了证明成都同德福合川桃片食品有限公司系以不正当手段抢先注册自己的商标,他必须证明"同德福"商标自己已经使用且具有一定的影响。由此他在诉讼中举出了两方面的证据:一是"同德福"系由余洪春创立,经余复光发扬光大而使得"同德福"在四川乃至西南地区具有重要影响,为此余晓华提出了 5 项证据,分别是合川市档案馆关于余复光及"同德福"桃片的介绍资料复印件;合川市档案馆关于糕点糖果制造业的介绍资料复印件;2002 年 10 月 31 日《重庆日报》关于余复光与合川桃片的文章原件;1943 年 12 月 18 日《合川日报》"同德福"桃片广告复印件;民国 36 年合川县税捐稽征处营业执照缴验存根及营业执照税调查清册复印件。二是余晓华与余洪春、余复光的直系血亲关系。为此,余晓华举出了合川市公安局合阳派出所出具的,余晓华系余复光之孙、余永祚之子的证明原件。

上述 6 项证据是余晓华为了论证《商标法》32 条所提出的证据,其实若细致分析,在前 5 项证据和第 6 项证据之间还有一个逻辑承接,即余晓华有权继承余复光所持有的商号或字号。由于历史上的"同德福"仅存在至 1956 年,因此这其中的继承所主要依据的是习惯法。我国大部分地区的家传习惯法都规定,包括商号、技术、秘方在内的家族财产归家族成员所享有。"商铺字号的传继与农家、手工业者的家产一样以父传子继为主要方式,但有一个明显的不同,即在有几个儿子的时候也总是尽量单传给其中一个儿子。"①如字号"只可父传子业,再不得在城中设店营业;如老牌号店主无意经营,经由本业中人盘

---

① 邢铁:《家产继承史论》,云南大学出版社 2000 年版,第 147 页。

项,不准租借外业"①。

由上述案例的介绍和分析,我们可以看到习惯法在这儿主要起着事实证明的作用。我国最高人民法院颁布的《证据规定》第9条第3项规定:根据已知事实和日常生活经验法则,能够推出另一事实,当事人无需举证证明。由此,上述传承习惯规范即为无需证明之事项。

其次,非物质文化遗产和传统知识习惯法可以作为法律以帮助法官构建裁判规范。习惯法还可以作为规范被法官吸纳以帮助法官构建裁判规范,只是此种帮助有两种类型:(1)民事法律所未规定者,应适用习惯法,此即习惯法有补充法律之效力。(2)法律明定习惯(事实上惯行)应优先适用者,此乃依法律规定而适用习惯,此项习惯本身并不具法源的性质。② 对于第一种情形我们可以从"南溪豆腐干"案③中得出。

南溪豆腐干在国内知名度很高,南溪当地有很多人家以做卤制豆腐干为业,这其中尤以"郭大良心"手工作坊最为有名。因制作工艺独特,"郭大良心"于2007年被列入四川省首批非物质文化遗产名录。"郭大良心"豆腐干的创始人是郭选清和王福珍夫妇,据当地县志记载:"光绪28年(1902年),县城郭选清(外号郭大良心)在东街开酒店始制豆腐干。抗日战争时迁中正街,专营豆腐干生产,自立大良心豆腐干公司。"郭选清之子郭道福跟随父母学习豆腐干制作技术,父母去世后,"大良心明丽公司"印鉴便由其保管。1984年,郭道福以"郭大良心"名号开店。为凸显豆腐干的历史渊源和文化价值,郭道福后来将"四川省非物质文化遗产"和"南溪百年老字号郭大良心豆腐干"悬挂在店铺上方。2010年,郭道福的姐姐郭道新在郭道福的门市旁同样开设了一家豆腐干店,招牌上也将"郭大良心"作为特别标注吸引顾客。2011年,郭道福在其店外贴出带有郭选清肖像的声明,称自己是"郭大良心"的真正传人。该声明引发了姐姐郭道新的强烈不满,故诉至法院,请求与弟弟共享对"大良心明丽公司"印章的继承权和所有权。

法院在审理案件后指出,原被告虽然名义上是对于"大良心明丽公司"印

---

① 《金钱同业公议行单》,载《江苏省明清以来碑刻资料选辑》,第170页。

② 王泽鉴:《民法总则》,中国政法大学出版社2001年版,第59页。

③ 郑万湖等:《谁是南溪豆腐干第一品牌真正传人?》,载《四川法制报》2012年6月5日第2版。

章的继承权进行争夺，但实质是对于"郭大良心"的归属问题产生纠纷，进而是"郭大良心"的传承人问题。对于这一问题，被告郭道福指出，父亲郭选清在临终前，亲自将"大良心明丽公司"印章装入一个口袋交给自己，告诫自己好好传承家业，且"传子不传女"的家训也不可能违背，由此，无论从哪种角度上说，他都是正宗的传人，应当享有对印章的所有权。

由上述案例可以看出，法院在判决时采纳了传承习惯规范，由此判决被告胜诉。当然，按照之前法官程序认定的规则，这儿的习惯法需要细细思量，即"传儿不传女"的传承习惯规范是否有违法律规定？此处的解释是"意思自治"，即郭道福的父亲郭选清作为印章的所有权人，有权决定由谁继承。虽然郭选清意思背后所依据的规范是"传儿不传女"，但由意思自治的原则在前面抵挡，则此项决定的采纳也就是符合法律的规定和公共利益了。

第二章

当代乡村房屋买卖习惯法及其民间惩罚机制

在 H 村所通行的习惯法中,房屋买卖习惯法既是较为重要,同时也是适用非常广泛的一类习惯法。改革开放后,随着政治要素、经济要素和社会要素的变化,H 村的房屋买卖习惯法也发生了一定的变迁。

一、当代乡村房屋买卖习惯法

(一)引言

当代乡村社会中,正在流通且较为正式的契约资料主要是房屋买卖契约,其原因有二:一是新中国成立后土地归国家和集体所有的国策,使土地交易中的契约成为历史中的一道风景线,二是乡村社会中一般的借条、收据等书写都较为简便,缺乏保存和研究的价值。由此,对当代乡村社会中契约的研究就主要集中于房屋买卖契约。

对于一般家庭而言,房屋无疑是最为重要的财产,由此民众对房屋交易也就格外地谨慎和细心,无论是去登记还是公示都力求消灭房屋交易中可能出现的纠纷隐患。城市中的房屋交易主要是为了获得房屋的所有权,而乡村社会由于安土重迁的习惯、对祖宗基业的敬畏和受财富收入水平的限制,二手房交易的数量较少,而买卖旧宅以图翻建的数量较多。也就是说,在乡村房屋买卖中交易的标的主要是宅基地的使用权而非房屋的所有权,虽然这在一定程度上并不符合国家法律的规定。由 H 村调研的资料表明:自 1978 年至 2013 年全村买卖房屋居住的共有 8 户,都是因为与儿子分家后老人单过需要住房,而买卖房屋以图翻建,即买卖宅基地使用权的有 32 户之多,当然这只是由 H 村一个村落中的调查资料所得出的结论。在城市中,民众在购买商品房后,购房者会与卖房者签订正式的房屋买卖合同,并到房产管理部门办理房屋产权过户手续,领取房屋所有权证书。与城市中房屋买卖严格按照国家法律的规定办理相比照,乡村中房屋买卖有自己独立的一套习惯法规则,诚如苏力先生所言"中国最重要的、最成功的制度和法律变革在很大程度上是由中国人民,特别是农民兴起的","应该尊重人们的原创性"。① 正如本书所证明的,这些习惯法的规则与国家法并不相一致。但是本书的一个结论则是,随着时代的发展,由于受各种因素的影响,乡村中房屋买卖习惯法正在向国家法靠拢,对于其中的原因将在下文中予以说明。

(二)房屋买卖习惯法的社会背景

"中国的乡民社会是地缘文化和血缘文化的结合体","在中国乡民社会,血缘和亲缘文化所反映的是村庄内部关系,而地缘文化则基本上所反映的是村庄外部的关系,通过血缘或亲缘文化关系,构织着中国乡民社会的内核;通过地缘文化关系延伸、拓展着中国乡民社会的范围"。②受地缘文化的影响,乡村中房屋买卖一般在村落内部进行即主要是在村内市场进行。由于是熟人社会,彼此之间知根知底,因此买者不需要实际的踏勘,对于所选择的地方如何,房屋怎么样等事项是非常清楚的;同样卖者对于买者的支付能力和信用水平也是非常了解的,而这就使房屋交易的成功有了坚实的基础。而亲缘文化对于乡村房屋买卖的影响表现在,买房者所选择的房屋一般在自己的祖屋或父母居住房屋的附近。H 村自 1978 年至 2004 年总共建设新宅 102 处,经过如此大规模的房屋建设虽然打破了家族的群居分布,同一个大家族不再聚居在一块。但就全村整体的布局而言,按照姓氏居住的迹象仍然非常明显,H 村

---

① 苏力:《法治及其本土资源》,中国政法大学出版社 1996 年版,第 28 页。
② 苏力:《法治及其本土资源》,中国政法大学出版社 1996 年版,第 28 页。

可以分为四个大的部分:西面和南面主要是"尚"姓的各个家族的聚居地;北面主要是"耿"姓的各个家族的聚居地;东面是一个相对独立的区域,主要是"张"姓和"卫"姓的居住地;中间是"王"姓和小部分"孙"姓的聚居地。虽然姓氏内部各个家族的成员混杂而居,但是各个姓氏的成员一般都选择在自己姓氏的聚居地建房。

乡村中当一个家庭面临盖新宅的需要时有三种选择:一是他们可以向村委会申请审批宅基地,二是如若自己家旧宅的面积足够宽敞可以直接翻建,三是他们可以购买别的家庭的旧宅建房。我国《土地管理法》第 62 条规定:"乡村村民一户只能拥有一处宅基地,其宅基地的面积不得超过省、自治区、直辖市规定的标准。"因此当一户人家面临为儿子建新房,而父母与子女又不愿居住在一块时,就不得不选择第一种或者是第三种。H 村自 1978 年至 2013 年由审批宅基地建房的共有 296 处,这其中包括因胶济铁路改造搬迁的 219 户,而由买卖房屋建房的有 69 处。总体而言,审批宅基地与购买宅基地二者各有优劣:①审批的宅基地一般在村落外面且邻居较少,因此存在安全性的问题;但是审批的宅基地是单独的一处院落因此不用与父母一起居住,有利于避免父母、子女间矛盾纠纷的产生。②购买的宅基地一般距离父母家较近且在村内,因此安全性好;但是由于原来的大街和胡同设计得都过于狭窄不适于车辆通行,因此非常不方便。③审批宅基地手续烦琐且必须和村委会有一定的关系方能办理下来;而购买宅基地面临的问题是没有合适的宅院,一般空闲宅院有两个来源:一是一家长辈去世后遗留下的祖屋,而村民一般认为祖屋关系着一家人命运的宅第风水,因此不会轻易出卖;一是举家搬迁到城市而空出的院落,而这在乡村中为数不多。因此这就大大限制了买卖宅基地的数量。但是值得注意的是:近年来由于宅基地审批程序愈来愈严格并且村外空余的以供审批宅基地的空闲地方越来越少;同时随着人们观念的更新和向城镇搬迁住户的增加,人们购买旧宅翻建新房的数量正日趋增加。而这也符合国家保护耕地、利用旧宅的政策,因此得到各级政府的支持。

(三)房屋买卖习惯法中的习惯规范

在房屋买卖习惯法中,有 5 个要素是特别需要注意的,下面分别述之:

1.达成初步意向:乡村中房屋买卖一般首先由买方提出。买方在购买之前需要考虑许多因素：与这家的关系如何，这处宅院的风水如何，价格是否负担得起，宅院的面积是否合适，这处宅院周围的邻居是否好相处等等。在考虑这许多因素适合自己后就可以找一个中人到卖家打听情况。卖家也会考虑许多因素：两家彼此的关系如何，买方是否能够支付买房的费用，买方一家的品行如何等。

2. 中人间的协商：通常在房屋买卖的过程中有两个中人，在买方找一个中人甲打听情况，双方达成初步意向后，卖家也需要找一个中人乙。买方的条件和卖家的要求由中人甲、乙各自传达，而且对于诸如房屋的价格，宅院内的树木、石头等物品如何处理，房屋的面积等涉及房屋买卖的具体事项一般均由中人直接协商。

3. 签订契约：在中人协商好，买卖双方对于条件都认可满意后就可以签订契约了。一般由买方、卖家、中人甲乙、代书人、见证人甲乙汇聚在买者家中，由代书人按照草拟的契约代写正式的契约文本，一般为一式三份。书写完后由中人甲、乙和见证人甲、乙核对契约文书，确定无误后交由买卖双方核对，在买卖双方确定无误后由买卖双方按手印以示确认，然后由见证人按手印以示证明，一般中人不会在契约文书中出现。契约文书由买卖双方人手一份，另一份交村委会保管，有时契约文书会书写五份，另两份交由两个见证人保管。

上述乡村房屋买卖的步骤，不只是一个签订契约的过程，也是一个通过民间仪式展现传统文化的过程。"仪式，通常被界定为象征性的、表演性的、有文化传统所规定的一整套行为方式。它可以是神圣的也可以是凡俗的活动，这类活动经常被功能性地解释为在特定群体或文化中沟通（人与神之间，人与人之间）、过渡（社会类别的、地域的、生命周期的）、强化秩序及整合社会的方式。"[1]

4. 中人："中人在整个社会经济生活中扮演的角色极其重要，而且习惯法上，他们的活动也已经充分的制度化，以至于我们无法想象一种没有中人的社会、经济秩序。"[2]乡村中中人一般由同姓家族中的"能人"担任，而且需品行良好处事公平平等。中人应为买卖双方所共同接受，他们一般都是长久担当房屋买卖中人的角色，有丰富的房屋买卖经验，对于在买卖过程中可能出现的纠

---

① 郭于华：《仪式与社会变迁》，社会科学文献出版社 2000 年版，第 1 页。

② 梁治平：《清代习惯法：社会与国家》，中国政法大学出版社 1996 年版，第 121 页。

纷都清楚明白。

5.见证人:见证人有时又叫作中证人,一般由村里德高望重的长者担任,作为乡土社会中的"家族长权威",他们对于不遵守契约的人具有强烈的威慑力,并且在村内有着较强的话语权。只是近年来,伴随着老一辈乡土权威的消亡,和对于乡土权威界定标准的改变,"强大的政治权威的威权,使得一些行使家族长权威的领域逐渐被政治权威所取代"。[①]使现今的见证人一般是由村主任或村委书记担当,如此做也有两个重要的现实原因:一是为办理产权证和宅基地使用权证的方便,二是产生纠纷时对于法院证明力的考虑。

(四)房屋买卖习惯法中的契约文书

当代乡村中的房屋买卖契约既不同于城市中的房屋买卖合同而具有习俗性,又不同于近代房屋买卖中的契约而又具有流变性。乡村中的村民包括中人、见证人和代书人一般都没有受过系统的法律教育,他们不可能按照合同法中房屋买卖合同的示例所要求的,把各个可能涉及纠纷的买卖要素罗列清楚,他们也不可能把房屋买卖的契约去公证或者求助于律师、法官、法律学者等法律人的指导以求契约在法律意义上的完备,他们所能做的只是依据祖先所流传下来的凝结着无数先人经验和教训的习俗进行操作,因此乡村中房屋买卖契约具有习俗性;但是随着时代的发展,房屋买卖契约中产生的纠纷由乡土社会中的权威依据习俗和道德判定转为由法院的法官依国家的制定法裁定,而且当代房屋买卖契约必须考虑取得宅基地使用权证和房屋产权证的方便,因此与近代乡村房屋买卖契约相比,当代的契约无论是在内容上还是在格式上都改变了许多,所以又具有流变性,这一点由早期和近期所订立的契约比较可以清楚地看出。

私人间房屋买卖的契约文书一般用毛笔书写于毛边纸上,格式是竖排自右向左而成。对于签字画押,在我们所收集的契约文书中有的契约是由买卖双方画十字,有的契约则是由他们按手印。房屋买卖的契约文书按照不同的标准可以有多种不同的分类,如按照契约的类型,有卖契、赠契、换契等,乡村

---

① 王月峰:《民间社会权威演变初论》,载谢晖、陈金钊:《民间法》(第2卷),山东人民出版社2003年版,第248页。

中纯粹的赠契很少,早期契约由于遵守"兄弟之间不言利"的习俗,多以赠契为名掩盖买卖契约之实;按照买卖双方的关系,可以分为兄弟间买卖房屋时所订立的契约文书和外人之间所订立的契约文书;按照时间段,可以划分为早期契约和近期契约,一般而言,早期契约的习俗性较强,一般是由村内受过私塾教育的长辈代笔,所以文言意味较浓;而近期的契约则变化了许多,人们更为注重的是把经济利益关系书写明白清楚,并且书写的内容受现代法律中所规定的合同书写内容和格式的影响较重。下面以两份契约为示例,使我们对于赠契与换契,兄弟之间的契约与外人间的契约,早期契约与近期契约有一个更为清晰的了解。

立赠契

奉祖母命、奉父母命,尚克和将现有南屋三间,南屋西头过道一间,其南屋门窗俱全,宅基地东至尚克章墙外,布尺半尺滴水檐为界,西至合伙巷,南至叔父修德南屋后边,东西取直布尺半尺滴水檐为界,北界合伙天井。四至说明因与胞弟同居一院,胞弟(房屋)修建不便,经全家同意,愿将宅基赠与胞弟克水,永远居住为业,胞弟克水蒙兄之情,将现金七百五十元赠与兄克河,以作互赠之情,空口无凭立赠契为证。(画十字)

见证人　修桃(印章)

克平(印章)

赠契人　尚克河(画十字)

Z(画十字)

公元一九八四年农历二月二十日立(画十字)

立换契

尚修宾总代表(尚修仁)愿将宅基地一处,西屋三间门窗俱全,南屋两间无顶无门窗,榄一处,西至修高,南至克湘,总面积是一百二十五点二九平方米,换Z宅基地一处,东西长十四米,南北长十点七一米,总面积一百四十九点九四平方米,西屋三间,门窗俱全,双方四至明白(双方以土地使用证为准),由于双方房屋不一样,修宾自愿贴补克水四百元整,以作补偿,经双方同意原宅基地内各自的石头、树木各自处理,双方同意,空口无凭,立换契为证。

中证人尚克平(印章)

尚修府(印章)

代书人尚克章(印章)

换契人尚修宾(按手印)

Z(按手印)

公元一九九五年农历正月十二日

(五)乡村房屋买卖习惯法与国家法的关系

"就社会与国家关系而言,习惯法具有一种看似矛盾的双重性。一方面,它是民间的自发秩序,是在'国家'以外生长起来的制度。另一方面,它又以这样那样的方式与国家法发生联系,且广泛为官府认可和依赖,而在其规范直接为官府文告和判决吸纳的场合,习惯法与国家法之间的界线更变得模糊不清。"[①]乡村中的房屋买卖习惯法与国家法的关系主要集中于两个方面:一是这些契约的保证效力;二是在买卖双方产生纠纷求助于法院时这些契约的证明效力。

乡村中房屋买卖契约传统的保证效力主要基于买卖双方当事人的信誉和作为乡土权威的见证人的保证力。传统的乡土社会是一个熟人社会,"人们祖一辈、父一辈、子一辈、孙一辈皆生活在这个封闭的社区里面,大家低头不见抬头见,每个人像爱惜自己的生命一样爱惜自己的荣誉、品行,生怕被别人视为品行不端、道德有缺,如果在社区中某人被指为'缺德',它就会被千夫所指,不能正常的生活或与别人交往"。[②] 所以每个人都非常爱惜自己的信誉、品行,因此一般而言买卖契约具有足够的保证效力;同样见证人作为乡土权威对于买卖双方具有足够的威慑力和话语霸权,对于不遵守契约者可以按照契约的规定或者传统的习俗实施惩罚。但是随着经济的发展和时代的进步,当代的乡土社会已缓慢地流动,变得不再封闭,同时受整个社会大环境的影响,与自

---

① 梁治平:《清代习惯法:社会与国家》,中国政法大学出版社 1996 年版,第 27 页。

② 于语和:《简述民间法约束力的来源和表现》,载谢晖、陈金钊:《民间法》(第 3 卷),山东人民出版社 2004 年版,第 19 页.。

己的信誉相比村民们更为看重经济利益,同时商品经济的冲击涤荡和销蚀着民间社会传统权威存在的根基,这使得乡村中传统的乡土权威慢慢地衰落了,因此有时契约的执行就不能得到很好的保证了。在这一保障途径不能有效解决房屋买卖中的纠纷时,村民们不得已会求助于法院。

我国的国家制定法和最高院的司法解释对于乡村房屋买卖契约原则上是予以承认的,并且为它们留有了足够的活动空间。《最高人民法院关于贯彻执行〈民法通则〉若干问题的意见(修改稿)》第 131 条规定:"房屋所有人出卖乡村私有房屋,买卖双方自愿、立有契约,交付了房款,并实际管理和使用了房屋,又没有其他违法行为的,应当认定买卖关系有效。当地政府规定需要办理登记或纳税手续的,按当地规定办理。"

1992 年 7 月 9 日最高人民法院对贵州省高级人民法院做出了《关于范怀与郭明华房屋买卖是否有效问题的复函》,对乡村房屋买卖关系应具备的构成要件做出较为详细、全面的司法解释:"房屋系要式法律行为,乡村的房屋买卖也应具备双方订有书面契约,中间人证明,按约定交付房款以及管理房屋的要件;要求办理契税或过户手续的地方,还应依法办理该项手续后,方能认定买卖有效。"当然这些民间性的房屋买卖习惯法与国家制定法之间也有许多的矛盾和冲突。

在调查中我们碰到这样一则案例:村中王家有兄弟两个,大哥王甲远在外省居住,家里的宅院一直空闲着,因此弟弟王乙便想把它买过来。但是由于王甲生病没有回家因此就让王甲的妻弟尚丙(也是 H 村人)作为代表人,按照上面所介绍的过程把老宅作价一千元卖给了王乙,并与王乙签订了房屋买卖契约,由村委主任和本家的一位长辈作为见证人。在订立契约后王甲曾回家过几次,王乙几次把买房款一千元钱给王甲,王甲都以兄弟情谊为由予以拒绝了。后来由于修建的国道从村边通过,王甲的宅院需要拆迁,赔付补偿金两万元,此时发生了纠纷:王甲、王乙均主张对宅院的所有权。按照村里的习俗,既然已经订立了房屋买卖契约,无疑房屋应该属于王乙。但是在二人诉讼到法院后,王甲否认订立契约是自己的意思,称房屋只是借用并非出卖,自己没有在契约上签字,况且自己没有接受王乙的一千元买房款,这表示自己不接受所订立的契约,虽然有两位见证人的证词,但是法院最后还是支持了王甲的诉讼请求,判定王甲胜诉。这一事件在村内引起了轩然大波,村民们虽然表示了对王甲的愤慨和对王乙的同情,但是面对法院的判决也无可奈何。这一事件的影响虽然不会使私人间房屋买卖契约终结,但是肯定会使契约文书在内容上有一个大的改观,同时也使人们对于国家制定法有了更进一步的认识,促使私人性的民间习惯法向国家制定法的方向靠拢。

当代乡村房屋买卖的规则及所订立的契约都迥异于城市中的房屋买卖规则和合同,这些规则和契约作为乡民社会中习惯法的体现与国家法是二元并存的。它们分别调整着不同的法律关系并发挥着不同的社会作用,但是随着国家权力和制定法对乡民社会的渗入及传统习俗运作方式的衰微,使国家法通过国家权力调适着民间习惯法的规则,由此也促使山东乡村房屋买卖习惯法不得不向国家制定法靠拢。

二、当代乡村社会中的民间惩罚

对包括房屋买卖习惯法在内的所有习惯法,有一个问题需要回答,即这些习惯法的效力来源是什么? 如上文中的王甲,该如何促使他承认并遵守习惯法? 诚如我们所知,国家法是以国家的强制力为后盾的,那么习惯法呢? 习惯法得以实施的保障机制是什么? 当然探讨这一问题的方法可能有许多,但以民间惩罚为视角对其予以阐释和说明不失为一条有效的进路。由此下文重点研究当代乡村社会中的民间惩罚。

(一)信任与民间惩罚

自古以来,"信"就在国人的价值观里占有重要的地位。孔子言:"与朋友交,言而有信。""人而无信,不知其可也。"[①]"信"已融入我们的传统文化之中,成为国人所传承的美德之一,即使降至近代,"信"仍具有重要的地位。同时信任也具有重要的社会价值,福山曾言:"相互信任可以降低企业的经营成本,因为高度信任感可以培养社会成员的'自发社会性',开发企业的连属能力并能

---

① 《论语·学而》。

容许多样化社会关系的产生。"① 既然信任具有如此重要的作用那么我们应该对其予以特别的关注。"信任的问题其实是个'可信任'的问题。我之所以信任某人是因为我认为这个人是可信任的,而我之所以认为这个人可以信任是因为在我看来,如果这个人背叛我,他一定会受到某种惩罚(包括官方惩罚、私人惩罚及自我惩罚),并且惩罚会使其背叛行为得不偿失。由此一个直觉性的结论是:信任的问题归根结底是关于惩罚的问题,尤其是私人惩罚的问题。"② 如若从逻辑层面推论,也可以得出同样的结论:维护信任的机制是信任发挥作用的保障,而任何机制的运行都得益于规则的运用,毫无疑义的是规则的履行或落实则需要惩罚的有力作用,虽然惩罚并非是规则履行的全部要件,但却是其中最为重要的。由此我们可以说维护信任的问题在一定意义上也是一个惩罚的问题,一个主要是私人惩罚的问题,公共惩罚所维护的信任主要涉及政府和自然人及法人间的问题。

　　私人惩罚的问题在广大乡村中主要是一个民间惩罚的问题,当然民间惩罚与私人惩罚还不尽相同。民间惩罚主要是在国家与社会二分的基础上对实施惩罚的不同主体区分而予以划分的,与它相对的是国家惩罚;而私人惩罚主要是在个人与公共集体二分的基础上区分的,二者划分的视角是不尽相同的。因此民间惩罚可以包括私人惩罚和公共集体惩罚。而具体到乡土社会当中,则民间惩罚包括乡民间的私人惩罚和乡土社会社区内部的集体惩罚。"乡土社会社区内部集体"的含义在此不是一个确指,而是一个笼统的概念,它主要是指乡土社会中临近的几个村落所构成的一个小型的熟人社区。

　　当代乡土社会中的民间惩罚已极大地不同于传统乡土社会中的民间惩罚,在传统的乡土社会中,国家权力的干预是极少的,皇权只能达到县这一级,在县以下的地域主要是绅权起作用的范围,也即习惯法在其间起着主要的规范性作用,因此在传统的乡土社会中民间惩罚所适用的范围是极大的,与习惯法的种类相对应民间惩罚主要有乡民间的私人惩罚、行业惩罚、家族惩罚、习惯法惩罚……以行业惩罚为例,"对违反行规者的处罚方式有的甚至是非常残

---

① ［美］弗兰西斯·福山:《信任:社会道德与繁荣的创造》,李宛蓉译,远方出版社1998年版,第37页。

② 桑本谦:《私人间的监控与惩罚》,山东人民出版社2005年版,第2页。

忍和血腥,最著名的事例就是关于苏州金箔作董司被众匠人咬死的例子"。[1]
而惩罚的措施也是极其广泛的,有流言蜚语、体罚、训斥……直至处死,如江南
许多的家族法上都规定对于通奸者要施以沉猪笼或者沉井的严厉惩罚。只是
随着近代民族国家的建立,尤其是新中国成立以后民间惩罚内的暴力性惩罚
才逐渐被制止,暴力性惩罚只能由国家以法律加以规定,只能是合法的且由国
家专有。民间惩罚在抽去了暴力性的因素后,惩罚所依赖的便只有许多软力
量了,但就是这些软力量维持着常态乡土秩序中的信用,这些软力量开发了一
种非直接对抗的形式,它们虽是"软"力量但也可以杀人不见血,它们是当代乡
土社会中信用维护的惩罚机制。

(二)民间惩罚所在的乡土社会环境

上文中虽已使用了"乡土社会"这一概念,但是在本书的语境下还是需要
对它作一番界定。乡土社会这一概念取自费孝通先生的《乡土中国》一书,基
层乡村之所以是乡土性的在于"从外部看,由于人口的流动率低,社区之间的
往来不多,因此,'乡土社会的生活是富于地方性的'。而从内部来看,人们在
这种地方性的限制之下生于斯、死于斯,彼此之间甚为熟悉,因此,又是一个
'没有陌生人的社会'"[2],是一个熟人社会。只是在最近五十多年我国的基层
社会经过了激烈的变迁,尤其是受新中国的建立和改革开放这两件大事的影
响,"乡土社会"这一分析性概念究竟还有没有价值是存在疑问的,也许对于别
的方面我们可以存而不论,只就熟人社会这一特性而言,无疑还是适用的,当
今的基层乡村社会仍然是一个熟人社会,熟人社会所培养起的人们的习惯,使
得即使是身在城市陌生人社会中的人们也"习惯性地运用既有的熟人规则,想
方设法把'人生地不熟'的陌生人社会改造成为在一定范围内的熟人社会,其
中典型的表现就是城市社会中所存在的各式各样的'圈子',如老乡圈、同学

---

　　① 孙丽娟:《清代商业社会的规则与秩序》,中国社会科学出版社 2005 年版,第
197 页。
　　② 梁治平:《乡土社会中的法律与秩序》,载王铭铭、王斯福:《乡土社会的秩序、公正
与权威》,中国政法大学出版社 1996 年版,第 417 页。

圈、战友圈、同事圈等等"。①

乡土社会是一个血缘和地缘相结合的小型社区。"通过血缘或亲缘文化关系,构织着中国乡民社会的内核;通过地缘文化关系,延伸、拓展着中国乡民社会的范围。前者使乡民社会得以稳固,后者则令乡民社会从一般的血缘关系中溢出,通达、渗透并整合为整个中国乡村的普遍性存在。"②谢晖先生的这段描述可谓是对乡土社会的经典性论述,但谢晖先生是就整个乡土社会而言的,在具体到一个小型社区的乡土社会中,地缘文化和血缘或亲缘文化实际上是交织性存在的,当然血缘文化仍然是核心、根本,只是在一个小型社区的乡土社会中,由血缘到地缘扩大的一个重要的途径是姻缘。乡土社会中人与人之间的重要关系除了血缘以外,主要的就是姻缘。血缘是单线型的、稳固的而姻缘则是交叉型的、分散的,正是由于姻缘文化才使血缘文化跨越单个的村落走向地缘文化。因此在乡土社会中姻缘的作用是极其重要的。相互间血缘上没有关系的两个家庭可以由于姻缘的关系而联系在一起,如乡村中的连襟关系,就是一种典型的姻缘关系。乡土社会有安土重迁的习惯,还有就是做父母的受许多传统观念的影响,如不希望自己的女儿走得太远,以免年老时不易见到,而如若在附近可以与自己的兄弟、姐妹间互相帮衬等,况且乡土社会中自由恋爱的极少,大多都是经人介绍的,而介绍的媒人大多就是自家的亲戚,所以在乡土社会中女的出嫁,男的娶亲也大多就在这五村十落之中,这就真正把乡土社会中的几个村落联为一体,变成一个乡土社会社区内部的集体。

对于一个熟人社会而言,每个人或者每个家庭心中都有一个衡量、标示别的家庭信用度的图表。诚如埃里克森所考察的夏斯塔县,"当因一次未能看好牲畜或没有分担边界栅栏维护而发生一些并非无关紧要的损失之际,居民们都会在心头调整邻居间的账目,并且随后通常会以有节制的方式偿还这些欠债(或相反,对不还债予以报复)"。③ 村落内部一个家庭的信用体现在多个方面,大到大额的钱款到期不还、做生意时不守信用,小到借邻居家的家什如生产性工具、日常用品不还、做小买卖时缺斤少两,这都影响到自己家庭的信誉。

---

①　谢晖:《当代中国的乡民社会、乡规民约及其遭遇》,载《东岳论丛》2004 年第 4 期。

②　谢晖:《当代中国的乡民社会、乡规民约及其遭遇》,载《东岳论丛》2004 年第 4 期。

③　[美]罗伯特·C. 埃里克森:《无需法律的秩序——邻人如何解决纠纷》,中国政法大学出版社 2003 年版,第 279 页。

由此,这些家庭就需要特别注意自己对于习惯法的遵守问题,当一个家庭的失信行为突破了一定的限度后,那么这个家庭就会为其他家庭所非议、排斥,甚至被整个村落所放逐。

当然,对于丧失信用家庭的民间惩罚首先涉及两个问题:一是对于其失信行为的监控问题;二是其失信行为的信息传播问题。由于村落内部的熟人特性使这两个问题可以轻易得到解决。诚如我们所知,在村落中是没有隐私的,更遑论有什么秘密可言,各个家庭的所有行为都在众人的监控之下。"'我们是邻居嘛。在这个村子里,哪家有多少棵草,哪家有点儿啥事情,个个都清楚得很。'用一句谚语来说就是:若要人不知,除非己莫为。"[1]所以对于各个家庭而言,最好的措施就是别做违反习惯法的事情从而有损于自己的信用,若有,是无法逃脱村民们的眼睛的。至于信息的传播问题,由于村落的熟人特性,从而使得信息的传播无成本,且其传播的渠道多方面,速度是几何式增长的。所谓"好事不出门,坏事传千里",在熟人社会中这绝非夸张之语。村民们劳动时或闲暇时的聊天,村民们见面时简单的寒暄,信息就传播出去了。由此在乡土社会中,对于不守信用家庭的监控、信息的传播就具备了,从而一个民间惩罚的完整过程还需要的是惩罚的机制。

(三)民间惩罚的各类机制

乡土社会中乡民间的信任问题可以转化为各个家庭的信用或信誉问题,即当我们在探讨乡土社会中乡民们为什么相互信任时,也就是在探究为什么乡民们都具有信用或信誉,因为只有在各个家庭都有信誉或信用时才能使得信任得以发生。各个家庭的信誉是相互间信任的前提性条件。那么现代乡土社会中各个家庭为什么具有信誉?诚如上言,信誉的问题也是一个惩罚的问题,一个民间惩罚的问题。因此下面主要分五个方面对乡土社会中民间惩罚的机制予以说明:

1.民间惩罚机制中的互助保障制约性因素。由于国家的力量有限,因此在现阶段的乡村中,国家还没有建立一个完善的社会保障体系以对生活困难

---

[1]　朱晓阳:《罪过与惩罚:小村故事:1932—1997》,天津古籍出版社 2002 年版,第208 页。

的乡民们提供各种帮助,如失业救济、最低生活保障、各种保险等社会性的福利,这就使村民们抵御自然风险的能力非常脆弱。而当一个家庭在碰到一件大事时如子女入学、家庭盖房、家人生病等就会发生经济性的困难,俗话说:"谁家都有手短的时候。"而克服这二者的一个较为简便、安全的渠道是乡民间的互助性帮助,在南方的许多地区有许多各种各样的"会"如在福建罗源的八井村就有一种"人情谊会"①,这是多个家庭相结合抵御风险的一种自发性措施,只是由于政府的控制才使它没有发展为大规模的组织。而在山东各地区,一般没有这样体系化的组织,村民们只是基于亲戚、街坊邻居间帮助的便利而在相互困难时予以帮助,它没有一种外显的成形的组织形式,只是村民们基于"礼尚往来"自发性的一种应对措施。当然这种应对措施对于相互间合作以共同抵御风险具有极大的好处,但是这也使亲戚间、邻居间具有了一种极其重要的相互制约手段。在这种情形下由信任而产生的信誉就是一个大问题了。如若一个家庭信誉不好或不值得信任,即使是亲戚之间也会被排斥,何况邻居之间?毕竟"亲属不管怎样的亲密,终究是体外之己;虽说痛痒相关,事实上痛痒是走不出皮肤的"②。对于那些不守信用的家庭,"'不要脸'乃是严重的指责,意指那个我并不在乎社会对他品行的评价。他随时准备不顾道德准则来获取自己的利益……但是,假如有那么一天,这些人发现自己处于不利地位,社会就不会在道义和物质上予以支持。他们就不能指望社会关系网帮助他们渡过难关,因他们已经因藐视道德准则而孤立了自己。的确,社会向他们表明,他们的失败或不幸乃是他们藐视社会戒律应得的惩罚"③。因此,村落中的各个家庭就特别的注意和爱护自己的信用,以免被排斥而得不到有效的帮助。

2.民间惩罚机制中的名声制约性因素。其实我们也可以说一个家庭的信誉问题也是一个家庭的名声问题或面子问题,信誉是名声的主要组成部分,尽管它还不是名声的全部。"一个满铁调查人员曾将信任和'面子'等同起来。

---

① 董建辉:《畲族习惯法及其历史变迁》,载谢晖、陈金钊《民间法》(第5卷),山东人民出版社2006年版,第221页。

② 费孝通:《乡土中国 生育制度》,北京大学出版社1998年版,第73页。

③ 〔英〕S.斯普林克尔:《清代法制导论》,张守东译,中国政法大学出版社2000年版,第125页。

在经济交往中，一个人的可信度很难与他的贫富状况及在社会中的地位分开。"①"民无信不立"由此也看出信誉关乎名声，而名声则涉及生活中的方方面面，是对一个家庭的综合性评价。在乡土社会中，一个家庭的名声是至关重要的，若是名声坏了，那它在这个熟人社会中也就没有立足之地了。因为名声关乎着一切，与乡民间的日常生活交往、相互间的买卖乃至家庭子女的婚姻问题，这都与一个家庭的名声相关，媒人给主家交待的最为重要的事情就是这家的名声如何。在乡土社会中"每个人像爱惜自己的生命一样爱惜自己的荣誉、品行，生怕被别人视为品行不端、道德有缺，如果在社区中某人被指为'缺德'，它就会被千夫所指，不能正常地生活或与别人交往"②。

　　一个小家庭的坏名声不只是关乎自己，也关系到自己父母、血缘及姻缘的各个家庭。这主要是基于两点：一是人们基于"龙生龙、凤生凤，生下的老鼠会打洞"这样的俗语，认为人品、信誉、道德水准很大程度上是天生的。既然是他（她）的兄弟（姐妹）家的信誉这样差，那对于他（她）家最好也提防着点。二是人们认为信誉、品行也与一个家庭的家教有关，"有人生，没人养"这话尽管对父母带有极大的侮辱性，但人们认为它还是有道理的，正是家教不好才导致他（她）家如此不守信誉，那他（她）同一父母的兄弟（姐妹）也好不到哪里去。如若人们存了这样的心思，犹如《韩非子》中智子疑邻的富人，那么在乡土社会琐碎的日常生活中乡民们是没有找不出由头的。这样一个家庭的坏名声，就不只是自家的问题，它也拖累自己血缘和姻缘亲戚的家庭，当自家的名声涉及十几个家庭的名声，而面对着十几个亲戚家庭同时给予压力时，人们对于名声或信誉就不得不加以注意了。乡土社会中的一个家庭不只是代表着它自己本身，更重要的它还是由它的亲缘和姻缘所织就的网络中的一个结，这张网中任何一个结都关乎这张网的存在，"一荣俱荣，一损俱损"是适用的，"牵一发而动全身"也是适用的。由此对于单个家庭名声的制约性作用我们是可以想象的。

　　3.民间惩罚机制中的权威性制约因素。尽管有上面两种惩罚性措施对于信用的保障性作用，但是因不遵守习惯规范而产生的信用降低和贬值的家庭

----

① ［美］杜赞奇：《文化、权力与国家：1900—1942年的华北农村》，江苏人民出版社2008年版，第149页。

② 于语和：《简述民间法约束力的来源和表现》，载谢晖、陈金钊：《民间法》（第3卷），山东人民出版社2004年版，第19页。

还是有的,虽然数量比较少。上述两种手段之所以对于少数这样的家庭不起作用,是因为在这两种手段中惩罚的主体不是集中的个人或单个家庭,而是相当分散的数个或者更多的个人和家庭,这样大家就会产生搭便车的行为,大家都想别人对于此人或此家庭不遵守习惯规范的行为予以制约或惩罚,但是大家都不愿自己实施惩罚措施而得罪此人或者此家庭,于是就会产生第三种惩罚措施,那就是乡民们会找乡土社会中的权威解决纠纷让他们实施惩罚。传统社会中的权威主要是士绅,由他们解决乡土社会中绝大部分的纠纷。降至当代,乡土社会中的权威主要是村里的书记、村长(即村委会主任——编者注),还有本族的族长及本家的长辈。尽管二者之间也有重要的区别:如村长、书记主要属于"政治权威";而族长及本家的长辈主要是"家族长权威"。[①] 一般而言,在本家范围内可以解决的乡民们是不会找族长的,同样,族长可以解决的纠纷是不会找村长和书记的。这不是基于如政府科层制所存在的权威的大小问题,本家长辈及族长调解、解决纠纷的效力、权威并不比村长、书记所解决的权威低,这主要还是一个范围的问题,乡民们并不想把事情弄大,毕竟"家丑不可外扬"。乡土社会中的权威们评判、解决纠纷所依赖的主要是风俗、惯例、传统、乡规民约等属于习惯规范内容的诸多规范,如"杀人偿命,欠债还钱"这样的一些自然风俗性的规范,无疑是根深蒂固地存在于人们的意识中的。由于大多数的纠纷主要是民事纠纷并不涉及刑事问题,因此即便是村长在处理纠纷时,国家法规范一般也不会予以适用。此诚如汪辉祖所说,民间调解"是以妥协而不是以法律为主的,它的目的不在于执行国法,而在于维持社会的和睦人情关系"。[②] 由于多数纠纷都是前代纠纷的重复,是以前纠纷的"当代版",因此权威们在处理时,是有章可循的。如若真碰到棘手的纠纷,既没有规范也没有先例可以参考,那么"天理良心"是最好的原则,"天理良心"在乡土社会中的地位,一如"诚信原则"在当今民法中的地位,是帝王条款,甚至作用还要大,因为它又是万能的,依此乡土社会中的权威们可以把事情分析得头头是道,使纠纷双方以自己认可的方式心悦诚服。在乡土社会中纠纷的解决是

---

① 王月峰:《民间社会权威演变初论》,载谢晖、陈金钊:《民间法》(第2卷),山东人民出版社2003年版,第244页。

② [美]黄宗智:《清代的法律、社会与文化:民法的表达与实践》,上海书店出版社2007年版,第7页。

一门高超的艺术,这些权威们既是卓越的法官又是伟大的政治家,因为纠纷不只关乎纠纷的双方当事人还有他们背后的家族,他们各自的关系、面子……

当然,随着市场经济的发展,乡土社会中的经济形式发生了极大的变化,最为典型的就是做各种生意、小买卖的日益增加,而生意、买卖无疑是最关乎信用的,因此生意上、买卖中发生的信用性纠纷日益增多,毫无疑问传统的权威们虽说可以处理,但毕竟其中夹杂着许多的"专业性"知识因素,由此当代乡土社会中权威的类型就又多了一种即"经济强人权威",他们是乡土社会中先富起来的一部分人,他们是市场经济中的弄潮儿,他们虽然经济上富足,但身处于中国这样的特殊的国情中,他们也渴望有好的名声,获得乡民们的尊重,因此对于乡民们的请求,他们是不会拒绝的。"在市场规律和国家政权皆未能完全左右经济关系的乡村社会,农民及其家庭往往依赖地方强人,或者称保护人来实现契约、在交易中求得平等待遇并免遭贪官污吏的敲诈勒索。作为回报,保护人得到农民的感激和忠诚,他以此作为自己的政治资本。"[①]而乡民们之所以信任他们首先是因为他们有雄厚的经济实力,可以给予他们各种帮助。其次是因为他们走南闯北、见多识广,接触的新知识较多,可以较好地处理一些生意、买卖纠纷。再次就是这些"经济型强人"本身就是做生意的,因此了解许多生意上的"道道",这就使他们有"专业"的知识处理纠纷。当然在理论上我们可以把他们以三种类型即"政治权威"、"家族长权威"、"经济强人权威"予以分开,但是在现实的乡土社会中,他们往往是一身而兼或不易区分的,如可能他既是"政治权威"又是"经济强人权威"。

4.民间惩罚机制中的舆论性制约因素。在乡土社会中,除了上述两种权威之外,还有一种权威,只是这种权威不是单个的个人,而是乡土社会内部中的每一个人。诚如上言,由于在乡土社会中信息传播的多渠道性、迅捷性、无成本性,使的乡土社会中所发生的纠纷可以为乡民们所了解、获知。乡民们对这一纠纷所发表评论就形成了乡土社会社区内部的公共舆论,这些公共舆论具有极大的作用,对于失信的家庭乡民们会"采取歧视、疏远的态度,或者传播嘲讽的笑话,编唱讽喻的歌谣,传呼嘲弄的绰号,甚至对违规越轨者的困难不

---

① [美]杜赞奇:《文化、权力与国家:1900—1942年的华北农村》,江苏人民出版社2008年版,第150页。

予帮助,群体的娱乐活动也不欢迎越轨者参加等等都属于非正式的惩罚"①,也即是民间惩罚。因此乡土社会中的舆论就使乡土社会社区内部中的每一个人都变为纠纷的裁判者,这对于纠纷的解决具有重要的影响。

因此在乡土社会中争取大家的理解、舆论的支持就是非常重要的一件事情,纠纷双方为获取乡民们支持的方式有许多,最为典型的就是骂街,我们常说"泼妇骂街",其实在乡土社会中,并非只是泼妇才去骂街,一般的家庭的主妇在纠纷中都会去骂街的,因为骂街并不代表着个人修养的水平、文化程度的高低,而是乡土社会中一种必要的生存手段。乡民们一般认为骂街的都是有理者,"没理你去骂街不是找骂嘛!"之所以认为骂街者有理是因为她家吃亏了,她需要骂街去表达冤屈,如若对方有理对方更会去骂街的。如果双方同时骂街则会形成对骂,这绝对是乡土社会中的一道风景。骂街时乡民们会饶有兴趣地观看,从骂街者的口中获知事情的真相并加以评判,由此舆论形成了。当然这其中也掺杂着许多复杂的因素,如对骂者的口才,这是顶重要的因素,由此乡民们都知道哪个家庭主妇的嘴是厉害的,是可以骂死人的。还有就是家族的力量,乡土社会中大姓家族往往会在纠纷的解决中占尽优势,所以有理者不一定会获得舆论的支持。当然还有许多其他获取舆论支持的形式,如哭诉,笔者曾在自己的家乡见到过一次:一个七十多岁的老太太,因为自己儿子借给邻居 200 元钱,不知什么原因邻居不承认了,儿子没有办法,老太太就在自家的门口哭诉这件事情,情真意切,令人心悲。乡民们在听了老太太的哭诉后都指责邻居道德败坏,一时间群情激愤,邻居在多年前许多失信的事情也被乡民们翻出,以此加以证明,仿佛邻居成了十恶不赦之人。最后邻居迫不得已,不仅还了钱而且还摆了一桌酒席赔礼道歉,这当然是好的结局。而对于那些有理而得不到舆论支持、同情的乡民们,有许多想不开并且性子烈的就会自杀,这在乡土社会中并不鲜见。发生这样的事后舆论就会霎时间为之转变,不管另一方有什么理由,有什么势力,毕竟对方家里死了一个人。这时乡土社会中的权威们也会介入,并随着舆论的方向对另一方予以强烈的指责,赔礼、道歉甚至赔偿一定的钱款这都是必需的。而这些措施同时也会刺激另一方,笔者曾听说因为一件小事,纠纷的双方都有人自杀的,虽然这是极端的例子。但

---

① 陈鹏忠:《犯罪的民俗控制》,载谢晖、陈金钊:《民间法》(第 3 卷),山东人民出版社 2004 年版,第 263 页。

129

应引起我们的反思,也许不受制约的舆论本身是真正的刽子手,由此也可见乡土社会中舆论所起的重要作用。

5.民间惩罚中的天道报应制约性因素。由于受乡村中生活卫生条件、医疗条件及乡民们思想观念的制约,有许多疾病得不到有效的治疗,尤其是精神方面的疾病,由于无从查找病因,许多人就将此联系到神鬼迷信方面。还有就是日常生活中潜藏着许多不可预料的风险,如天灾人祸,许多是我们所不可预测、也是我们不可抗击的,于是"命运"、"天道报应"等在乡土社会中就特别的流行,乡民们普遍的有一种宿命感,并由此生出一种对冥冥之神的畏惧与乞求,"轮回观"、"善恶报应观"、"天命不可违的心理"时时在提醒着乡民们对于神灵的信奉。"人们认为,村庙是赏善惩恶的最高权威,这也是世俗组织借助于宗教势力的一个原因。吴店村一土地庙内总写着4个字:'你也来了',而且年年更新,村民们认为其含义是指人人都逃不脱神灵的最后审判。"①

对于人们为什么信任"天道报应"一说,我们可以借助于下面这句话加以理解,"我们记住了一些事件,这些事件的记忆对某种特定的精神倾向极其重要,因为这些记忆推进了某种重要的潜在运动,同样我们也忘掉那些有损于计划完成的事件"。② 同样的在乡土社会源远流长的历史中有少数的"天道报应"的成功事例和绝大多数的失败情形,但依着乡民们对于"神鬼"信奉的需要或其他的社会原因,绝大多数失败的事情被历史的筛子刻意地漏下而剩下的只是成功的情形,历史积累下的如此众多的成功情形使乡民们相信"天道报应"的存在。即使在现代的乡土社会中人们对于"天道报应"的存在也是持一种区分的态度。

对于名声好的家庭摊上这种事情,乡民们会表示出同情,除了感叹好人没有好报之外偶尔也会咒骂老天的不公,有时还把这一切灾难的原因归之于这人的前世;若是一个名声不好的家庭遭遇这样的事情,乡民们对此的解释就是"天道报应"了,"苍天开眼"了。因此乡民们普遍信奉"头顶三尺有神明"、"不是不报,时候未到"之类的观念。在乡土社会中,乡民们所信奉的"神"是多方

---

① 〔美〕杜赞奇:《文化、权力与国家:1900—1942年的华北农村》,江苏人民出版社2008年版,第110页。

② 〔奥〕阿尔弗雷德·阿德勒:《理解人性》,陈刚、陈旭译,国际文化出版公司2000年版,第126页。

面的,如观音菩萨、如来佛祖、太上老君、玉皇大帝等许许多多,可以说是多神崇拜的,并且乡民们并非是真心的信仰而只是信奉,因为他们都秉持浓厚的实用理性的色彩。但这并不否定乡民们的普遍性信奉,由此对于那些失信以致做其他坏事的人而言就有着强烈的制约性作用。

(四)民家惩罚与国家惩罚

"国家为维持法律实施的垄断,通常会对私人惩罚手段(尤其是私人暴力)进行限制,但为节省公共惩罚资源的支出,法律必须在某些场合容忍甚至利用私人间的监控,公共惩罚的资源的有限性迫使国家把私人间的监控和惩罚视为一项重要的社会控制资源。"[1]当然这主要是从国家的角度予以论述的,如若从民间的视角观察,则乡土社会中的民间惩罚可以在相当大程度上维护乡土社会中的信用机制,但是对于乡土社会而言,民间惩罚还不是全部,而且民间惩罚自身也不是自足的,它还需要国家惩罚的协助,只有民间惩罚与国家惩罚的良性互动才能维持着乡土社会中良好的信用秩序以致整个的乡土社会秩序。

作为一种软力量,民间惩罚对于乡民们无疑具有强大的规制力量,但是民间惩罚的实施有着伦理道德的底线。如若乡土社会中的某个家庭突破这一底线,那么民间惩罚也是无能为力的。毕竟它缺乏强制性的暴力制约手段予以保障,因此民间惩罚在维护常态的乡土社会中的一般秩序是足够的,但是对于许多重型犯罪者则是无可奈何的,这时就需要国家对他们予以制裁,使这些突破民间惩罚底线的乡民受到国家惩罚的制裁,从而维护乡土社会的有序运行。

在一个常态的乡土社会集体内部,上述民间惩罚机制无疑具有重要的作用,可以起到规制信用秩序的良好作用,但由于现阶段我国社会正处于转型时期,乡土社会也受到了极大的冲击,"在社会的巨大的转型过程中,中国乡土乡村同时也带来了一系列值得重视的社会问题,一个非常突出的问题是,乡村基层政权组织对乡村社会的控制能力减弱,当前,乡村基层村级组织调控能力的弱化,主要表现在调控基层组织权威的下降和丧失上"。[2] 在旧的传统被破

---

① 桑本谦:《私人间的监控与惩罚》,山东人民出版社 2005 年版,第 140 页。
② 田成有:《乡土社会中的民间法》,法律出版社 2006 年版,第 220 页。

坏,新的传统未确立之前就形成了一段规范的真空,加之人们的观念也在发生着极大的改变,所以乡土社会的秩序易发生畸变,如产生强大的宗族势力或黑社会性质的组织,这时传统的惩罚机制于他们就是无力的了,反而为他们所利用去惩罚无辜者,这时国家的干预、国家的惩罚就是必不可少的。

第三章

当代乡村雇佣习惯法及其关系笼络机制

　　因为撰写博士论文[①]的缘故,笔者曾对山东省的 L 雇佣社区[②]进行了为期 2 年(2009－2011)的田野调查。在调研的过程中,笔者发现了一个较为特殊的现象,即 L 雇佣社区中虽然有着大量的雇佣劳动,但关于雇佣劳动纠纷的公力救济案件却较少见[③]。以 2007 年至 2011 年为例,L 雇佣社区中雇佣劳动纠纷的公力救济案件只有 5 件,其中 2008 年 2 件(1 件劳动投诉,1 件行政调解),2009 年 1 件(劳动投诉),2010 年 1 件(劳动投诉),2011 年 1 件(行政调解)。之所以言及特殊,是因为这与城市中急剧增加的雇佣劳动纠纷形成了鲜明对比。以山东省济南市的 Z 社区为例,Z 社区与 L 雇佣社区无论在人口数量还是劳动者数量方面都相差无几[④],但 2007 年至 2011 年间 Z 社区雇佣劳动纠纷公力救济的案件却有 229 件[⑤]。为了探究和解释这一现象,在对 L 雇

---

　　①　参见拙著:《民国时期华北地区农业雇佣习惯规范研究》,中国政法大学出版社 2012 年版。

　　②　所谓雇佣社区,是指建立在雇佣市场的基础上,具有一定地域和人口的社会单位。这一社会单位的地域是由雇佣市场的边界所确定的,即雇佣社区的范围主要是雇佣市场的辐射地域,雇佣社区所包含的村庄联合区域主要是由那些受到雇佣市场所影响的村落组成的。同时,雇佣社区的内部人口均是受到传统乡村文化所影响的同质化的乡民,他们具有相同的乡土文化观念,并遵循着大体一致的习俗规范。

　　③　笔者在此所言的公力救济主要是行政救济和司法救济,具体包括劳动纠察、雇佣劳动行政调解、劳动仲裁和劳动诉讼等。

　　④　L 雇佣社区和 Z 社区的人口数量都接近 2 万余人,劳动者数量有 0.7 万人左右。

　　⑤　2011 年 8 月笔者参与了 S 大学组织的关于 Z 社区的农民工劳动纠纷的调研,这一数据即为此次调研所得。

佣社区调研的基础上,笔者就对当代乡村社会中的雇佣习惯法及其关系笼络机制进行了研究。

一、当代乡村社会中的雇佣习惯法

与其他地区相类似,L雇佣社区内部主要存在两种就业形式,一是雇佣就业,二是劳动就业,两种就业形式的不同在于:一是两者所签订的合同不同,分别是雇佣合同(口头合同形式)和劳动合同(多为书面合同形式);二是调节两者的法律不同,分别是《合同法》和《劳动法》及《劳动合同法》等。当然,此种不同主要是站在国家法律的角度而言的,对于L雇佣社区中的雇工而言,二者没有差别,都是给人打工挣钱。

L雇佣社区中劳动就业主要是在诸多乡镇企业中打工,如耐火材料厂、瓦厂、电子管厂、织布厂、印染厂、造纸机械厂和碳素厂等等。这些企业之所以是劳动就业,主要在于招工人数众多、管理较为规范等。笔者调研的L雇佣社区中的6个村落①,共有31家乡镇企业,总雇工人数在1200余人。6个村落中在乡镇企业中就业的农民工有700人左右,约占6村中农民工总数的35%,他们的年龄多处于20岁至40岁之间,其中男性占到60%。L雇佣社区主要是在个体工商户和劳务市场中用工,个体工商户的类型众多,如笔者调研的榨油作坊、吊粉皮坊、豆腐坊、养鸡场、养猪场、冰糕厂、装修队、各类店铺、洗煤厂、沙发厂、电焊厂和运输队等等。以笔者的调研,6村中在个体工商户中就业的农民工有1000人左右,约占总数的50%,他们年龄不拘,有初中毕业即打工的青年人,也有70多岁仍在工作的老年人。在劳务市场中就业的农民工数量不定,若是经济形式好,劳务市场中就业的农民工就少,此时农民工多在乡镇企业和个体工商户中打工,间或自己做小生意;若是经济形势不好,人数就会较多。6村中劳务市场就业的农民工有300人左右,约略占总数的15%,此部分农民工的就业年龄在40岁至60岁之间。

---

① 分别是L雇佣社区中的H村、大S村、小S村、W村、L村和SG村。

由于劳动就业的乡镇企业遵循一定的国家劳动规范,因此雇佣就业中所涉及的习惯法更为浓郁,下文就以榨油作坊中的习惯法和劳务市场中的习惯法为例对当代乡村社会中的雇佣习惯法进行描述和分析。

(一)榨油作坊中的雇佣习惯法

笔者对于榨油作坊的调研,主要是以调研村落 H 村的一家榨油作坊为对象进行。此间作坊从 1985 年营业至今已有 25 年的历史,其中前后共雇用了12 名雇工,由此在雇佣方面就具有一定的典型性。对于榨油作坊中雇佣习惯法的考察,本书主要是分 3 个方面进行,分别是雇佣方式、佣工时间和雇工待遇。

1.关于雇佣方式的习惯规范

通过下述笔者对相关人员的调研,我们可以看到,改革开放后榨油作坊中雇佣方式的特征:

"俺干了将近20年的油坊,前后也得雇了十来个人了。刚开始干的时候,卖的油少,就俺两口子干活,后来忙不过来了,才开始雇人。开始雇人的时候是 1988 年吧,就从本庄里雇了孙淑青和王庆湖帮忙,他们在生产队那时候就干油坊,有经验了,干了两年。后来从 1990 年开始雇的都是外地的了。这中间,俺姐夫还过来帮了半年忙。"[1]"外地的人济阳的多,小卢和他哥哥、大杨、老王、老周都是黄河北济阳的,小卢和他哥哥干的时间最长,前后得有七八年,大杨、老王、老周前后也得干了三年,这中间还雇了临沂的三四个,不过干的时间都不长,基本上干了两三个月就辞了他们了。"[2]

笔者问及"雇人时主要看重雇工的什么",作为雇主之一的 Q 认为:"主要看人品,俺两口子每天都得出去换油,家里干活的又没有看着的,原来老公公还能看着,后来生病了就没有人看了,干活就全凭他们自觉了。小卢和他哥哥人老实,待在油坊里干活咱放心,干的时候就长;临沂地那几个干的时间不长,

---

① L 雇佣社区 Q 口述,2011 年 1 月。
② L 雇佣社区 Z 口述,2011 年 1 月。

为啥？他们人不行，干活不老实，干的时候出不了那么多劲，它出的油就不够，他们一看出油不够就给那油筲里添水，咱干了这么多年了，一垛出多少油，是油是水那还分不出来啊。"①

同样，笔者也问及他们是怎么雇佣到济阳的雇工。雇主之一的Z说："俺本家一个侄子也干油坊，他干得早，我干的时候晚点，他当时雇的就是济阳的，我到他那找干活的帮忙给介绍了个人，慢慢地就续上头了。开始是小卢他们兄弟两个来干，后来和小卢家熟了，他们不干了，也让他们给介绍。和他们家熟的那两年就当亲戚走，他们经常给捎点黄河大米来吃。"②笔者也曾问及他的侄子S是怎么联系到济阳的雇工。他侄子回答道："俺村里原来这有个橡胶厂，现在趴蛋了，他们那时候就有一部分人是济阳的，俺就找了两个过来，油坊就那些活，教教就会，慢慢地他们就干起来了。"③与笔者调研的油坊相类似，他前后也雇用了十几个雇工，除了几个是本地之外，大部分也是济阳的。

笔者还问及为什么不找本地人雇佣，他们认为："本地人麻烦，干完活就想回家，也不给收拾下，上垛后压油得有时间，一般得2个多小时，要是本庄的他就等不得，给你压上1个小时，你少1个小时就得少出2斤多油，这1斤油当时就4块多钱。再说他人情事也多，后来就不啰啰了。"④

由上述笔者所调研的资料可见，即便就现今而言，乡村雇佣中雇主与雇工之间所通行的仍是人际信任而非制度信任，这既可以从Z夫妇与济阳小卢家的"亲戚"关系中看出，也可以从雇主对雇工所信任的品格中得出。由此而言，在现今的乡村雇佣中，所实际运行的也主要是主雇间博弈而生的内生性习惯规范，而非外生的法律规范。

2.关于用工时间的习惯规范

用工时间所涉及的习惯规范主要包括两个部分：一是一年中的用工时间；二是一天中的用工时间。同时，我们也须注意到，用工时间总是与用工内容联系在一起，毕竟所谓用工的时间就是雇工工作内容所耗费的时间段。由此，对

---

① L雇佣社区Q口述，2011年1月。
② L雇佣社区Z口述，2011年1月。
③ L雇佣社区S口述，2011年1月。
④ L雇佣社区Z口述，2011年1月。

于用工时间习惯规范的考察也就包括雇工的用工内容。

一年之中的习惯规范比较简单，"一般的干就是一年，正月二十五六开始开业，他们就回来干活，过麦、过秋歇几天，他们好回家帮忙干点地里的活，直到腊月十五六俺停业他们干活的也就放假回家了"①。通过这一叙述，我们看到，与农业雇工相对比，二者之间主要有两点不同：一是一年中的时间段，农业雇工由于受气候的影响通常不包括冬季这一时间段，而作为手工业的榨油作坊则不同，冬季由于为过年吃油所储备正是用工的好时间，从而冬季通常会增加人手，"这时候就临时从村里雇一个、两个人，要不就找几个亲戚来帮忙。"②二是过麦、过秋正是农业用工的好时期，而对手工业榨油作坊而言，此时是闲散时期，雇主、雇工乃至买油的顾客都忙着农业收获，而甚少有工作和买卖可做。

对于一天之中的习惯规范，是与榨油作坊的工作、雇工工作的内容紧密相关。"早晨四点来钟起来干活，他们一个人破糁、炒糁，另两个人上垛，一垛是220斤豆子，一上就是上两垛。一般到7点来钟就完事了，他们干活地吃饭，吃完饭休息下。接着就两个人打麻糁（豆饼），另一个人压油，10点来钟结束，之后就吃中午饭，睡会儿觉；下午到1点来钟卸垛，然后两个人再上另两垛，另一个人再打这两垛的麻糁，4点多就完事。接着两个人把明天用的豆子摊开，撒上水。这中间也是有一个人把下午的垛压油。一天结束时6点来钟，然后吃饭，就睡觉了。"③一般来说，"雇三个人，一天上四垛，雇四个人一天上六垛，这就得忙到晚上8点了。再多机器就忙不过来了"④。

根据笔者的了解，前述所言及的主要是大体的工作程序，至于具体工作如何安排，每个雇工具体做什么工作是由雇工之间协商的。在雇主看来，雇工之间无论是3个人还是4个人都是一个团体，从而是由他们这一个团体对于总体工作负责。在雇工的团体内部，主要涉及的是工作的分配和均衡，当然从根本上说是一种利益的衡量。诸多雇工就在长时间的博弈后对于具体的工作安排和均衡演化出了固定的习惯规范。如就工作均衡而言，两个人上垛与一个

---

① L雇佣社区Q口述，2011年1月。
② L雇佣社区Z口述，2011年1月。
③ L雇佣社区Z口述，2011年1月。
④ L雇佣社区S口述，2011年1月。

人破糁、炒糁之间的工作如何衡量？是时间上的均等还是力气上的均等？一般来说，"压油一个人就行，上垛的另一个人就需要主打麻糁，而破糁的这一个人就得帮着他"[①]。由此来说，二者之间明显地是一种力气上的均等，而非时间上的均等。因为在时间上，压油是远远超出打麻糁的时间。

当然，在这其中也有技术的改进而引发的习惯规范的改变，如压油，以前是人工压，从而是一个非常繁重的体力活，是需要一个人专门负责，而另两个人打麻糁、装袋子、装车。在换成电机动力后，压油就成了件轻松活，只需要定时按一下开关即可，这时压油的这个雇工就还需要搬大豆、洒水、翻拌明天需要的大豆。

3. 雇工待遇

油坊中的雇佣习惯规范的雇工待遇也包括两个部分：一是工资；二是待遇。对于工资部分，主要包括工资的计算和发放。"算工钱是按照垛来的，一般一垛是 7 块钱，这是最长时间的工钱了，1994－1999 年之间就是这个数，1994 年之前一般是四块、五块；1999 年之后就涨了，多的时候到十五块钱一垛。"[②]"工钱一般是一年算三次，过麦算一次他们拿回家，过秋算一次拿回家，剩下的就到过年了。"[③]"咱这还没欠过工钱，人家干 1 年你不给人家钱叫咋说也说不过去。""小卢在俺这干了三年不干了，去威海打鱼去了，说那边的工资高，一年能挣一万多，可干了一年那边老板一分钱也没给他，叫人骗了，第 2 年还是来俺这干活。"[④]

对于待遇部分，现今乡村地区的雇主与雇工之间除了经济利益关系外，也仍具有一定的道义和感情关系。"咱给他们提供住的地方，被褥他们自己带着。吃饭咱管着，馍馍他们吃就行，咱还麦子，菜园里有啥菜他们吃啥菜，油管吃。"[⑤]"一般过年给他们一桶十斤的油让他们拿回家吃，之外就是每月发一袋洗衣粉、一块肥皂和毛巾，这些每天就得用的东西。干油坊油多，就得每天洗，

---

① L 雇佣社区 Z 口述，2011 年 1 月。
② L 雇佣社区 Z 口述，2011 年 1 月。
③ L 雇佣社区 Q 口述，2011 年 1 月。
④ L 雇佣社区 Q 口述，2011 年 1 月。
⑤ L 雇佣社区 Q 口述，2011 年 1 月。

这些东西用得也快。"①

4.其他习惯规范

对于其他习惯规范,首先涉及的一点是,主雇之间是否签订雇佣劳动合同? 一般"不写文书,没有那么多事,咱就把账记清楚就行了,干了多少垛咱支给他们多少钱就行了"②。另一个涉及的是病休规范,"头疼感冒啥的咱给他们买药,要是再大点就只能回家了"。"咱这些机器简单,一般注意点就没事,要是真有事咱就得给他们看病,这可得是干活时伤着的"③。"平时哪有节假日,咱本身不也没有啊,反正是按垛算钱,他们要歇着也行,没有钱挣"。"要是干活时把机器、家伙弄坏了,咱得看他是成心的不,要是不小心弄坏的就算了,经常干谁还不出点错;可要是成心给弄坏的,咱就得让他赔了"④。

本书是以手工业的榨油作坊为例进行介绍,此外,在广大乡村地区的其他行业中也通行着各自的雇佣习惯规范,这些雇佣习惯规范是在解决雇主与雇工间纠纷时所需要的主要规范依据。

(二)劳务市场中的习惯规范

在 L 雇佣社区内共有 7 处劳务市场,它们分别是:G 劳务市场、L 劳务市场、W 劳务市场、S 劳务市场、P 劳务市场、Q 劳务市场和 M 劳务市场。对于这 7 处劳务市场,可以区分为两类:一类是村级劳务市场;另一类是基层劳务市场。一般而言,村级劳务市场的雇工人员较少,很少突破 50 人,因而它们主要是满足自己村落内部的雇佣需求和供给。村级劳务市场的村落之所以有自己的劳务市场,主要源于这些村落内部有着或大或小的企业,因而存在着一定的雇佣需求。如 H 村、小 S 村和 W 村三个村庄相互毗邻,H 村只有 3 家大的用工企业,从而本村内部就没有劳务市场,村内的雇工主要是去 G 劳务市场用工;而小 S 村和 W 村内部各有 7~8 家用工的企业,因而在其村落内部就有

①　L 雇佣社区 S 口述,2011 年 1 月。
②　L 雇佣社区 Q 口述,2011 年 1 月。
③　L 雇佣社区 S 口述,2011 年 1 月。
④　L 雇佣社区 Z 口述,2011 年 1 月。

自己的劳务市场。在上述 7 处劳务市场中,L 劳务市场、W 劳务市场、S 劳务市场、P 劳务市场、Q 劳务市场和 M 劳务市场这 6 处皆是村级劳务市场。而 G 劳务市场是基层劳务市场。与村级劳务市场迥异,基层劳务市场主要起着调节一定区域内部的雇佣需求和供给。如经常去 G 劳务市场用工的有 8 个村落的雇工,而其辐射范围在 5～10 里不等。

G 劳务市场的起始时间较早,据劳务市场的管理者 L 介绍,早在 1988 年时就成立了这一劳务市场,距今已有二十三个年头,是上述所列五处劳务市场中成立最早的一处。"俺爹那阵就干过短工市,给人家扛过短,当过觅汉。分地后(1979 年,笔者注)俺开过木炭窑,也跟着别人干过。1988 年的时候就开了这个劳务市场,开始的时候人少,一天也就七八个人,来雇人的也少,主要是雇人忙庄稼活路。咱就领着他们跑活路,可说起来了,那时候咱这边厂子也少啊,没有厂子就庄稼地里的活路还需要多少人啊。后来砖瓦厂、耐火厂、碳素厂、机械厂多了,这需要的人就多了,来这的人也就多了"。[①] 对于 G 劳务市场的规模和用工范围,L 介绍道:"人多的时候有二百来人,人少的时候也有八十来个人。主要是男的,女的少,就二十来个人。""来这找人干啥的也有,砖瓦厂、耐火厂要的人多,去了给他们装车、卸车、盘窑;再就是煤场里装碳、卸碳;再一个就是盖屋、拆屋、杀树;也有庄稼地里活找人干的,不过少点,现在一家就那么点地,再说都机械化了,打上除草剂也不用锄地了,就使不着人了。"[②]

1. 雇佣的程序

对于劳务市场中的雇佣程序,L 和佣工的 B 分别作了介绍:"他来咱这,咱就先给他登上名,谁来得早咱先给谁介绍,干啥不得有个先来后到。"[③]"你要想找个活路,你就得早去,早去叫劳务市场那边给你早登上名,可好早点找到活路。""早晨一般 6 点来钟就到那,咱庄离着他那近,骑摩托车十来分钟就到了。到那你就等着,他们雇人的 7 点多钟就过去,这时候劳务市场就招呼人,不到 8 点咱就跟着雇人的车去干活了。"[④]

---

① L雇佣社区 L口述,2011 年 1 月。
② L雇佣社区 L口述,2011 年 1 月。
③ L雇佣社区 L口述,2011 年 1 月。
④ L雇佣社区 B口述,2011 年 1 月。

2.中介人的报酬

早在民国时期,河北地区短工雇佣市场中的许多中人就收取一定的费用,当然那时的费用主要是雇主支付的些许粮食。而至现今,既然雇佣市场是个人开办的企业,其利润就体现为帮助主雇双方介绍所收取的费用。对于介绍人的报酬,L提及:"就是介绍1个人1天,雇人的给咱4块钱,原来是3块来,这不从去年开始人工涨钱了,咱这就加了1块钱。"当笔者问及"这笔中介费什么时候给"时,L说道:"生一点的过来,雇着人就得给,你领了几个人走,就给几个人的钱;熟一点的雇着人给的有,也有的是干完活让干活的给捎回来,不过这样的少。"对于这样的给付方式,笔者有一个疑问:若雇主与雇工在你这商量好了,可到了现场又不干了,这样的话中介费是否还给?对此,L说道:"发生这样的事也挺多的,本来在咱这说好了,可到了那一看活路重或者是活路多,一般是再给加点钱,要实在干不了就算了。不过中介费就不退了,他雇人的也知道咱这不是成心的。干咱这个讲究的就是个诚信,要不这么多劳务市场,人家来咱这雇人啊。"[①]

介绍人报酬的计算方式和收取方式虽简单明了,但在其中却隐藏着很大的漏洞,即当雇主第1天雇佣雇工时支付的是1天的钱,而之后很多天连续雇佣,这些天的中介费用劳务市场就无能为力。对此,L也心知肚明,但是也没有办法制约。于此种情形,B曾举了一个例子。"望京的有个耐火厂有回叫我去给他们盘窑,他们当官的看我盘得挺有技巧,就说,老孙你到明天还来吧。连着干了5天。咱干了5天,可那个耐火厂就给了劳务市场1天的钱。"[②]

3.中介人的职责

根据笔者的调研,劳务市场介绍人的职责主要有三种,分别是介绍、谈价和要账。首先是介绍,在介绍的过程中,中介人的职责是"合适配对",即把合适的雇工配给合适的雇主。当然,在介绍的过程中,首要的也是前述提及的是要遵循"先来后到"原则。"咱主要的就是把人介绍给雇人的,这中间可不是你想的那么简单。一个是先来后到,你登的名早,咱就先给你早介绍活路。再一

---

① L雇佣社区L口述,2011年1月。

② L雇佣社区B口述,2011年1月。

个是你得看人,看他能干了这个活路不,要干不了,你干活的耽误工夫,人家雇人的不也耽误事啊。""人家要装车、卸车的,你肯定得给人找个中年的,年老的不行,没有劲,年青的也不行,和你这样的,看着有点劲,不过不耐糙,一阵就赎出来了,他们装车的1天1个人得装35吨,你想想你行吧?"

其次,中介人的职责还有谈价,即在劳务市场中,是由中介人和雇主协商雇工的工价。"再一个呢,就是谈价钱,这工钱是咱说了算,他们干活的就听着,咱和雇人的商量价钱。"笔者曾问及L和众多雇工为何是由中介人和雇主商谈工价,而不是由雇工自行与雇主商量,根据他们的回答,笔者总结了两点原因:一是中介人负责定价可以有效地杜绝雇工内部的竞争,雇工之间面临着一种囚徒困境的博弈,由此为了克制此种博弈中的弊端,在雇工群体内部就需要达成一种统一。民国时期的"顺价规范"和"底价规范"是此种应对的规范举措,而现今的应对措施主要是由中介人统一协商定价。二是中介人定价相对公正,在自己报酬确定的情况下,中介人会更好地维护雇主和雇工的利益,毕竟无论是雇主,还是雇工皆是中介人的"衣食父母",假若不公平,双方皆会行使自己"用脚投票的权利"。"咱定价钱公道点,工钱定低了,干活的不来了,咱没有饭吃;工钱定高了,雇人的不来了,咱也没有饭吃。现在这劳务市场多了,光咱这附近就四五家了。"[1]

对于工价的协商和议定是否有一个基础?于此,L认为是这样的:"工钱基本上有个大行市,你说1天50块钱,基本上都是这样,他们长干的也知道。"[2]"卸车,不管你是卸啥,基本上都是1吨3块钱,这是官价了。装车,不一样,装砖瓦、耐火砖的是1吨4块钱,装碳的是1吨5块钱。要是往楼上抗东西,基本上是80~100斤1层1块钱。"[3]

当然,雇工对于自己的工价也并非完全没有发言权,对于具体的工价,雇工还具有一个"微调机制"。"劳务市场定了工钱也能调调,不过就是调的少。你装车、卸车的,去了一看活路多、活路累,你就和雇人的商量商量再加点钱,不行就上午管顿饭,给盒烟抽,他掂量掂量也就给你加上十块八块的了。"[4]

---

[1] L雇佣社区L口述,2011年1月。
[2] L雇佣社区L口述,2011年1月。
[3] L雇佣社区B口述,2011年1月。
[4] L雇佣社区B口述,2011年1月。

最后,中介人还需要负责替雇工要账,即碰到雇主不支付工钱,是由中介人而非雇工去找雇主索要工钱。"他还得负责给咱要账,一般的是干完活你就得点钱,也有些不给的,这时候你劳务市场就得负责给咱要钱了。你给介绍出去的,你不负责要钱谁去要啊。"①"干完活不给钱的不多,都是这近处的,大家也都认的,一般是不好意思的。可也有那样的人,干完活就嫌干的活不好扣钱,这时候咱就得负责要钱了。"②对于要账的职责,L给笔者提及了一个案例:

"前年有一个这样的事,前坡有个人来咱这说要找个人铺地面,俺就找了个匠人,他一问两间屋四十来个平方,自己干不了,就又找了个小工。说好匠人一天一百(元),小工一天六十(元)。干了两天,干完了没给钱。人家两个人找回来,俺就骑车去了。一问,原来是给人家铺的地面不平分,人家不给钱了,那家人还领俺去看了,说走那地面都能绊倒人。俺回来就问那两个人,他们说是第一天铺得好,第二天铺不完了,那雇人的非得要赶工,说第三天就不给钱了,那他们就赶紧铺,一赶时间就铺坏了。"

"这个事俺两边都问了问,算起来都有责任。四十来个平方,本来两个人两天就能忙活完,可那雇人的备料备晚了,就急了小半天工,这就干不完了;那两个干活的要好好干,加点班也能行,不能铺成那样。不过都铺完了,又不能起了重新来,两边就都让了让算了。第一天还是按一百、六十算,第二天就是八十、四十了。两边让让这事情也就过去了。"③

4.中介人的调解责任

前述言及,劳务市场介绍人的职责主要有三种,分别是介绍、谈价和要账。此外,中介人还负有一定的调解责任,这从L尽力撮合双方的努力中可以看出。当然,一如定价职责,中介人之所以具有调解职责也是与他们地位居中和利益超脱分不开。中介人的调解责任在下述两个案例中有着更为明显的体现。

案例1　K一直在L劳务市场上找工,有次被安装钢结构的雇主J

---

① L雇佣社区B口述,2011年1月。
② L雇佣社区L口述,2011年1月。
③ L雇佣社区L口述,2011年1月。

雇佣,到离此地三十余里的普集安装,这是在劳务市场上雇佣的,J给了中介人四元钱的中介费。到普集后,J让K爬到钢架顶上去安装,K说自己从小就怕高,一到高处就腿软,爬不上去。J就说,你上不去俺雇你干啥?K说,除了爬高,啥都能干。J说,安装钢结构,除了爬高就剩指挥了,你来指挥,俺去爬高啊?一来二去,两人就吵起来了,最后J当场把K辞了。恰好K没带钱,周边的人又不认得,只好走了三十里路回家。当然,正是这三十里路增加了这次纠纷的悲剧色彩。K回去后越想越气,就找劳务市场中介人评理去了。

"俺爬不了高,干点别的也行,那还有那么多活,非得叫俺爬上去。俺去了也给他忙活了两个小时了,装车、卸车、抬架子,不爬高就不让干了,一分钱也不给。俺那天没装钱,你好歹给俺个十块钱俺坐个车也行啊,三十里路就让俺自己走回来了,你说这多窝囊。"①

"他走回来觉得屈得慌,俺那天少个人干活,俺黑天八点多才完工,一个干活的就多支了二十,四个人就多支了八十,俺这个账找谁算去?再说谁叫他出门不带钱了?带着钱不就能坐车回去了?章丘到周村的车有的是,五块钱就到咱这。"②

"这事论起来怨不着谁,关键是当时没说清楚。要早说爬高,老孙也就不去了。当时他们雇人的没说,老孙也就没问。这事就是都凑巧了,两边都是老实人。""这事也不大,不过传出来就不好听,三十里路让人家一个人走回来毕竟不好,后来J就买了条哈德门烟让俺给老孙了,这事情就算了了。"③

案例2 X也在劳务市场上干活,有次被C雇佣去拆南屋,共四间。双方说好是按天算钱,一天八十元,中午和晚上C管饭,和他同去的共有三个雇工。吃中午饭时,C拿了瓶白酒让大家喝了点。吃完饭后干活,X跑到屋脊上拿瓦时,一不小心从屋顶上摔下来了,造成腿骨折,前后共花去一千余元。为了这件事情,在X和C之间发生了争执。

"俺听说发生了这事,抓紧就去了,这人不是从咱这找的活路嘛。按

---

① L雇佣社区K口述,2011年1月
② L雇佣社区J口述,2011年1月
③ L雇佣社区L口述,2011年1月。

说呢,不关咱的事,可他们两个不闹着嘛,俺就过去听听看这事咋办。""这事两边都有点责任,X呢,人家来找人时就说了是拆屋,干这活你还不小心点。再说当时人家不让他上屋,他喝了点酒非逞能上去,你看摔下来了。再说C,你明知道X是一个酒疯子,你上午吃饭还让他喝,这不是找事。后来两边说合说合,都花点钱长点教训吧,C赔了X五百块钱。""这事之后,X养了两个月,好了后又来俺这找工,不过俺从来没安排他。给这样的人介绍就是给自己惹麻烦。"①

由上述两个案例可见,中介人在调解主雇之间的纠纷时主要具有下述几个方面的特点:一是调解的目标是雇佣纠纷的完全解决。此处的"完全解决"主要指的是雇佣纠纷在民间调解的范围内得以解决,而不是跑到调解之外进入诉讼的渠道中。于此,L解释道,"虽说现在打官司的也多了,可打官司毕竟不是件好事情,费时费力,钱都帮着打官司的赚了去。咱就寻思着他们两边是咱这介绍的,咱就尽量把两边的矛盾给解决掉,一个这对双方有好处,二一个对咱也有好处。咱这这么多人过来,咱干的时间长是一个方面,再就是咱公道,帮大家的忙,把矛盾、纠纷解决掉"②。二是调解的过程中所遵循的主要是"天理人情"和习惯规范,而非国家的法律规定,这在案例2中有着鲜明的体现。根据国家的法律,案例2中的雇主应负担雇工伤亡的全部责任,但是根据调解人的调解,雇主只是承担了部分责任。由此可见,与法律规定相比,人情在调解之中发挥着更大的作用。当然,人情的此种作用不只体现在与国家法律的对比中,即便在与习惯规范的交锋中,天理人情也是占据上风的。如案例1中,根据习惯规范在此种情况下雇工是不会获得任何报酬,但是雇工毕竟平白无故地走了三十里路,此种感情色彩的作用就使得调解的结果是雇主象征性的赔付了一条哈德门烟。三是调解的结果基本上是责任的平均分配。我们看到,无论是案例1、案例2,还是先前的"铺地面"的案例,三者所呈现的都是责任的平均分配,即过错所造成的后果是需要由双方承担,毕竟"一个巴掌拍不响",纠纷的发生不是哪一方单独造成的。由此,责任就需要双方共同承担。如"铺地面"的案例中,雇工各自损失了二十元钱,而雇主是损失了自己一部分平坦的地面,从而需要忍受不平地面的痛苦。

---

① L雇佣社区L口述,2011年1月。
② L雇佣社区L口述,2011年1月。

(三)雇佣习惯法与国家法的融合

近年来随着国家法律制度的下移及行政监控的提升,国家法律在乡村社会中所起的作用日渐增强,且随着此种影响的增强,习惯规范与国家法律之间出现了渐趋融合的迹象,这从下述的案例中可以清晰看出:

> R 的工作主要是贩运木材,其所使用的工具是一辆自己购买的农用三轮车。有次贩运木材时,由于木材的体积较大,他就从劳务市场中雇用了一名雇工,年龄 65 岁。不幸的是在往车中装木材时发生了意外,致使车上的木材滚落,砸伤了装车的这一雇工,且伤势比较严重。在发生这一事故后,雇主 R 和雇工的儿子达成了协议:对于雇工的医疗费用,R 需要负担 45000 元;在这之外,若还需要医疗费用,将由雇主 R 与雇工的儿子对半负担,即各自承担 50％。[①]

对于纠纷的这一处理结果,我们既可以看到《劳动法》的痕迹,同时也可以感受到雇佣习惯法的印记。《劳动法》的适用痕迹主要表现在雇主对于雇工赔付的 45000 元方面,这部分赔偿完全符合《劳动法》的规定,同时雇主之所以赔偿如此多的数额也在于主雇双方都明了《劳动法》的规定;遵循雇佣习惯法的印记主要表现于后续的处理方面,之所以由雇工与雇主各负担一半的医药费用,也是在于雇佣习惯法的影响,毕竟雇佣习惯规范中对于工伤的处理有着一定的限度和范围。从这一案例我们看到,纠纷双方既明了国家法和习惯法的区别,同时又创造性地将有差别的二者结合起来以处理所面临的纠纷。由此而言,秉持习惯法文化的村民们已经能够正视习惯法文化和国家文化之间的差别,从而较为自如地选择适用国家法和习惯法。

(四)结语

通过上述对榨油作坊中雇佣习惯法和劳务市场中雇佣习惯法的考察,我

---

① L 雇佣社区 H 口述,2011 年 1 月。

们可以发现,它们与民国时期的农业雇佣习惯规范①之间具有极大的相似性,因而是一以贯之。油坊雇佣习惯规范与农业长工雇佣习惯规范之间具有相似性,而劳务市场中的习惯规范与农业短工雇佣市场中的习惯规范没有大的分别。由此我们可以说,现今的雇佣习惯规范是以民国时期的农业雇佣习惯规范为基础进行的搭架,或者说现今的雇佣习惯规范就是民国时期农业雇佣习惯规范的当代演化形态。相似性如此,但同时我们也须看到,农业与手工业、服务业之间毕竟是具有一定的行业差别,从而农业雇佣习惯规范在向其他行业蔓延和扩散的同时,也在发生着极大的改变。如现今的劳务市场虽则与民国时期的短工雇佣市场一样存在着主雇之间的艰难博弈,但是在雇工群体内部并没有形成一种"顺价规范",而主要是借助于"第三人"的定价机制以保护自己的利益。由此,从另一个角度来说,农业雇佣习惯规范作为历史传统的一种积淀所遗留给人们的主要是一种心理的惯习,从而引导着人们在进行处理相似的雇佣事项时有一个大概的参照和模本,而对于具体各自行业的雇佣习惯规范,则是在不同行业的惯例基础上衍生而成。

二、乡村雇佣习惯法的关系笼络机制分析

对雇佣劳动合同而言,雇主和雇工间的机会主义行为是引发雇佣劳动纠纷产生的主要原因,由此雇佣劳动合同纠纷的化解机制也就主要围绕着如何预防和消除雇主与雇工间的机会主义行为而展开,在诸多机制中,乡村社会特有的关系笼络机制是最为有效和成功的,由此下文重点介绍下乡村雇佣习惯法的关系笼络机制。

(一)机会主义行为

对于机会主义行为的研究主要来源于交易成本经济学,由此对机会主义

---

① 参见拙著:《民国时期华北地区农业雇佣习惯规范研究》,中国政法大学出版社2012年版,第111~141页。

行为最具有影响力的定义也就出自这一研究领域的集大成者威廉姆森。威廉姆森认为,机会主义行为主要指的是,"欺骗性地追求自利,这包括——但不仅仅限于——比较明显的形式,如说谎、偷盗、欺骗。机会主义更多地涉及更复杂的欺诈形式,包括主动的和被动的形式,事前的和事后的形式"。[①] 这一领域的其他研究者对于机会主义行为的界定也大多由这一概念生发出来,或者是在其基础上进行修订,或者是对其进行更为精细化的说明。本书对于机会主义行为的界定也是如此,它主要是指的是,雇主或雇工由于有限理性和雇佣相对方的信息劣势,违反双方之间的雇佣劳动合同,从而有目的地以隐瞒、欺骗等方式寻求超额利益的行为。这个定义主要包括下述基本要素:(1)机会主义行为之所以发生,源于雇主与雇工之间的信息不对称和有限理性。信息不对称就导致了"道德风险"行为,而有限理性则主要诱致基于博弈次数的短期化行为。(2)机会主义行为在客观上违反了主雇双方所签订的雇佣劳动合同。(3)雇主或雇工主要是以隐瞒真相或自己的实际行动、有意欺骗等方式来实现其利益目的。(4)雇主或雇工机会主义的结果是寻求单方的超额利益,并由此给雇佣交易的另一方造成了损失。对于机会主义产生的原因,学者们普遍认为主要源于人类的利己之心。亚当·斯密认为,市场的运作主要得益于人类的利己之心,即市场机制可以巧妙地利用人的利己之心,从而把人们增加自己利益的行动引导到增加社会福利的方向上来。但是斯密并没有同时看到,人在利己之心指引下的损人利己的一面,从而正是由于损人利己的机会主义行为,对于雇佣劳动合同的执行产生了诸多负面性影响。

(二)雇佣劳动合同与劳动过程

雇佣劳动合同与买卖合同之间既有相同之处,也有很大的差异。其相同之处表现为,从宽泛意义上而言,雇佣劳动合同可以视为是雇主与雇工就一定时期内劳动力的买卖所达成的协议。当然,作为标的物的劳动力区别于一般商品,因此雇佣劳动合同与买卖合同的相异之处也就更为明显。这主要表现为两种合同的履约机制是不同的,雇佣劳动合同中雇工在把自己一定时期内

---

① 〔德〕埃瑞克·G.菲吕博顿、鲁道夫·瑞切特:《新制度经济学》,孙经纬译,上海财经大学出版社1998年版,第71页。

的劳动力出卖给雇主时,也就相应地把此段时间内自己劳动力的管理权一并交付给了雇主。由此,我们在考察雇佣劳动合同的履约问题时,也就不能仅仅审视雇佣劳动合同的条款,而是需要把研究的触角深入到雇工劳动的过程之中。

根据劳动过程理论,雇佣劳动合同的履约问题或雇佣劳动合同的运作问题,主要涉及的是劳动过程中雇主与雇工之间的支配与抗争的权力关系。具体而言,需要关注的是,在劳动过程中雇主与雇工会形成怎样的控制和反抗模式?会存在何种权力的运作机制和方式?控制与反抗是劳动过程的基本问题,雇主从雇佣市场中所购买的仅是雇工一定时期的劳动力而非劳动本身,雇工的劳动力在为雇主获取剩余价值的同时,其不确定性也给雇主带来了巨大的挑战。为了实现雇工劳动力的最大化使用,雇主就必须把劳动过程的控制权从雇工手中转移到自己手里。马克思认为:"资本家通过高压和专制的手段组织劳动过程,实现劳动力最大限度地转化为劳动,从而获取最多的利润。"①

(三)劳动过程中的关系笼络机制

每一个时期皆有自己的特色,每一个国家也都有自己的国情,因此在研究我国当前乡村地区的劳动过程时,我们既无法适用布雷夫曼的"去技术化"理论②,也不能采纳布洛维"规范霸权"③这一分析工具,因为两者皆是产生于资本主义大工厂生产体制的理论模型。我们所要考察的对象还是一种简单的乡

---

① [德]马克思、恩格斯:《马克思恩格斯全集》(卷十),人民出版社 1982 年版,第 87 页。

② 布雷夫曼指出资本主义在进入垄断阶段后,资本家通过科学的管理手段,造成了概念和执行的分离,从而剥夺了工人对于劳动过程的控制权,长此以往,工人成为一只控制下的"机器手"。具体参见[美]哈里·布雷弗曼:《劳动与垄断资本:二十世纪中劳动的退化》,方生等译,商务印书馆 1979 年版。

③ 布洛维认为,劳动过程自资本主义垄断阶段以后发生了一次重要的转型,劳资关系不再是赤裸裸的控制与被控制,而是有所掩饰,即资本家透过生产过程和种种制度,在工人中间制造了对剥削的"同意",造成工人自己积极参与了对自己的剥削。具体参见[美]迈可·布洛维:《制造甘愿:垄断资本主义劳动过程的历史变迁》,林宗弘等译,台湾群学出版有限公司 2005 年版。

镇企业经济,技术简单、环境恶劣;同时身处于乡村社会之中,关系网络、差序格局。考虑到当前农村雇佣劳动的诸多特点,本书对于劳动过程中雇佣劳动合同笼络机制的分析,主要借鉴的是"关系霸权"理论。"关系霸权"此一概念是由沈原先生率先提出的,他在考察我国城市建筑工地的劳动过程时,发现此种劳动过程中的权力关系主要受到关系网络的塑造。他认为,"关系网络进入劳动过程极大地改变了工作现场的政治,修正了控制与反抗的逻辑,使之呈现出中国情境下工作现场的若干独具特征。"①由此,在整合葛兰西的文化霸权理论和布洛维的霸权工厂体制的基础上创造性地提出了"关系霸权"这一概念。

借鉴沈原的"关系霸权"概念,L雇佣社区劳动过程中的"关系笼络"是指,劳动中的雇工与雇主,把众多先赋性的社会关系作为可资利用的资源纳入到权力结构中,从而所形成的一种独特的权力形态。关系笼络主要具有两个方面的基本特征:一是关系笼络所赖以建构的资源主要是关系。此种关系既包括雇主与雇工之间的关系,也包括雇工相互间的关系。这些关系非是在劳动过程中形成,而是先赋性的,在雇佣劳动发生之前就已存在,具体是指那些因亲缘、地缘而生发的关系类型。这些先赋性的关系被雇主与雇工带入到劳动的过程中,随着劳动过程的展开,这些关系非但没有被消解掉,反而不断得到强化。这些枝蔓延伸的关系以及其中所蕴含的利益衡量和传统文化形塑了控制与反抗的机制,并被纳入到劳动过程的权力结构之中,从而演化为生产中的一种权力形态。二是关系笼络的运作效果主要体现为两个方面:一是生产共识,二是约束不满。无论是生产共识还是约束不满都可以视为是事情的一体两面,其中心主要体现为,劳动中雇主与雇工通过关系此一媒介,和谐地践行合同的内容,从而最终实现各自的利益。在此种和谐的雇佣关系中,雇主一般把雇工当作自己的家人对待,而雇工相应地也把雇主家的工作当作自己家的一般认真经营,主雇双方皆忽略了此种关系下所隐藏的剥削与被剥削。

①　沈原:《市场、阶级与社会——转型社会学的关键议题》,社会科学文献出版社2007年版,第216页。

(四)关系笼络的运作机制

所谓关系笼络的运作机制,主要是指雇主或雇工通过先赋性的关系这一媒介,运用不同的策略以达到其各自不同的目的。以主体为标准,关系笼络的运作机制可以分为两种:一是雇主利用关系实现对于雇工的控制;二是雇工利用关系保护自己的利益。

L雇佣社区中劳动的主要形态是活劳动,于雇主而言,此种活劳动的最大特点是具有较大的弹性,从而难于量化管理和考量。劳动结果考量的不明确,注定了雇主无法使用强制性的手段来达到他们控制劳动过程的目的。若雇主采用此种手段,往往只会适得其反,造成自己更大的损失。由此,雇主在劳动中约束雇工就只有关系此一途径。无论是雇工与雇主之间,还是雇工相互间都是有着层层叠叠的关系,这些关系或者是由于地缘或者是由于血缘。当然,相较于地缘,血缘被雇主更为看重。关系在雇佣劳动过程中的盛行,一方面昭示着关系在雇佣劳动过程中的重要性。无论是雇主还是雇工皆需要依赖关系这一媒介达到他们各自的目的,关系是雇主于劳动过程中处理双方间利益的唯一可控因素;相应的,它们也是雇工为数不多的反抗武器中的最为重要的一种。另一方面关系的普遍性也使得雇佣劳动过程中,很少出现雇工仅仅因为关系而受到照顾的情形。因为单纯的处理好主雇关系并非雇主的目的,其所要达到的是控制劳动的过程进而获取满意的收入。由此,关系之外的劳动能力更是为雇主所看重,如劳动技术的好坏、劳动的努力程度、干活质量的高低等。由上述两个方面,雇主一方面依赖于关系控制雇工进而控制劳动的过程,另一方面雇主又为关系在劳动过程中的作用划定了必要的界限。

1.大雇主的策略:主次有别和有限度的关系主义。大雇主与小雇主因为雇佣雇工的数量不同,由此在雇佣劳动过程中所采取的策略也就有着很大的差异。一般而言,大雇主由于雇工的数量比较多,不可能每一个雇工都面面俱到地管理,因此他们主要采取主次有别的策略;同时他们也绝非单纯的倚重关系,关系之外的劳动能力也是他们所看重的,由此他们还采取了有限度的关系主义策略。L雇佣社区中雇工的内部是存在层级的,尤其是在乡镇企业中体现得更为明显,此种层级的划分主要依据的是生产中的地位和劳动的能力。

如笔者调研的L雇佣社区中的永盛耐火材料厂,这个厂共有职工51人,雇主A是厂长,负责统筹管理全厂的生产销售等工作;厂内又分三个组,一个是生产组,组长B是雇主的妹夫,共有职工35人;另一个是销售组,组长C是雇主的连襟,有职工8人;再一个是后勤组,组长D是雇主的堂弟,有职工8人。

主次有别的策略体现在,各位组长的待遇与一般职工的待遇是不一样的。当然一般职工间的工资收入也是不一样的,如烧窑工、挖窑工、压砖工和看门之间,烧窑工因为烧窑的技术含量,月均工资在3700左右;挖窑工因为要冒着高温作业,月均工资收入在3000元左右;压砖工相对较轻松,工资在2000元左右;而看门的多是老年人,月均800元。职工间工资收入的不同主要在于市场上按劳分配的作用,而组长的工资收入与一般职工的不同,除了按劳分配外,更为重要的在于他们与雇主间的关系。生产组长的月工资是4500,销售组长是5000,后勤组长工资是4000,均高于一般职工的收入。

根据笔者对于场内职工的调研,之所以B、C、D能够当上组长有两个原因,一是与雇主都有亲戚关系,雇主交给他们工作放心,他们也真心实意地帮雇主干活。"去年夏天有天突然下大雨,那时厂中间还放着三千刚压出来的耐火砖,雨下得大就把耐火砖给泡了,当时厂长出去了,其他人都站屋里躲雨,就是生产组长B领着平时关系好的几个硬是冒着雨把砖给挪了个地方,要不是亲戚谁出那个力。"①二是关系之外,还必须有能力。"原来的销售组长是厂长的弟弟,只是那伙计不正干,当时厂里的货压的嗨嗨的,后来换了厂长的连襟就好些了,最起码能正常生产了。"②

2.小雇主的策略:以身作则。小雇主大部分是个体工商户。区别于乡镇企业,他们一般首先利用的是家内劳动力劳作,只是在家内劳动力无法完成工作时,方雇佣雇工。因此一般小雇主本身都技术全面,并精于工作。他们与雇工一同工作,在规划指挥整体的同时,也监督着雇工的工作。一般而言,小雇主家庭的雇工是最累的,既无法偷懒,也不能耍什么花样。但这些家庭的雇工一般与雇主地位平等。由于小雇主雇佣的雇工人数少,因此无法采用大雇主的"主次有别"的策略,因为若果真如此的话,很有可能导致雇工之间的矛盾和不团结,从而不利于生产。同时,由于自己的利润有限,也无法做到全部都优

① L雇佣社区O口述,2012年8月。
② L雇佣社区O口述,2012年8月。

待雇工。由此，唯一的办法就是以身作则，以自己为榜样，带动雇工的劳动。"虽说是亲戚，人家也尽心尽力地帮你，但毕竟不是他自己家的，下不了那么大的力，也吃不了那么大的苦。这时候咋办啊？就是咱干，咱在前面干，让他在后面跟着。这样他就没话说了，咱能干的了，他就也能干的了。"①此时雇工只有加紧卖力地干活以跟上雇主的速度。若是雇工跟不上雇主的速度，或者是自己的劳动能力不行，或者是自己没有尽力，而两者都会导致自己被雇主辞工。

3.大小雇主的策略：恩威并施。大小雇主在雇佣劳动过程中所通用的一种策略是恩威并施，通常是干活的时候态度认真，一是一，二是二，必须完成规定的工作量；而在生活中则是尽量照顾，和颜悦色，让雇工感觉到浓浓的情谊，从而培育出主雇之间的情感来。于此，徐忠明先生认为，"在'情感本体'的传统中国社会里，连接和维系人们之间相互关系或社会秩序的基本准则，乃是情感。"②

雇工Q曾给路路通轮胎公司干了八年雇工，说起来非常感念公司的好。"老板'有人情味'"，这是雇工们对它最多的评价。"俺们干活，风里来雨里去的，时不时就有个头疼脑热的，老板有人情味，总是找大夫看病买药。过年过节的还给俺们发东西，肉、鱼、大米、火腿有。"③当然，待遇这么好，求雇的雇工也就非常多。轮胎公司通行"试工"的习惯规范，让来求雇的雇工跟着"熟练工"和已经雇佣的雇工一起干活。若干活超过"熟练工"和此名雇工，自然会被雇佣；若两个都赶不上，只能回家了。若超过雇佣的雇工，落后于"熟练工"，也会被雇佣，但这名被赶上的雇工只能辞工走人了。

一般的小雇主虽没有轮胎公司这样财大气粗，但也是时不时给雇工些东西，如大米、油、面等，雇主的这些措施一方面是因为双方间存在着亲戚关系；另一方面，也是更为重要的，是让雇工心存感激从而卖力地干活。

当然，关系不只为雇主所利用，同时也为雇工所借用来保护自己的利益。这主要体现为两个方面：一是雇工利用与雇主的关系来保护自己；另一方面是雇工利用雇工间的关系联合起来保护自己的利益。L雇佣社区中的农民工既

---

① L雇佣社区Y口述，2009年11月。
② 徐忠明：《情感、循吏与明清时期司法实践》，上海三联书店2009年版，第5页。
③ L雇佣社区Q口述，2009年11月。

有本地雇工,也有外地雇工。对于本地雇工,雇主在管理的时候就需要注意方式和方法了。若是超出习惯规范和雇佣劳动合同太多,就会被人说道。毕竟雇工与雇主之间的博弈不只是在经济域中,它们也是嵌入到社会生活域中,因此雇主对雇工如何所反应的不只是自己的经济形象,更重要的是自己的社会形象。虽然,乡村地区雇工间通行的惯例是"吃人家的饭,就要服人家的管,人家让咱咋干咱就咋干"。① 即便如此,雇工也非仅仅逆来顺受,当雇主的某些行为突破了他们的底线后,他们也会爆发出来。如轮胎公司在 2010 年曾发生过一次较大的罢工,致使工厂歇业 2 个月之久。

(五)结语

对雇佣劳动合同履约机制的考察,需要我们把研究的触角深入到劳动生产的过程中,并细致地分析此种过程中权力的具体运作形态,从而明了雇主与雇工在劳动过程中是如何把一项项合同条款加以落实的。资本主义大生产过程中的权力形态是迥异于传统社会中的,不仅在于生产中控制与反抗的策略不同,而且所处的社会场域也是不一样的。因此这就决定了关系笼络是分析我国当前乡村地区雇佣劳动合同履约机制的最为适合的理论工具。众多关系是连接雇主与雇工的必要媒介,关系在为雇主所利用时,也被雇工拿来作为和平时期的武器。由此关系笼络的运作机制就有两种面向:一个是雇主面向;一个为雇工面向。在关系笼络的运作机制中,大雇主由于与小雇主所雇佣的雇工数量不同,因此所采取的策略也就相异。大雇主主要采用"主次有别"和"有限度的关系主义"两种策略,而小雇主主要采用"以身作则"的策略,当然在这其中皆贯穿着"恩威并施"。雇工所利用的关系既包括其与雇主间的关系也涵盖雇工相互间的关系,这些关系主要被雇工拿来作为感化和威慑雇主的防御性武器,从而在正式规范匮乏的乡土环境中有效地维护他们的自身权益。

---

① L雇佣社区 Q 口述,2011 年 11 月。

第四章

当代乡村习惯法的历史变迁[①]

　　在习惯法的实证研究中,与地域要素和社会关系要素相类似,时间要素也是极为重要的一个研究向度。就时间要素而言,研究者们的直观印象是:自民初至今,随着社会转型的推进,社会结构要素的变化,习惯法一直处于变迁之中,当代的习惯法与民初的习惯法已有很大差异。直观印象如此,需要我们追问的是:(1)自民初至今,变迁的是所有习惯法,还是部分习惯法? 是否有些习惯法没有变迁或者变迁的幅度不大?(2)如若变迁,变迁的缘由是什么? 即它们为什么会发生变迁?(3)阐述完变迁的缘由后,我们还需要追问,它们是如何变迁的? 变迁的机制是什么? 我们如何从学理上对它们予以解释? 围绕这三个问题,下文分三部分进行解释,分别是乡村习惯法的历史变迁、乡村习惯法历史变迁的缘由和乡村习惯法的变迁机制。

　　为了阐释上述问题,笔者意欲将民初的习惯法与当代乡村习惯法进行比较。具体而言,是通过对某一村落的深入调研,察看民初至今这一村落中各类习惯法的变迁轨迹,以期从此种历史变迁中得出结论。基于调研的便利,笔者选取了鲁中地区的 H 村作为此次的调研点,寄意通过解剖麻雀的方式以折射鲁省和华北地区习惯法历史变迁的轨迹和风貌。"对民间法研究而言,重要之处不在建立逻辑推演的理论体系,而在寻求事实编织的交往秩序,所以,民间法研究的主要方法,是寻求秩序构造的地方性实证资料,并在此基础上寻求理

―――――――――

　　①　本章原文发表于《民间法》2012 年卷,系由笔者和龚艳博士合写,蒙龚艳博士允许,在对内容修改完善的基础上,收入于本书。

论突破"①。对民初的习惯法,笔者主要以《民事习惯调查报告录》中山东省所记载的习惯法为主,同时辅以自己对该村落调研的习惯法;对当代习惯法,笔者主要基于民初习惯法的参照,通过对村民调研访谈获得。

一、当代乡村习惯法历史变迁的状况

对民初习惯法与当代习惯法之间的比对,笔者的具体方案是:(1)依据《民事习惯调查报告录》(下称《报告录》)中山东省所提交的习惯法,确定需要比对的具体习惯规范。当然,这其中所面临的两个问题是:第一,笔者所调研的村落是否皆适用《报告录》中鲁省所列举的习惯规范;第二,调研村落是否还通行着《报告录》中所未列举的习惯规范。于此,笔者对 H 村中的 21 位老者(皆 75 岁以上)进行了访谈,以确定适用于调研村落的民初习惯法。(2)依据《报告录》的设计并考虑到习惯法所调控的社会关系,笔者在将这诸多习惯规范划分为物权习惯规范、债权习惯规范和婚姻继承习惯规范三大类的基础上,对于某一大类的习惯规范又细分了数个小类以做比较之用。(3)以民初习惯法为参照,通过调研以确定当代习惯规范。调研主要是对 H 村中的 60 位中年人(30~60 岁)进行问卷调查并做必要的访谈,以清楚当代习惯规范是如何规定的。

(一)物权习惯规范的变迁情况

《报告录》中山东民商事习惯调查会共提交了 59 条物权习惯规范,但详细察看和分析,我们会发现其中有诸多习惯规范并不属于物权习惯规范。譬如"佃房不得转租"、"赁房解约"、"说合礼"等属于债权习惯规范,而"长孙地"和"增地立契约"则属于婚姻继承习惯规范。若将这些其他类型的习惯规范排除,并把相同内容的习惯规范合并,山东民商事习惯调查会提交的真正物权习

---

① 谢晖:《论习惯法研究的学术范型》,载《政法论坛》2011 年第 4 期。

惯规范计有 38 条①。经过笔者的调研,这 38 条习惯规范中适用于调研村落社区的共有 22 条②。

为了比对方便,也为了数据的客观,我们还需要对于这些物权习惯规范作进一步的分类。依据物权的权利类型,我们可以将这 22 条习惯规范细分为 5 小类,分别是所有权习惯规范、地上权习惯规范、抵押权习惯规范、典权习惯规范和相邻权习惯规范。下述是比对的详细情形。

1.所有权习惯规范的变迁

民初习惯规范	当代习惯规范	是否变迁
塌地之所有权仍应存在	塌地之"所有权"仍应存在	部分变迁,所有权含义改变
哄拾棉花	哄拾棉花、花生、小麦等	没有变迁
侵地加倍赔籽粒	侵地加倍赔籽粒	没有变迁

2.地上权习惯规范

民初习惯规范	当代习惯规范	是否变迁
山主股	山主股	没有变迁
见十抽一	无	发生变迁
地主炭	地主炭	部分变迁

3.抵押权习惯规范

民初习惯规范	当代习惯规范	是否变迁
死约活签	死约活签	没有变迁

---

① 排除的非物权习惯规范中,债权习惯规范包括:死契活口、看青会、积粮社、帮贴牛腿钱、佃户分粮有差等、主不辞客、先买权、打长余、说合礼、赁房解约、转赁、赁房修缮费、草约之效力、买回、赁房解约、佃房不得转租、二八锄地、寄根树,共 18 则;婚姻继承习惯规范包括:长孙地、增地立契约,共 2 则。合并的习惯规范是典当土地回赎之时期及办法。

② 不适用于调研村落社区的习惯规范包括:原约不税、当地拨粮、典当不动产回赎无期限、白租、卖头当尾、干股窑和批地窑、实典、轧竖不轧横、转租、赎地时期、指段立约、典三卖四、分砍松柴、山岚放蚕之规则、三年成熟、滥价转典。

4.典权习惯规范

民初习惯规范	当代习惯规范	是否变迁
典当土地回赎之时期及办法	无	发生变迁
房倒烂价	无	发生变迁
尽先不尽后	尽先不尽后	没有变迁
租不压典和典不压卖	租不压典和典不压卖	没有变迁
坟地典卖	无	发生变迁
烂地价	烂地价	没有变迁

5.相邻权习惯规范

民初习惯规范	当代习惯规范	是否变迁
隔道找地	隔道找地	没有变迁
借山不借水	借山不借水	没有变迁
水流原形	水流原形	没有变迁
茔地相邻间之义务	无	发生变迁
滴水地	滴水地	没有变迁
抬牛地	无	发生变迁
无抬牛宅子	无抬牛宅子	没有变迁
站脚地	站脚地	部分变迁
土地转卖原业主得分增价	无	发生变迁

通观上述22条物权习惯规范,可以看到没有变迁的习惯规范有12条,完全变迁的习惯规范7条,部分变迁的习惯规范3条。就此而言,对于物权习惯规范变迁与否这个问题,没有变迁的占54.6%,发生变迁的占31.8%,部分变迁的13.6%。对没有变迁的习惯规范我们暂且不论,因为民初至今这些习惯规范的规则内容和规则形式皆没有发生变化,仍旧通行和适用于H村。对于完全变迁的习惯规范,此种变迁较为彻底,民初的7条习惯规范至今已无踪影,受访年龄大些的村民直言现在这些规则已经不再适用。对于部分变迁的

习惯规范,需要我们详细地分析。其中,"塌地之所有权仍应存在"此条习惯规范的权利义务内容没有变化,只是由于法律制度的变更,规则中"所有权"的含义发生变迁,由原来的完全土地所有权变为现今的"半所有权"①。"地主炭"习惯规范则是规则的实现形式发生变迁,由民初单纯的给付煤炭给土地的主人转变为现今或者给付煤炭或者给付现金,规则的实现形式增加了。至于"站脚地"习惯规范,之所以言及部分变迁,是因为三条习惯规范中仅有一条习惯规范发生变迁,其余两条没有改变。其中,"建筑瓦房,应距离一尺五寸"和"建筑平房,应距离八寸"两条习惯规范没有改变,现今建筑毗邻的房屋仍是如此。至于"若以胡同之中为界,则建筑应距离三尺五寸"(约 1 米)则相应发生改变,现今的习惯规范是增加到 2 米。

(二)债权习惯规范的变迁情况

《报告录》中山东民商事习惯调查会共提交了 43 条债权习惯规范,加上原有物权习惯规范中的 18 条,山东省实有债权习惯规范共计 61 条。只是这 61 条债权习惯规范多有重复,如仅各地"利率"习惯规范就有 8 条之多,在合并重复的习惯规范且查清 H 村适用的基础上,笔者共得到债权习惯规范 21 条②。此外,笔者根据对 H 村的调研访谈,另行增加了 7 条适用于当地的习惯规范,分别是定金规范、试工规范、中人规范和议价规范、增契实为卖契、吃割食和田房出卖先尽亲邻。依据债权习惯规范的内容,笔者将债权习惯规范主要区分为 5 小类,分别是会社习惯规范、借贷习惯规范、买卖习惯规范、雇佣习惯规范和租佃习惯规范。下面是它们的比较情况:

---

①　现今适用这些规范的土地多是村民沿河道开垦的诸多荒地,由于系自己开垦,因此他们享有占有、使用、收益和转让的权能,但毕竟土地仍属于集体所有,因此称之为"半所有权"。

②　不适用调研村落社区且合并的习惯规范包括:泰山香会、承还保人之责任、偿还债务之顺序、利率、定银之效力、利率、利率、利率、利率、利率、利率、坐山会、放粮出入之数额、保人不保钱及人钱两保、义坡会、搭钱、债务利率至多三分、找钱、先偿本后偿利、利息不得滚入母金计算、债务不得零星抽还、银号放款取利之办法、财产社、储恤会、板社、死契活口、看青会、积粮社、帮贴牛腿钱、主不辞客、先买权、打长余、说合礼、草约之效力、买回、赁房解约、佃房不得转租、约据不签押。

1.会社习惯规范

民初习惯规范	当代习惯规范	是否变迁
长寿会	无	发生变迁
红礼会	无	发生变迁
齐摇会	无	发生变迁
抬丧会	无	发生变迁
油腊年货会	无	发生变迁
房社	无	发生变迁
看青会	无	发生变迁
积钱社	积钱会	没有变迁

2.借贷习惯规范

民初习惯规范	当代习惯规范	是否变迁
本利贯	本利贯	没有变迁
偿还债务之顺序	偿还债务之顺序	没有变迁
借贷利率因母金多寡而异	借贷利率因母金多寡而异	没有变迁
野猪还愿	野猪还愿	没有变迁
指地作保	无	发生变迁

3.买卖习惯规范

民初习惯规范	当代习惯规范	是否变迁
寄根树	寄根树	没有变迁
麦秋债	无	发生变迁
增契实为卖契	增契实为卖契	没有变迁
吃割食	吃割食	没有变迁
田房出卖先尽亲邻	无	发生变迁

4.雇佣习惯规范

民初习惯规范	当代习惯规范	是否变迁
雇佣契约之期间	无	发生变迁
定金规范	定金规范	没有变迁
试工规范	试工规范	没有变迁
中人规范	中人规范	部分变迁
议价规范	议价规范	部分变迁

5.租佃习惯规范

民初习惯规范	当代习惯规范	是否变迁
二八锄地	无	发生变迁
转赁	转赁	没有变迁
赁房修缮费	赁房修缮费	没有变迁
赁房解约	赁房解约	没有变迁
佃户分粮有差等	无	发生变迁

通观上述28条债权习惯规范,可以看到没有变迁的习惯规范有13条,占全部债权习惯规范的46.4%;发生变迁的习惯规范有13条,占全部债权习惯规范的46.4%;部分变迁的习惯规范有2条,占全部债权习惯规范的7.2%。一如上文,没有变迁的习惯规范仍旧通行于H村,继续规范着村民间的债权交往,构织着当地的经济秩序。发生变迁的习惯规范主要集中于会社习惯规范,变迁的原因将在下文予以介绍。部分变迁的习惯规范包括"中人规范"和"议价规范"。其中,"中人"规范的部分变迁在于,民初雇佣习惯规范中的"中人"或者是雇工和雇主的亲戚或者是朋友,间或有职业中人,如笔者调研的山东邹平县临池村的王世庆就是民国时期的职业中人[①];而现今雇佣中的"中

---

① 关于民初和现今的具体中人规范,分别参见尚海涛:《民国时期华北地区农业雇佣习惯规范研究》,中国政法大学出版社2012年版,第114页。

人"主要是乡村劳务市场,如 H 村的村民主要通过 H 村附近的双沟劳务市场达成雇佣,间或有通过朋友或者亲戚介绍的。"议价规范"的部分变迁体现在,民初雇佣市场中普遍存在着"顺价规范",即每日农业雇佣市场上的第一例交易工价为此日雇佣市场的基本价,随后雇工交易的所有工价只能比此价格高,而不得比它低,也就是顺着业已确定的工价往上走;而现今的劳务市场中普遍没有此种规范的约束。

(三)婚姻继承习惯规范的变迁情况

《调查录》中列举的山东省婚姻继承习惯规范有 41 条,加上物权习惯规范中的 2 条,山东省婚姻继承习惯规范共计 43 条,在合并重复且查清 H 村适用的基础上,共得到 13 条习惯规范[①]。此外,根据笔者对村落中诸位老者的调研访谈,另有嫠妇招夫养子;父子相守;打幡;倒插门;相看;订婚礼;女辞彩礼退一半,男辞彩礼全不退 7 条习惯规范也流行于 H 村。依据习惯规范所调控的社会关系不同,下述分婚姻家庭习惯规范和继承习惯规范两类对于这 20 条习惯规范进行比对。

1. 婚姻家庭习惯规范

民初习惯规范	当代习惯规范	是否变迁
男子早婚及女大于男	无	发生变迁
团员媳妇	无	发生变迁
成阴亲	成阴亲	没有变迁
离婚必盖指印	无	发生变迁
转亲	无	发生变迁

---

① 不适用调研村落社区且合并的习惯规范包括:早婚、赘婿冠女姓、侧室扶正、订婚只传大柬、大柬、小帖、登科社、红帖、换号、待嗣、恳亲和允亲、下柬、婚柬书姓不书名、订婚不用钱财、管家婆、有义子无义孙、看孩子、坐山招夫、顶妻妻、女户、择贤择爱须经亲族认可、平处、抓土、婚柬之方式、大柬小柬及名号帖之区别、织布养夫、翁父为子女协议离婚、婚约分三种、指路送浆及顶盆。

续表

民初习惯规范	当代习惯规范	是否变迁
族长有处理同族重大事故之权	无	发生变迁
倒赔妆奁	倒赔妆奁	没有变迁
红帖	无	发生变迁
翁姑为子媳离婚	无	发生变迁
孀妇招夫养子	孀妇招夫养子	没有变迁
倒插门	倒插门	部分变迁
相看	相看	没有变迁
订婚礼	订婚礼	没有变迁
女辞退一半,男辞全不见	女辞退一半,男辞全不见	没有变迁

2.继承习惯规范

民初习惯规范	当代习惯规范	是否变迁
打幡	打幡	没有变迁
长房长子不许出继	长房长子不许出继	没有变迁
摔漏盆	摔漏盆	没有变迁
带产过继	带产过继	没有变迁
长孙地	长孙房	部分变迁
父子相守	父子相守	没有变迁

　　综观这 20 条婚姻继承习惯规范,我们看到没有变迁的习惯规范有 11 条,占全部婚姻继承习惯规范的 55%;发生变迁的习惯规范有 7 条,占全部婚姻继承习惯规范的 35%;部分变迁的习惯规范有 2 条,占全部婚姻继承习惯规范的 10%。一如上文,没有变迁的习惯法继续规范着村内的婚姻继承秩序,完全变迁的习惯法已被村民废弃不用,重点介绍的是部分变迁的习惯规范,这包括"倒插门"和"长孙地"。现今"倒插门"习惯规范的大部分仍沿用民初的规范,唯一不同的是:民初 H 村"倒插门"的女婿需要冠女姓,即改变自己的姓氏;而现今已无此种要求,只是出生的孩子随母姓而非父姓,并以儿子的身份

对于岳父母行生养死葬的义务。"长孙地"习惯规范的权利义务内容没有变迁,变化的只是由地改为房屋。

二、当代乡村习惯法历史变迁的缘由

笔者在自己的博士论文《民国时期华北地区农业雇佣习惯规范研究》中曾提出一个核心命题,即农业雇佣习惯法的生成、运作和演化是受到政治要素、经济要素和社会要素的决定和影响的。与之相似,笔者也认为,民初至今我国乡村习惯法之所以发生历史变迁,是因为习惯法所处的政治场域、经济场域和社会场域发生了变化,由于这些要素的变化促成了习惯法的历史变迁。与上述习惯法的历史变迁相一致,对于政治要素、经济要素和社会要素的变化,笔者也主要是将民国时期与当今社会相比较得出。

(一)习惯法所处的政治要素的变化

民国至今对习惯法变迁影响最大的政治要素变化莫过于土地从私有到公有,这儿的土地既包括耕地,也包括宅基地。乡村土地的集体所有制彻底改变了诸多依赖于土地私有的习惯规范,从而使得它们要么内容得以改变,要么废弃不再适用。如"塌地之所有权仍应存在"这条习惯规范仍旧通行于 H 村,只是由于土地公有,此处"所有权"的含义就由私有变为集体所有。H 村和 D 村相邻,两村的分界线是一条河道,两村约定以河道中间的老槐树为中心点,两边的河流及其土地归各村所有,这项划界约定早在民国时期即已存在。新中国成立后,河水断流,为了增加耕地,两村就将河道填埋开发为耕地。只是没想到,80 年代后雨量增加,上游泄洪,洪水将耕地冲刷自动清理出一条河道,只是由于地势的原因,河道完全集中于 D 村耕地上。后 D 村和 H 村协商,泄洪河道不变,H 村在另一位置补偿 D 村一块耕地。由 H 村对 D 村的补偿,可见"塌地之所有权仍应存在"这项习惯规范继续适用。而"典当土地回赎之时期及办法"、"坟地典卖"和"土地转卖原业主得分增价"此三项习惯规范则被废弃不用了,之所以被废弃并非是因为"典",新中国成立后无论民间还是官方对于典一直持认可态度,我国 2005 年还颁布了《典当管理办法》;而原因主要在于土地的集体所有,集体所有制下村民仅享有承包权而无所有权,因此土地典当、坟地典当一说自无从谈起。与之相关的是,"长孙地"变为"长孙房",由于土地集体所有,因此农民也就无权分配,而能够支配和继承的只能是房屋。H 村内与此条习惯规范相关的有一案例,Q 和 F 有自己房屋 4 间,去世前和 4 个儿子商定,由于已经各给儿子盖房了,因此自己的这 4 间房归长孙所有,只是 Q 和 F 去世前由他们自住。由于自家各有住房,且 Q 和 F 的这 4 间房都是 50 年代的老房子,房子位于胡同内,出入不方便,宅基地也不值钱,因此 4 个儿子就同意了,觉得这就是爷爷对于长孙一点象征意义的贴补。后 Q 去世,F 还在老房内居住,4 个儿子按照约定轮流赡养,相安无事。2005 年铁路搬迁,F 的老房子也在其中,按照国家的补偿标准,房屋加宅基地共获得 25000 元。在对这 25000 元的分配上,大儿子和其他三个儿子发生了争执,大儿子认为房子是长孙的,补偿款当然归自己家所有;而其他儿子认为,现在老太太 F 还活着,补偿款当然优先用作老太太的赡养费和医药费。由于 F 小脑萎缩,已失去相应的判断能力,4 个儿子不得已只能求助于村委会和族内其他老人的调解。后来达成的调解方案是,15000 元归大儿子所有,10000 元用于 F 的医药费,赡养费还是各个儿子自己家出。由此,也可见"长孙房"习惯规范的继续有效。

政治要素的改变致使乡村习惯法变迁的还有国家法律中的禁止性规范。相较于授权性规范和必为性规范,禁止性规范对于习惯法的变迁影响更大,典型的如婚姻法中的禁止性规范,它们的出台就导致了诸多婚姻习惯规范的废弃。"男子早婚及女大于男"的习惯规范之所以被废弃源于《婚姻法》第 6 条规定,结婚年龄,男不得早于二十二周岁,女不得早于二十周岁。晚婚晚育应予鼓励。而"团员媳妇"此条习惯规范除违反《婚姻法》第 6 条外,还违反了《婚姻法》的第 6 条,即结婚必须男女双方完全自愿,不许任何一方对他方加以强迫或任何第三者加以干涉。

(二)习惯法所处的经济要素的变化

经济要素的变化导致习惯法变迁的典型是当代乡村社会已从匮乏经济走

向丰裕经济。匮乏经济和丰裕经济出自费老笔下,费老认为,所谓匮乏和丰裕,不单是指乡村社会中生活程度的高低,而是着重于经济结构的本质变化。在匮乏经济下,不但村民们的生活程度低,且没有向上的发展机会,物质基础被限制住了;而在丰裕经济下,村民们可以不断地累积和扩展,机会多,事业众。[①] 由此而言,匮乏经济就是糊口经济,解决的是村民们的温饱问题。匮乏经济下,村民们的要求就是能够吃饱。而丰裕经济则是享受经济,解决的是村民们的发展和享受问题。在丰裕经济下,村民们的要求则是过上一种舒适的生活。以 H 村为例,改革开放是匮乏经济和丰裕经济的分界线。改革以前,村民们的要求就是吃饱,无论是白面饭、玉米饭,还是地瓜饭、高粱饭,只要不饿肚子,就算成功。村民们被束缚于土地之上,只能与土地打交道。而改革之后,家庭联产承包的推行让村民们吃饱了,但随之而来的问题是,缺钱花,由此榨油、吊粉皮、养鸡、养猪、酿酒、酿醋、木工、瓦工、编织、卖菜等等应运而生,随之好看的衣服和鞋子、电视机、电冰箱、洗衣机、太阳能热水器、电脑、电话、手机等走入了 H 村中的各个家庭。

与丰裕经济相伴随的则是诸多习惯规范的废弃和消失,最典型的是乡村中的各类会社习惯规范,如长寿会、红礼会、齐摇会、抬丧会、油腊年货会和房社等。原因在于这些会社习惯规范是匮乏经济下的产物,而到了丰裕经济社会下自然就废弃不用了。匮乏经济下,村民们的贫穷是无法避免的,吃饭都成问题,何况娶媳、发丧和盖房等重大花费,不得已只能组合在一起成立一个会社,大家相互帮助,共同将大事办妥。丰裕经济下,对村民而言,娶媳、发丧和盖房等仍是大花费,但凭一家之力,或者亲戚帮助,却是可以解决的,因此也就无须成立会社了。与之相关的是"麦秋债",由此项习惯规范也可见匮乏经济下吃饭确实是一个问题,而在丰裕经济下这一问题压根不需要考虑。笔者在 H 村调研时,73 岁的 G 讲了一番话:"俺给人看家,一个月 900,一天是 30 块钱,能买 30 斤麦子,这在旧社会抵 3 个壮小伙了。"讲这番话时,G 很知足,为自己这么大岁数还能挣钱而自豪。

[①] 费孝通:《中国社会变迁中的文化症结》,载《乡土中国》,上海人民出版社 2006 年版,第 119 页。

(三)习惯法所处的社会要素的变化

对于习惯法的历史变迁影响甚大的社会要素变化主要体现在两个方面,分别是代际权力变化和家族关系的淡漠。

家族关系的淡漠,主要体现的是乡村地区的家族关系由民国时期的紧密走向了现今的松散。民国时期,"在村落内部的各种社会组织中,宗族组织的覆盖面最广,在村庄公共事务和村民日常生活中所起的作用也最大,所以有时也称村落社区为村落家族"。① 如在鲁西南的高韦庄村,由于韦姓家族在村里占据了多数,且经济条件要好于其他宗姓,由此"全村中就自然地分出姓韦的与非姓韦的两个阶级。姓韦的小孩打了非姓韦的小孩是没错的,姓韦的打死非姓韦的鸡狗猪羊是没错的,种种等等,不一而足"。② 由此可见,多姓村中的宗族对于村落社区内部的事务具有重要的影响。而现今的乡村社会,丰裕经济的发展使得家族组合在一起获取资源的效率下降,而由各单个家庭自己获取资源的能力却大幅提升,由此就使得家族的优势大打折扣,而阖家大族的弊端却又实实在在摆在那儿,由此家族的吸引力日趋消弱,松散化也就在所难免了。当然,家族的松散化所导致的是如同"田房出卖先尽亲邻"这条习惯规范的废弃和消失。

代际权力变化,主要体现为父辈权威的下降,子辈权力的提升。此种现象的出现主要有两个因素,一是经济的发展和社会的进步,使得子辈的经济能力大为提升,尤其是乡村中的媳妇,普遍有自己的经济收入;二是计划生育的推行,使得子辈在与父辈的博弈中胜出。代际关系的权力变化所影响的习惯规范有"转亲"和"翁姑为子媳离婚","转亲"所体现的是父母对子女人身控制能力的下降,而"翁姑为子媳离婚"所体现的则是婆婆对于媳妇人身束缚力的下降。"倒插门"习惯规范现今扔通行于 H 村,只是改变的是男方不再改姓,由此所体现的也是代际关系的变化。

① 张佩国:《近代山东村落社区结构的整合与分化》,载《史学月刊》2000 年第 1 期。
② 韦昌聪:《山东单曹县农民的痛苦》,载《村治》1930 年第 1 卷第 7 期。

三、当代乡村习惯法历史变迁的机制

对于乡村习惯法的变迁机制,若我们单纯在习惯法的视阈内探讨,也许无法获得满意的答案,因此只能借助于更大范围内的文化变迁机制对此予以解释。由此,本书讨论的第一个问题就是习惯法和文化之间的关系。

(一)习惯法和文化

对于习惯法和文化之间的关系,我们主要是在解析两者概念的基础上,窥探二者之间的可能联系。在借鉴诸位学者观点的基础上,本书认为习惯法是指在长期的生活和劳动过程中,民众就某一特定事项反复实践所逐步形成的通行于某一区域的具有权利和义务分配性质的一系列社会规范[①]。由这一概念可知,习惯法属于社会规范,所以社会规范就是习惯法的上位概念。与之相区别,文化的概念稍显复杂,其原因在于文化概念界定的多样性。根据某些学者的统计,现今学界中关于文化的概念有数百种[②],由这一点也可见文化概念的纷繁复杂。当然,此种现象比较容易理解,毕竟不同的概念界定是服务于不同的学术对象和目的的。由此,本书既然是在文化变迁的意义上谈及文化的概念,则学者们对于文化是如何界定的? 于此,笔者主要考察了古迪纳夫、斯特劳斯和格儿茨等人类学家对于文化的界定。

古迪纳夫认为,所谓文化就是指"人们为了以社会成员所接受的方式行事而需要知道和信仰的东西"。由此,"文化是存在于人们头脑中的事物的形式,

---

① 对于习惯法界定的详细论述,参见尚海涛:《法规范学视野下习惯规范的界定——以雇佣习惯规范为例说明》,载《甘肃政法学院学报》2012 年第 3 期。

② 韦森:《文化与制序》,上海人民出版社 2003 年版,第 8 页。

是人们洞察、联系和解释这些事物的方式"。① 同样,斯特劳斯也认为,"文化是人类心智积累性创造的一种共享的符号系统"。② 承续两位学者的见解,格尔茨认为,文化是社会成员所共有的一种"交流体系",从而是"由人自己编织的意义之网",它不是由"头脑窟窿之中的神秘过程所构成",而是"由能指符号的交流所构成",由此研究文化就是研究"人们之间共知的代码"。③基于上述三位学者对于文化概念的界定,本书认为在文化变迁的意义上,所谓文化就是指导人类行为的一套知识系统。对于文化概念的如此界定,本书主要是从文化和人类行为间的关系入手,由此而言文化就是由社会规范、行为准则、价值观等人们精神或观念中的存在所构成的。前述言及习惯法的上位概念是社会规范,而文化又是由社会规范所构成的,由此习惯法与文化之间就是一种从属关系。由习惯法文化和文化之间的从属关系,则文化的变迁机制就可以借用于对习惯法的变迁机制展开分析。

(二)习惯法变迁的濡化机制

文化的变迁包括两种机制,分别是文化濡化和文化涵化。所谓文化濡化(enculturation),是指"人类个体适应其文化并学会完成适合其身份与角色的行为的过程"④。濡化的概念是美国人类学家赫斯科维茨在其《人及其工作》一书中提出的。具体而言,它是指在一个文化体系内部,文化拟子在同种文化主体之间复制和传承的一种变迁机制。文化濡化的特征有:首先,文化濡化主要表现为一个历史的过程,"这样一个过程是极其曲折漫长的,对每一个体,可纵贯其整个生命历程"⑤;其次,文化濡化的手段主要是教化和学习,通过教化

---

① Goodenough W. H., Cultural Anthropology and Linguistics, in Report of the Secenth Annual Round Table Meeting on Linguistics and language Studies, Washington D. C.: Georgetown University.

② Keesing. R. M., Theories of Culture. 转引自韦森:《文化与制序》,上海人民出版社 2003 年版,第 16 页。

③ [美]克利福德·格尔茨:《文化的解释》,韩莉译,译林出版社 2008 年版,第 5、12、14 页。

④ 吴泽霖:《人类学词典》,上海辞书出版社 1991 年版,第 230 页。

⑤ 钟年:《文化濡化及代沟》,载《社会学研究》1993 年第 1 期。

而注入文化拟子,通过学习以保持文化传递;再次,文化濡化的对象主要是某一文化区域内部的个体,因此濡化主要指的是对于某种文化拟子的学习和模仿过程;最后,文化濡化的目的是使得某种文化模式得以保存、维系和传承。借鉴上述文化濡化的讨论,习惯法变迁的濡化主要包括两种机制,分别是习惯法的教化适应机制和习惯法的内化学习机制

1. 习惯法的教化适应机制

由于民初至今华北乡村基本是处于一种同文化的传承状态,因此包括习惯法在内的社会文化的变迁就主要表现为一种濡化机制,即习惯法由上一代人传递给下一代人,从而是一种代际之间的传承。"人由于'出生'的偶然性而被'抛到一个特定社会里',这个特定的社会自然有一整套特定的传统。如果这个人要展开自己的生命历程,就必须适应,或者说大体上适应这套传统。"[1]在这套传统中很重要的一部分即是习惯法,在村民的成长过程中,这些习惯法就会慢慢地深入其意识和观念之中,最终成为其心理结构不可或缺的一部分。格儿茨认为,濡化机制中所传承的是"一种共享和共知的代码",而赖尔称其为一种"默会知识"。在这种心理结构的影响下,其外在的行为表现就是遵守习惯法的规定,而不做那些有违习惯法的事情。就华北地区的乡村而言,乡村内部的家庭有许多种促使习惯法获得遵守的技艺,而其中最为典型的是教化的方法。所谓教化,是指通过说明一种观念或事物的价值、功效等来使被说服者相信它们存在和延续的合理性,它是一个年长者向年幼者、位尊者向位卑者传输和教导的过程。对于乡村中此种教化的作用,费孝通认为是一种权力,名之为"教化权力"。费孝通认为:"每个要在这逆旅里生活的人就得接受一番教化,使他能在这些众多规律下,从心所欲而不碰着铁壁。"同时在教化的过程中,须"不怕困,不惮烦,又非天性;于是不能不加以一些强制"。强制发生了权力,[2]自然就是教化权力,对于习惯法的教化也是同样的过程。

教化的首要场所在家庭,包括父母在内的长辈皆是村民受教化的传承者。元代《礼记集说·冠义》曾言:"所谓成人者,非谓四体肤革异于童稚也,必知人伦之备焉。亲亲、贵贵、长长不失其序之谓备。"由此而言,孩童与成人的区别,

---

① 秋风:《立宪的技艺》,北京大学出版社 2004 年版,第 67 页。

② 费孝通:《乡土中国 生育制度》,北京大学出版社 1998 年版,第 65 页。

不仅在于形体这一生物指标,更在于所掌握的社会规范方面。在孩童所接受的社会规范中许多就属于习惯法的范畴,H 村的王洪涛给笔者讲述了孩童时他认识"拾花生"习惯规则的过程:"有年俺和俺二哥去拾花生,到东山一块地里,看人家刨完了,俺们接着刨,那回拾得多,差不多得有小半袋。俺和二哥挺高兴,可第二天前街王家就找来了,原来人家只刨了一遍,还没有拾,俺爹给人家说好听的,最后还把俺刨的还给人家了。听俺娘说才知道,拾人家东西也有规矩。麦子人家割一遍,拾一遍,你才能拾;地瓜和花生是人家刨一遍,还得再翻一遍,你才能去拾。"①

教化的主要场所在社会,家庭所教化给村民的习惯法毕竟只是一小部分,大部分的习惯法是村民在社会经济生活中习得的,正如康芒斯所指出的:"个人不是凭空从'新人'开始的——他们作为婴儿开始,然后继续作为儿童,后来参加工作,学习使自己适合于习俗。"② H 村的尚贞伟给笔者讲述了他认识"本利贯"③习惯规则的例子:"咱没借过高利贷,不懂其中道道。去年时候,俺干活那厂子趴了,老板听说就是借高利贷还不起,和老婆孩子跑了。那高利贷可狠了,俺老板借了他们一百万,十个月还清,打借条的时候,就直接打了二百万的借条。听说他们借高利贷的都这样打借条,一分息这还是看面子,要是别处,有一分半、二分的。你说咱庄家百姓的谁敢碰那玩意。"④

2. 习惯法的内化学习机制

对于单个的村民和家庭而言,当他面临着一个村落社区内部其他村民和家庭皆遵守习惯法时,此时习惯法就会赋予他一定的义务感和道德感,让这一村民和家庭觉得自己有必要遵守此种习惯法。青木昌彦曾言:"这种道德判断既不是来自抽象的超自然的公理,也不是被外在的权威所强加,而是可能从习

---

① H 村王洪涛口述,37 岁,2012 年 8 月。

② [美]约翰·康芒斯:《制度经济学》(下),于树生译,商务印书馆 1962 年版,第 268 页。

③ 所谓本利贯,指借取钱债者,约定利息几分,预计至清偿之期止,共本利若干,统载于借券上,成为总债额,谓之本利贯,但此项借券不再另订利息。见前南京国民政府司法部编:《民事习惯调查报告录》(下册),胡旭晟、夏新华、李交发校,中国政法大学出版社 2000 年版,第 471 页。

④ H 村尚贞伟口述,32 岁,2012 年 8 月。

俗中变迁出来的。"①村民们所察觉的此种义务感和道德感,不单在于其他村民和家庭的遵守,且其他村民和家庭的遵守对于维护一个良好的秩序具有好处,还在于此种规范在长时间的施行过程中已经内化入主体的意识和心灵中,从而自己给自己一定的压力和满足感去执行此种习惯规范。换句话说,村民自身之所以具有动力去遵守习惯法,一是基于利害关系,即良好的秩序对于自己的利益维护具有益处;二是基于自己的心理意识,即遵守和按习惯法行事已成为这一主体的第二性本能。在这其中,心理意识对于习惯法的遵守更具有根本性和基础性。

对于习惯法遵循的心理意识主要源于习惯法的价值内化。所谓价值内化是指把习惯法"作为一种社会信息和社会刺激符号对人们的思想、意识、价值观念等发生作用和影响,内化进人们的主观需要之中而对人们的行为所进行的控制。这种控制主要是通过人的精神因素的影响进行的,是一种间接的内在控制"②。整体而言,习惯法的价值内化首先是一种学习的过程。这一过程自家庭开始,而后通过学校、工作单位和社会等其他机构得以加强。赫斯科维茨曾将学习界定为:"濡化经验的那个部分,通过了学习的过程,使一个人能够进到他的位置上而成为他的社会中的一个成熟分子"。③ 习惯法内化为个人的价值观念,同时也是一个社区主体模仿与适应的过程。生活于村落社区的内部,村民每天都与社区内的其他主体打交道,每一位村民要想获得生存并有所发展,就必须获得适应社会和改造社会的能力,这种能力的获得必须遵守相应的习惯法。通过每一个村民的不断学习,习惯法就被内化为个人的价值观念。对于此种内化学习作用,林毓生曾言:"在一个稳定而不僵固的传统架构之内,当学习与模仿在我们工作范围之内我们信服的权威人士具体行为所展示的典范的时候——亦即当学习与模仿他们在遵循普遍与抽象规则而获得的创造活动与风格的时候——我们始能于潜移默化中学到普遍与抽象的规则。因为抽象的规则无法形式化,所以没有按图识路、明显的步骤可循,只有在学习与模仿具体范例的时候,才能于潜移默化中学到,并使之变成'支持意识'的

---

① 〔日〕青木昌彦:《比较制度分析》,周黎安译,上海远东出版社2001年版,第80页。
② 姚建宗、李宪明:《试论法律行为的社会控制》,载《经济·社会》1994年第2期。
③ 王云五、芮逸夫等:《云五社会科学大辞典·人类学》,商务印书馆2000年版,第297页。

一部分,借以发挥我们的创造能力,经由这种过程学到的普遍的与抽象的规则,对其权威性自然是志愿地服膺与遵从的。"①

(二)习惯法变迁的涵化机制

与文化濡化相对应,文化涵化(aculturation)也是文化变迁的一个重要概念,它是由赫斯科维茨在《涵化——文化接触的研究》中提出,主要是指"由两个或多个自立的文化系统相连接而发生的文化变迁"。② 具体来说,涵化主要指在不同文化系统之间文化拟子的复制和传播的一种变迁机制。一般而言,文化涵化主要有下述特征:首先,文化涵化或者发生于力量和发展程度相当的文化系统之间,相互借鉴和模仿;或者发生于力量和发展程度不相当的文化系统之间,强势文化整合弱势文化。其次,文化涵化的手段是传播,此种传播主要表现为在平行文化系统之间文化拟子的传递。再次,文化涵化的目的是使得某种文化模式得以繁衍和扩散。如若说在封闭的社会中,习惯法的传承主要是濡化在起作用的话,那么在开放的社会中,规则的传播和交流主要是涵化机制在发生着作用,这一点在转型时期的乡村地区体现得尤为明显。基于上述观点,本书认为所谓习惯法变迁的涵化机制,主要是指习惯法文化系统在与国家法文化系统相接触时,由于国家法文化的强势入侵和整合而导致习惯法文化发生变迁的社会机制。对于涵化的研究,主要聚焦于涵化过程。借鉴勒斯戴尔和马克对于涵化过程的研究③,习惯法的涵化过程可以分为三个阶段,分别是不统一阶段、否定性阶段和独立性阶段。

1. 不统一阶段。这一阶段中,拥有习惯法文化背景的村民在初始接触与习惯法相异的国家法时,往往表现出对于国家法文化的诧异和不适应,由此引发自己对于习惯法文化和国家法文化的思考。H 村原村书记王福坤就给笔者讲述了他认识《婚姻法》彩礼规则的例子。根据笔者的调研,H 村彩礼习惯

---

① 林毓生:《中国传统的创造性转化》,生活·读书·新知三联书店 1988 年版,第79~80 页。

② 黄淑娉:《文化人类理论方法研究》,广东高等教育出版社 2004 年版,第 224 页。

③ See Drew Nesdale & Anita S Mak, *Immigrant Acculturation Attitudes and Host Country Identification*, 10 Journal of Community & Applied Social Psychology485(2000).

规则主要是"女辞退一半,男辞全不见",即若女方在定亲后辞婚,须退一半彩礼;若男方定亲后辞婚,女方无须退还彩礼。此种习惯规则与我国最高院颁发的《婚姻法》司法解释①是相冲突的,下述这个例子恰恰体现了此种冲突:

> 俺庄郭方为家的大闺女说了前坡婆婆家,两家 2005 年 10 月份订的婚,后来还没结婚小男孩就出了点事,郭家不太愿意,想散亲。男方家算了算账,彩礼、首饰、订婚酒席加上平时给女孩买的东西大概得 4 万来块钱,就叫郭家赔。郭家说赔一半,男的家不愿意,叫他们全赔。为这两家闹出事了,咱就调解。咱这边是俺和村长加上老郭,人家那边是小孩他爸加上个叔,那叔听说是干法院的。一上来商量,他叔就说了,现在不能按老规矩办了,得按法律来,法律规定的是全赔,他们法院现在就这样判,要不行咱就打官司。咱这一听就有点愣怔,心里嘀咕着这法律咋还和咱平时处理的不一样了呢?俺和村长就赶快往中间和稀泥。最后商量了一上午才商量好,郭家把首饰和彩礼还给人家,平时买的东西折合 5000 元钱给人家,酒席钱给人家出一半,这退亲赔的绝对是破天荒头一遭。②

在这个例子中我们看到,纠纷双方间的争议根源于双方所持有的规范间的冲突,女方所持有的是习惯规则"女辞退一半,男辞全不见",而男方由于他叔这一国家法代表的加入所秉行的是最高院的司法解释。当习惯规则与国家法规范出现冲突时,纠纷双方的处理结果是倾向于国家法规范,之所以如此在于国家法规范拥有最后的处理手段:"要不行咱就打官司。"这一协商的结果使得村书记王福坤出现了一定的不适应。借由此种感受和认识,他一直疑问以后碰到这样的事按啥规矩处理。

2.否定性阶段。这一阶段中,拥有习惯法文化背景的村民察觉到习惯法与国家法之间的差异,并经由某些事项体验到国家法给他们带来的压力和困惑,同时对于国家法文化产生了否定性的倾向。作为 H 村红白事大总的尚克准给笔者讲述了一个"赠契实为卖契"的例子,正是经由此案使得 H 村村民对于国家法的不认同和否定性评价提升到了一个新的高度。

---

① 《婚姻法》司法解释(二)第 10 条规定:当事人请求返还按照习俗给付的彩礼的,如果查明属于以下情形,人民法院应当予以支持:(一)双方未办理结婚登记手续的;(二)双方办理结婚登记手续但确未共同生活的;(三)婚前给付并导致给付人生活困难的。
② H 村王福坤口述,63 岁,2012 年 8 月。

"王家兄弟两个,老宅子大门朝南,北屋和西屋分给老二了,东屋分给老大了。老二想翻盖屋,想老大在外头工作东屋也不用,就想买过来。他这找了俺,还有他二叔老王做见证人,作价七百五买了老大东屋。这不还没翻盖,国道改路正好把他家宅子占了。那东屋补偿了 2 万来块钱。老大看到这不干了,想把钱要过去。叫咱说哪有那么轻巧的事,找的见证人,立的文书,你说不干就不干了。后来老大就到法院起诉了,结果法院判那东屋是老大的,你说法院这么判还有天理嘛!"①

听了尚克淮所讲述的案子后,笔者生出了诸多疑虑。带着这些疑虑,笔者找到了当事人王福兵(老二)和地方法院的法官了解到了法院如此判决的两个原因:一是王家兄弟之间所签订的是一份"赠契"而非"卖契"。原来在 H 村的买卖习惯法中,若是亲兄弟之间买卖房屋田产,基于兄弟之间不言利的规矩,则在立契约时不写"卖契"而写"赠契"(如下文所示)②。二是当事人王福文(老大)没有收受王福兵的 750 元钱。王福文之所以没有收王福兵的钱,主要在于他长年在外,基本是王福兵在家照顾双亲,因此为了补偿弟弟照顾父母的情分就没有收这 750 元。基于上述两点理由,法院判决这是一份赠与合同而非买卖合同,加之房屋没有办理过户手续,因此法院最终将房屋判决给王福文所有。

由这一案例我们看到,纠纷的发生还是由于双方对所持有的规范认识不同。习惯法认为赠契就是卖契,而国家法认为赠契就是赠契,由此产生了双方间的对立和冲突。当然,这其中不得不提及王福文,基于对习惯法和国家法的深入理解,他在这一案例中采取了机会主义行为,使得自己的利益最大化。经由这一案例后,村民们对于习惯法和国家法的关系又有了新的认识,即"和村里人讲规矩,和外头人讲法律",这颇有些属人主义的味道。需要提及的是,王

---

① H 村尚克淮口述,77 岁,2012 年 8 月。

② 附该案中的赠契:"立赠契:奉祖母命、奉父母命,王福文将现有东屋三间,东屋南头过道一间,其东屋门窗俱全,宅基地北至墙外,布尺半尺滴水檐为界,南至合伙巷,东至叔父王炳坤西屋后边,南北取直布尺半尺滴水檐为界,西界合伙天井。四至说明因与胞弟同居一院,胞弟(房屋)修建不便,经全家同意,愿将宅基赠与胞弟王福兵,永远居住为业,胞弟王福兵蒙兄之情,将现金七百五十元赠与兄王福文,以作互赠之情,空口无凭立赠契为证。"

福文自这一案件后再也没有回过 H 村。

3.独立阶段。在这一阶段中,村民们开始正视习惯法与国家法间的差异,并能够较为自如地在国家法和习惯法之间进行选择适用,由此也引发了习惯法向国家法靠拢的方向性变迁。下面试以 H 村发生的一例雇佣纠纷进行说明。

R 的工作主要是贩运木材,其所使用的工具是一辆自己购买的农用三轮车。有次贩运木材时,由于木材的体积较大,他就从劳务市场中雇用了一名雇工,年龄 65 岁。不幸的是在往车中装木材时发生了意外,致使车上的木材滚落,砸伤了装车的这一雇工,且伤势比较严重。在发生这一事故后,雇主 R 和雇工的儿子达成了协议:对于雇工的医疗费用,R 需要负担 45000 元;在这之外,若还需要医疗费用,将由雇主 R 与雇工的儿子对半负担,即各自承担 50%。

对于纠纷的这一处理结果,我们既可以看到《劳动法》的痕迹,同时也可以感受到雇佣习惯法的印记。《劳动法》的适用痕迹主要表现在雇主对于雇工赔付的 45000 元方面,这部分赔偿完全符合《劳动法》的规定,同时雇主之所以赔偿如此多的数额也在于主雇双方都明了《劳动法》的规定;遵循雇佣习惯规范的印记主要表现于后续的处理方面,之所以由雇工与雇主各负担一半的医药费用,也是在于雇佣习惯规范的影响,毕竟雇佣习惯规范中对于工伤的处理有着一定的限度和范围。从这一案例我们看到,纠纷双方既明了国家法和习惯法的区别,同时又创造性地将有差别的二者结合起来以处理所面临的纠纷。由此而言,秉持习惯法文化的村民们已经能够正视习惯法文化和国家法文化之间的差别,从而较为自如地选择适用国家法和习惯法。

四、结　语

对于现今乡村社会的秩序我们很难判断,即支撑乡村社会秩序的规范究竟是以习惯法为主还是以国家法为主。言其难判断,不仅在于在不同的时间和阶段内,习惯法和国家法的作用难以区分,即便是对于不同的主体,习惯法和国家法的规范作用也是参差不齐的。也许刻意地追求现今乡村社会秩序中哪一种规范起着主导作用是没有多大意义的,毕竟一切皆在路程之中,转型没有结束,反而正以加速度的进程加紧进行着,而前进的目标方是重要的。当然,即便对于前方而言,乡村社会秩序的支撑也并非是完全的法律规范,习惯法在其中总会起着这样和那样的作用,也许只是不会如今天般明显和昭著。同时我们也必须承认:"正式的法律并不因为它们通常被认为是进步的就必然地合理,反过来,乡民所拥有的规范性知识也并不因为它们是传统的就一定是落后的和不合理的。"[1]由此而言,研究乡村习惯法仍具有重要的意义,毕竟它是根源,是我们的传统社会中自生自发的,也许社会的转型发展会舍弃传统社会的诸多因素,但是根源性的许多因素是无法丢弃的,它们总会伴随于我们的始终。诚如有学者所言:"到今天为止,虽然我们不再相信'人定胜天',但是我们仍然坚信'今能胜古'。在人力不可控的自然灾害面前我们懂得了对'自然'的敬畏,但我们还不懂得对'传统'的敬畏;传统是人类历史凝结而成的另一种'自然'。我们不能挣脱物理的自然而存在,也就不可能挣脱历史的自然而存在。如果一个人挣脱了本民族历史的自然,那他就不再是他自己。"[2]

---

① 梁治平:《乡土社会的法律与秩序》,载王铭铭、王思福:《乡土社会的秩序、公正与权威》,中国政法大学出版社 1997 年版,第 465 页。
② 齐延平:《自由大宪章研究》,中国政法大学出版社 2007 年版,第 13 页。

第五章

由学术报告看当代社会中的习惯法

上文主要是基于 H 村的调研内容,对当代乡村社会中习惯法样态的描述和分析。然而,H 村的个案调研能否说明当代中国的全局情况? 这始终是横亘在笔者和读者面前的一个问题,虽然学界提出了类型比较法和扩展个案法等方法[①],但这毕竟仅是弥合个案经验和全局问题的一种不得已的解释,也许更为根本的措施是对当代中国社会中的习惯法进行全局调研,但这需要大量的人力和物力,以清末民初的两次习惯法调查观之,此种人力和物力的消费只能求助于官方,单个学者或数个学者的调研只能局限于一隅。由此,相对可信且可行的方法只能求助于学术研究,学术研究是对现实生活的一种映射,由此在直接了解现实生活困难的情况下,可以从学术研究曲线了解现实生活的情况。习惯法的样态描述亦是如此,在直接调研当代中国习惯法无望的情况下,通过习惯法的学术研究了解现实社会中的习惯法也是一条路径,且相对于个案的调研,亦是一条不错的路径。只是这儿的学术研究不是单个学者的研究,而是整体的学术研究,即当代习惯法学术研究的整体,通过不同学者对不同区域、不同类型习惯法的调查研究,以勾勒出当代中国社会中习惯法的整体样态,而这只能求助于习惯法的研究报告。自改革开放至今,大陆学界对习惯法的研究已有 30 余年,这其中既产出了诸多习惯法研究的论著和论文,同时也有许多对习惯法研究进行研究的学术报告,如《回眸 30 年:当代中国少数民族

----

① 谭同学:《类型比较视野下的深度个案与中国经验表述》,载《开放时代》2009 年第 8 期。

习惯法研究综述》①、《近十年来中国少数民族习惯法研究综述》②、《近三十年来国内藏族习惯法研究综述》③和《中国民间法研究学术报告》、《"民间法"近15年以来研究态势——基于 CNKI 中 961 篇期刊论文的文献计量学分析》④等，这其中《中国民间法研究学术报告》是较为典型的一例。言其典型，一是它按年发布，既资料翔集，同时亦反映了本年度习惯法研究的概况；二是持续时间较长，自 2005 年至今已连续 9 年。9 年中共产出了 9 篇学术报告，这其中2005 年度的学术报告由李学兰撰写，2006、2007、2008 和 2010 四个年度的学术报告由张晓萍撰写，而笔者撰写了 2009、2011、2012 和 2013 四个年度的学术报告。由此，下文即通过介绍这 4 篇学术报告以呈现我国当代社会中习惯法的样态。

一、中国民间法研究学术报告(2009 年)

学术活动的延续性、研究主题的集中性和学术论文在质量和数量方面产出的稳定性，是考察和评判一门学科发展和成熟的重要表征。延续前四届民间法会议，第五届民间法·民族习惯法会议于 2009 年 7 月下旬在贵州召开，会议共收到相关学术论文 110 余篇，80 余位专家学者围绕民间法的数个主题展开了讨论研究，取得了良好的学术反响。与此同时，各位民间法学者继续在民间法的本体、民间法的社会实证、民族习惯法、民间法司法运用和民间纠纷解决等方面进行深入研究，对于民间法的发展贡献自己的知识增量。在论著

① 牛绿花：《回眸 30 年：当代中国少数民族习惯法研究综述》，载《云南大学学报》(法学版)2012 年第 2 期。
② 杨平：《近十年来中国少数民族习惯法研究综述》，载《兰州交通大学学报》2013 年第 2 期。
③ 曾丽容：《近三十年来国内藏族习惯法研究综述》，载《西藏民族学院学报》(哲学社会科学版)2012 年第 5 期。
④ 冼志勇、徐洁：《"民间法"近 15 年以来研究态势——基于 CNKI 中 961 篇期刊论文的文献计量学分析》，载谢晖、陈金钊：《民间法》(第 12 卷)，厦门大学出版社 2013 年版，第 12 页。

方面,第一套民间法丛书于 2009 年 11 月份在中国政法大学出版社出版面世,此套丛书共收入民间法专著十本,涉及民间法的各个研究主题[①];在论文方面,2009 年国内学术刊物发表的民间法论文共 293 篇。检视这一年的民间法研究,我们看到民间法研究在原有累积的基础上继续平稳推进,同时民间法研究的话语权日益增强,逐渐获得法学界、社会学界、人类学界及经济学界的众多学者的认可和参与。

本次学术报告所涉及的文献范围大致介于 2008 年 11 月至 2009 年 11 月之间,主要是中国期刊全文数据库中正式出版的民间法论文。[②] 为了尽可能地把此段期间内发表的民间法论文搜集完整,笔者浏览了近几年来民间法方面的系列文章,确定了十一个搜索的关键词:习惯、习惯法、习惯规范、惯例、社会规范、民间法、民间规范、民间秩序、民间习俗、村规民约、纠纷解决。笔者分别以这些关键词在中国期刊全文数据库搜索,在考察相关性的基础上,共获得民间法论文 293 篇,其中 CSSCI 来源期刊(包括 CSSCI 来源期刊、CSSCI 来源集刊和 CSSCI 扩展版来源期刊)103 篇。此次学术报告共分为三个部分:第一部分是对于其中有代表性的 103 篇论文的观点予以简要的介绍;第二部分是对于搜索到的 293 篇论文从研究主题、研究队伍、刊载期刊三个方面进行一定的实证分析;第三部分是在上述两个部分的基础上对于民间法的研究进行一定的展望。

---

① 此外出版的专著还有高其才:《多元司法:中国社会的纠纷解决方式及其变革》,法律出版社 2009 年版;易军:《关系、规范与纠纷解决:以中国社会中的非正式制度为对象》,宁夏人民出版社 2009 年版;郑小川:《婚姻继承习惯法研究:以我国某些农村调研为基础》,知识产权出版社 2009 年版;赵旭东:《纠纷与纠纷解决原论:从成因到理念的深度分析》,北京大学出版社 2009 年版;戴双喜:《游牧者的财产法:蒙古族苏鲁克民事习惯研究》,中央民族大学出版社 2009 年版;刘黎明:《中国民间习惯法则》,四川人民出版社 2009 年版;王越飞:《廊坊经验的启示:多元纠纷解决机制研究理论篇》,人民法院出版社 2009 年版等一系列著作。

② 由于中国期刊全文数据库所刊载的论文具有一定的滞后性,因此笔者所搜集的论文,双月刊是自 2008 年第 5 期至 2009 年第 4 期[《山东大学学报》(哲学社会科学版)第 5 期和《甘肃政法学院学报》第 5 期在 2008 年学术报告中已经介绍,因此没有纳入],单月刊是自 2008 年第 9 期至 2009 年第 8 期,季刊是自 2008 年第 4 期至 2009 年第 3 期。

(一)民间法研究中代表性观点介绍①

1.民间法的本体研究

民间法的本体研究是民间法理论研究的基础,同时也是民间法进行开拓创新的源泉,因此学界对于民间法的本体研究重视有加,在此方面始终进行着不懈的努力和耕耘。魏治勋认为事实性民间规范作为民间法中仅以行为作为存在载体的规范类型,具有"默会知识"的属性,它在实在法不可僭越的社会生活领域拥有规范力量。② 同时他还认为图腾制度对古代中国的影响体现在对传统中国社会秩序的塑造上,以血缘关系为基础的宗法原则补充了国法,成为官府治理地方的辅助工具。③ 厉尽国认为习惯入法必须具备以下制度要件:确定的规范内容、人们对其具有法律确信、为人们所持续践行、不直接违反制定法规定和不违反公序良俗。④ 刘颖认为公平正义观念与追求自由是民间法的基本要求,也是民间法生命力的灵魂,国家法的局限性给民间法留下了极大的生存空间。⑤ 于语和和张殿军认为对自然原初的敬畏与恐惧、社会化的行为尺度、乡土社会的正义观以及类同于国家法的暴力构成了民间法的效力来源和基础。⑥ 王青林和张晓萍认为民间法的效力基础在于社会权力、对主体需要的表达以及对"对象规定性"的尊重。⑦ 李保平认为韦伯式的规则生成道路是从习惯、习俗、惯例到法律制度,但这种西方语境下的话语无法遮蔽中国

---

① 一篇文章的观点是否具有代表性是一个相当主观的问题,因此为了避免笔者选取文章的擅断性,笔者在此所介绍的代表性观点都取自 CSSCI 期刊中发表的论文。

② 魏治勋:《事实的规范力量——论事实性民间规范及其法律方法意义》,载《山东大学学报》(哲学社会科学版)2009 年第 3 期。

③ 魏治勋:《图腾制度对中国宗法秩序的塑造与影响》,载《求是学刊》2009 年第 4 期。

④ 厉尽国:《习惯法制度化的历史经验与现实选择》,载《甘肃政法学院学报》2009 年第 1 期。

⑤ 刘颖:《民间法存在的社会基础》,载《学海》2009 年第 3 期。

⑥ 于语和、张殿军:《民间法的限度》,载《河北法学》2009 年第 3 期。

⑦ 王青林、张晓萍:《试论民间法的性质及其效力基础》,载《江西社会科学》2009 年第 1 期。

问题的特殊性。① 衣家奇认为法治运行在我国民间社会表现出与既有的文化惯性、思维方式不相适应乃至冲突的境况，因此应正确认识国家法的角色以及民间社会内生秩序的合理自治。② 魏敦友认为目前民间法研究中主要有苏力的本土资源论的民间法、梁治平的法律文化论的民间法及谢晖的规范法学的民间法三种学术类型的理论。③ 喻中认为血缘关系构成了习惯法诞生的外在背景，群体利益构成了习惯法诞生的内在动力，舆论毁誉构成了习惯法诞生之后的保障机制。④ 姜世波认为法律确信在习惯国家法规范形成中的作用，是涉及一种国家实践是如何演变为法律的问题，而这种转变显然与哲学上探讨事实何以转变为规范的原因相同。⑤ 张镭认为早期信仰、政治控制和自然环境是决定习惯生成的三个基本要素。⑥ 张伟强认为民间法作为内生规范与作为外生规范的国家法具有社会博弈的意义，应在可能的范围内探寻二者的良性合作之路。⑦ 王斐认为国家与社会的二分使得民间社会有了存在的空间，因此应认真对待国家法与民间法的关系，寻求二者之间一种合理的对应模式。⑧ 龚汝富考察了中国乡村社会民众法律知识的形成，认为中国传统法律主要是民间社会生活中的许多常识和伦理规则。⑨ 王启梁认为宗教、秩序和

---

① 李保平：《从习惯、习俗到习惯法——兼论习惯法与民间法、国家法的关系》，载《宁夏社会科学》2009年第2期。

② 衣家奇：《法治不适与民间自治》，载《山东大学学报》（哲学社会科学版）2009年第3期。

③ 魏敦友：《民间法话语的逻辑——对当代中国法学建构民间法的三种理论样式的初步探讨》，载《山东大学学报》（哲学社会科学版）2008年第6期。

④ 喻中：《论习惯法的诞生》，载《政法论丛》2008年第5期。

⑤ 姜世波：《习惯法形成中的法律确信要素——以习惯国家法为例》，载谢晖、陈金钊：《民间法》（第8卷），山东人民出版社，2008年版，第1～19页。

⑥ 张镭：《习惯生成问题新论》，载谢晖、陈金钊：《民间法》（第8卷），山东人民出版社2008年版，第19～33页。

⑦ 张伟强：《论民间法的能与不能》，载谢晖、陈金钊：《民间法》（第8卷），山东人民出版社2008年版，第78～85页。

⑧ 王斐：《民间社会与法律秩序》，载谢晖、陈金钊：《民间法》（第8卷），山东人民出版社2008年版，第86～93页。

⑨ 龚汝富：《作为民间生活常识与伦理规则的中国传统法律——中国乡村社会民众法律知识形成之考察》，载谢晖、陈金钊：《民间法》（第8卷），山东人民出版社2008年版，第180～193页。

法律之间具有紧密的关系,宗教产生并维持规范,宗教也促进了社会控制者的产生,并对社会秩序的实现具有莫大的助益。① 吴素雄认为传统乡土秩序既是基于血缘的、自然的内生秩序,也带有理性建构的痕迹,士绅充当了乡土社会与国家的中介。② 刘新星认为农村法制建设的根本问题在于如何促进农村社会系统的分化与重新整合,使国家法秩序代替农村传统的规范秩序,最终成为农村社会系统的结构性要素。③ 李川认为西方国家法的抽象正义观与东方民间法的情理正义观存在实质的不同,原因在于思维方式、超验与经验传统、政治结构的差别。④ 齐美胜认为农民作为村庄社会中的主要行动者,其利益的参与、整合与安排不仅决定了村庄秩序的具体表征,而且亦是实现村庄社会有序运行的主要动因。⑤ 耿焰认为从高级法的渊源探索,中国的高级法应蕴含在民间法中,体现在民间法具有成长为高级法的潜质。⑥ 王月峰认为乡规民约的语词应该具有准确性、简明性和生动性,同时乡规民约的语词不能与国家法语词所要表达的规范含义相冲突。⑦ 李向玉认为贵州民族法学工作者在民族法学基本理论、民族区域自治、民族法制建设、民族法律文化等方面取得了大量的优秀成果。⑧

2.民间法的社会实证研究

民间法的社会实证研究是对于某种具体类型的民间法所进行的考察,是在深入描述的基础上研讨相关的理论问题,在研究学理性的同时探究其中所

---

① 王启梁:《宗教作为社会控制与村落秩序及法律运作的关联——云南省西双版纳曼村的个案》,载谢晖、陈金钊:《民间法》(第8卷),山东人民出版社2008年版,第94～112页。

② 吴素雄:《传统乡土秩序:建构与解构》,载《天津社会科学》2008年第6期。

③ 刘新星:《从农村规范秩序的变迁看农村法制建设问题》,载《中国人民大学学报》2009年第4期。

④ 李川:《民间法正义观的转型》,载《沈阳大学学报》2008年第6期。

⑤ 齐美胜:《村庄秩序的生成逻辑及其利益协调机制》,载《重庆社会科学》2008年第11期。

⑥ 耿焰:《民间法与高级法的距离——从宪政的视角》,载《山东大学学报》(哲学社会科学版)2009年第4期。

⑦ 王月峰:《当代乡规民约语词三题》,载《甘肃政法学院学报》2009年第4期。

⑧ 李向玉:《贵州民族法学研究成果评述》,载《甘肃政法学院学报》2009年第4期。

蕴含的经验成分。下文以法律人所熟悉的法律关系为标准划分不同的研究领域以介绍民间法实证研究的成果。

（1）民商事领域的民间法研究。王林敏认为在近代不动产买卖过程中，习惯与国家法的核心分歧是产权转移，即由官契到私约，而这事实上是一个历史的倒退。① 里赞对于民国婚姻诉讼中的民间习惯问题进行了研究，认为在订婚的实质要件和形式要件上，司法判决更依托于民间的传统婚姻习惯。② 尚海涛和龚艳认为民国时期的雇佣习惯规范，是农业雇工市场的制度基础。雇主群体和雇工群体在农业雇工市场上的交互博弈是习惯规范的生发机制，而主雇之间达成的契约信用机制是它得以有效实施的保障措施。③ 张志超对于英租威海卫时期的土地交易习惯进行了研究，并从国家与社会互动的角度先后考察了先买、除留、转租和升科这四种传统习惯。④ 杨柳考察了市场、法律与地方习惯之间的关系，认为胎借一方面是植根于特定市场的经济活动，另一方面又是与国家法相关联的契约行为。⑤ 蔡晓荣和王国平认为西方的商事习惯法在司法裁决华洋商事纠纷时取得了某种适用的"优越性"，由此使得中国固有的商事习惯法倍受冲击，而这又在一定意义上彰显着中国近代商事法律的一种独特趋向。⑥ 李婧认为1931年的《银行法》中有许多条款否定了钱业习惯法，从钱业习惯法与银行法的冲突，可见习惯法有其存在的合理性。⑦ 周子良认为山西票号在长期的经营、管理中所形成和遵循的商事习惯具有外部

① 王林敏：《由"官契"到"私约"——对农村不动产买卖习惯变迁的一个实证考察》，载谢晖、陈金钊：《民间法》（第8卷），山东人民出版社2008年版，第238～252页。

② 里赞：《民国婚姻诉讼中的民间习惯：以新繁县司法档案中的订婚案件为据》，载《山东大学学报》（哲学社会科学版）2009年第1期。

③ 尚海涛、龚艳：《民国时期农业雇工市场的制度性解读——以习惯规范为中心》，载《山东大学学报》（哲学社会科学版）2009年第3期。

④ 张志超：《英租威海卫时期土地交易习惯的历史考察》，载《山东大学学报》（哲学社会科学版）2009年第2期。

⑤ 杨柳：《市场、法律与地方习惯——清代台湾的胎借》，载《中外法学》2009年第3期。

⑥ 蔡晓荣、王国平：《华洋商事纠纷与晚清商事习惯法嬗变》，载《学术研究》2009年第5期。

⑦ 李婧：《民国时期钱业习惯法与国家法的冲突——以三十年代银行立法为视角》，载《法制与社会发展》2009年第1期。

与内部、不背于公序良俗、强制性和以权利义务为内容等要件。① 肖周录和宋世勇认为民事习惯对于民事主体的利益相关性决定了民事习惯根本上是一种利益均衡习惯。开展系统全面的民事习惯调查是法律实效性的必然要求。② 王华峰认为,无遗嘱且无法定继承人继承这一乡土社会传统民事习惯,在降低选拔难度、人际关系维持以及补偿方式多样化三个方面都有着自身的特殊优势,能对现实问题进行有效的解决。③ 谈萧认为民间法视角下的商会制度是自治与协调的,民间法与国家法互动下的商会制度是一种竞争与融合的关系。④周林彬和王佩佩认为商事惯例作为社会自生自发的内部规则,背后隐含着重要的经济、政治、社会、文化和法律意义,应重视商事惯例的司法适用。⑤尹凤桐认为习惯历来是我国民间调整社会秩序的一种补充手段。我们在制定民法典时不能忽视对习惯法的借鉴与吸收。⑥

(2)国际法领域的民间法研究。姜世波认为现代国际习惯法出现了在较短期限内就可形成的新模式,这主要因为以条约法为主体的成文法的编纂和通过成文法立法的商谈过程加速了法律确信的形成。⑦ 谢文哲认为国际惯例具有实践性、普遍性、主观性、制裁性等多方面特征,这些特征相互配合,构成了国际惯例的识别标准。⑧ 同时,他还认为国际惯例可以并入合同以规范当事人的行为,解释或补充国际统一法律文件和国内法,以及作为合同的准据法。⑨ 陈亚芹认为国际商业惯例在国内法认可的范畴内可独立调整跨国商事

---

① 周子良:《山西票号习惯法初探——以号规为中心》,载《政法论坛》2009 年第 3 期。

② 肖周录、宋世勇:《市场经济条件下的民事习惯调研及其重点与难点分析——从物权法的实施看民法典的制定依据》,载《法学杂志》2009 年第 3 期。

③ 王华峰:《乡土中国的传统民事习惯——以无遗嘱且无法定继承人继承为例》,载《民俗研究》2009 年第 1 期。

④ 谈萧:《商会制度的法理基础——基于民间法—国家法范式的分析》,载谢晖、陈金钊:《民间法》(第 8 卷),山东人民出版社 2008 年版,第 350~359 页。

⑤ 周林彬、王佩佩:《试论商事惯例的司法适用——一个经济法学的视角》,载《学术研究》2008 年第 10 期。

⑥ 尹凤桐:《论民事习惯法与民法典的关系》,载《山东社会科学》2009 年第 9 期。

⑦ 姜世波:《论速成国际习惯法》,载《学习与探索》2009 年第 1 期。

⑧ 谢文哲:《国际惯例若干基本理论问题探讨》,载《学海》2009 年第 3 期。

⑨ 谢文哲:《论国际惯例在商事仲裁中的适用》,载《河北法学》2008 年第 12 期。

活动,国际商业惯例可以作为特定领域内特定问题的解决依据。①

（3）行政法领域的民间法研究。赵树坤认为信访运作的策略化与法治的制度化之间是存在紧张关系的,因此在对信访制度的研究中应在制度化和策略化的取向上做更为细致的考量。② 胡悦和刘剑明认为行政程序惯例体现在行政内部程序惯例和行政权外部运作的"潜规则"。同时行政程序惯例一定程度上弥合了行政程序正式制度与民众心理之间的距离。③ 王旭认为村规民约与法律规定之间存在着一定的制度紧张,此种制度紧张,在深层次上是传统法律与现代法律之间的紧张。④ 周尚君认为乡村治理的法律规制是权力"下沉"的赓续与"转化",当下的村规民约仅仅是乡村变迁进程中的法律规制的一种转化性产品,对于法治现代化的意义有限。⑤ 张志超研究了英租威海卫时期村董与乡村权力的演变,认为文化网络是地方社会中获取权威和其他利益的源泉,占有它就意味着获得某种支配权和控制权。⑥ 卢建军研究了民间法对警察执法的影响,认为考察民间法对行政机关执法情况的影响,可以使我们更加准确地把握行政机关执法活动的现状。⑦

（4）其他法律关系领域的民间法研究。王德志和梁亚男认为宪法惯例的形成是一个历史过程,同时体现了国家权力和社会权力的博弈,也体现了以权力制约权力的原理。⑧ 苏永生认为"形式的刑法解释论"易使刑事制定法与民

---

① 陈亚芹:《国际商业惯例的效力基础及其适用模式》,载《甘肃政法学院学报》2008年第9期。

② 赵树坤:《信访运作中的策略化取向检讨——以临潼区的个案为分析对象》,载谢晖、陈金钊:《民间法》(第8卷),山东人民出版社2008年版,第161~168页。

③ 胡悦、刘剑明:《试论行政程序惯例的表现形态与社会功能》,载《河北学刊》2009年第3期。

④ 王旭:《有关〈物权法〉所规定之"村规民约"的思考——以徽州社会调查为基础的研究》,载《山东大学学报》(哲学社会科学版)2008年第6期。

⑤ 周尚君:《乡村治理的法律规制及其限度——兼以云南德宏某村"村规民约"为参照》,载《甘肃政法学院学报》2008年第6期。

⑥ 张志超:《村董与乡村权力的演变——英租威海卫时期村董制的重构》,载谢晖、陈金钊:《民间法》(第8卷),山东人民出版社2008年版,第229~237页。

⑦ 卢建军:《民间法对警察执法的影响——以山陕会馆为例》,载谢晖、陈金钊:《民间法》(第8卷),山东人民出版社2008年版,第169~179页。

⑧ 王德志、梁亚男:《关于宪法惯例若干问题的思考》,载载谢晖、陈金钊:《民间法》(第8卷),山东人民出版社2008年版,第33~41页。

族习惯法之间发生冲突,"实质的刑法解释论"可能将依民族习惯法认为值得处罚的行为解释为犯罪,因此应当提倡"文化的刑法解释论"。① 李明华和陈真亮认为生态习惯法现代化的合理进路是对于在我国拥有本土资源价值和独特品格的生态习惯法进行改造、成文化转换,以达至与国家法的衔接和融合。② 杜敏认为明清徽州地区在以国家法为主要调整规范的基础上,结合当地经济、社会和文化特点,形成了以民间习惯法为主要补充规范的乡土社会自治模式。③ 李华伟认为在基督教的刺激下,李村民众无形中分为"咱们这一教"与基督教,这两个群体根据各自的意义系统,形成了各自的群体认同。④

3.民间法的司法运用研究

民间法的司法运用研究,"既反映了我国法制建设的重心从立法向司法逐渐转移这样一个事实,也预示着我国法学研究向司法领域的自觉转向"。⑤ 因此于此方面的主题众多民间法学者用力甚勤,取得了一系列研究成果。周赟认为从司法立场的法律渊源理论、语言学理论以及解释学理论的角度,可以很好地分析和证立民间法进入法实施领域的基础。⑥ 杨建军认为惯例在经过法官的认可转换为"习惯法"后,方可成为案件的判决依据。惯例的适用范围限于民商事法律领域,同时只能扮演补充国家制定法的角色。⑦ 张斌认为当法律事实无法还原时,通过民间惯例的引入,可以帮助法官更好地对争议事实予

---

① 苏永生:《"文化的刑法解释论"之提倡——以"赔命价"习惯法为例》,载《法商研究》2008 年第 5 期。

② 李明华、陈真亮:《生态习惯法现代化的价值基础及合理进路》,载《浙江学刊》2009 年第 1 期。

③ 杜敏:《从习惯法视角看明清徽州乡土社会自治——兼论对当前村民、社区自治和新农村建设的启示》,载《太平洋学报》2008 年第 9 期。

④ 李华伟:《乡村公共空间的变迁与民众生活秩序的建构——以豫西李村宗族、庙会与乡村基督教的互动为例》,载《民俗研究》2008 年第 4 期。

⑤ 谢晖:《民间法研究》,载《山东大学学报》(哲学社会科学版)2008 年第 1 期。

⑥ 周赟:《民间法进入司法的可能性基础》,载《山东大学学报》(哲学社会科学版)2009 年第 2 期。

⑦ 杨建军:《惯例的法律适用——基于最高人民法院公报案例的考察》,载《法制与社会发展》2009 年第 2 期。

以把握和认定,但是民间惯例的引入需要理性化和制度化。① 张镭认为在传统中国的基层纠纷解决过程中,最为常见的形式是"参酌援引",这种做法体现着传统中国司法人员的职业理念和裁判技巧。② 刘昕杰认为清代诉讼中当习惯为国家律例所不禁时,州县官直接将民情引入审断;当习惯为国家律例所禁止时,州县官则常以人情为借口,以"看似通达人情,实则迁就习惯"的方式平息讼争。③ 谭丽丽认为情理进入司法的基本途径主要是司法调解和裁判,事实认定、司法解释、司法推理等是情理进入当代中国司法的具体技术。④ 喻磊和张智认为民俗习惯的司法运用机制可以从基础性制度、促进性制度和保障性制度三个方面着手分析。⑤ 谢冬慧认为民间习惯能够填补法条的空白,在缺乏法律条文时可遵循习俗,以民间习惯作为处理民事案件的依据。⑥ 姜世波认为由于国际法概念和规范的内涵比国内法更多歧义,这就为利益衡量方法的适用提供了空间,而利益衡量的具体适用方法主要是遵循"先结果后理由"的加藤方法。⑦ 韦志明和张斌峰认为习俗在疑难案件中通过法律解释、价值衡量、漏洞补充、法律论证等方法发挥其对建构大前提的作用;而在小前提中则通过推论方式发挥其确认法律事实的作用。⑧ 张晓晓认为民间法作为调解依据具备了促成调解方案顺利、恰当达成的诸多优点,同时由于民间法与民事调解有共同的生存背景和价值取向,民间法可以发挥衡平作用。⑨ 姜福东

① 张斌:《民间惯例与法律事实的认定——从民国两起离奇婚姻诉讼案谈起》,载《甘肃政法学院学报》2009 年第 2 期。

② 张镭:《传统中国基层民事纠纷解决中的习惯与法律》载《学习与探索》2009 年第 1 期。

③ 刘昕杰:《引"情"入法:清代州县诉讼中习惯如何影响审断》,载《山东大学学报》(哲学社会科学版)2009 年第 1 期。

④ 谭丽丽:《作为一种民间资源的情理——其进入当代中国司法的途径与技术》,载《甘肃政法学院学报》第 3 期。

⑤ 喻磊、张智凡:《民俗习惯司法运用的机制构建》,载《社科纵横》2009 年第 1 期。

⑥ 谢冬慧:《判例、解释及习惯在民事审判中的价值——以南京国民政府时期为背景的考察》,载《黑龙江社会科学》2009 年第 3 期。

⑦ 姜世波:《通过利益衡量方法确定习惯国际法》,载《法律方法》第 8 卷。

⑧ 韦志明、张斌峰:《法律推理之大小前提的建构及习俗的作用》,载《山东大学学报》(哲学社会科学版)2009 年第 2 期。

⑨ 张晓晓:《民间法在民事调解案件中的体现——以烟台某基层法院案例为切入点》,载《山东大学学报》(哲学社会科学版)2008 年第 6 期。

和刘吉涛认为法官在判决时不仅应依据强制性的法律规范命题认同模式,而且应参照权威性的规范认同模式,并以习俗性的民间规范认同模式为辅,以形成一种信念之间相互支撑的系统内的融贯。① 藤威研究了民俗习惯在民事审判中的运用,认为民俗习惯可以作为裁判的依据,可以作为案件事实的证明。② 朱文雁认为民间法作为一种既有的漏洞补充素材,对于法官面对法律漏洞时寻求非正式的法律渊源,填补法律漏洞进而实现诉讼两造的接受,降低司法成本,具有重要的理论和实践意义。③ 贾焕银认为民间法多面性决定着民间规范司法适用的可能空间,共识撑持基础上的制度设计与民间规范的发现、规范性与事实性间的互渡和事实性思维构成了民间规范司法适用逻辑的三个普遍性问题。④

4. 民族习惯法研究

对民族习惯法进行描述性的研究一直是民族习惯法研究的重点,在2009年的民间法研究中继续体现了这一特色。徐晓光认为鼓楼是民主议事和制定"约法款"的场所,也是寨老处理民事纠纷、裁夺断案的场所,鼓楼在侗族文化场域中建构起了本民族独特的口承法律文化系统。⑤ 同时还认为蛊现象的产生主要源于"出头椽子先烂"心理,类似内地"狐狸精"、"扫帚星"的嫉妒心理,"吃不到葡萄说葡萄酸"的心理,"苗疆有蛊"的隔阂心理等。⑥ 牛绿花以盟誓的主体分析为视角,认为王朝、贵族和王室等作为团体盟誓主体已消失,个体

---

① 姜福东、刘吉涛:《民间规范何以进入司法判决——基于"婚礼撞丧"案的分析》,载谢晖、陈金钊:《民间法》(第8卷),山东人民出版社2008年版,第68~77页。

② 藤威:《民事审判视野下的民俗习惯及其运用》,载谢晖、陈金钊:《民间法》(第8卷),山东人民出版社2008年版,第277~286页。

③ 朱文雁:《民间法于法律漏洞补充中的功能探析》,载《东岳论丛》2008年第6期。

④ 贾焕银:《民间规范的性质及其司法适用逻辑分析》,载《山东大学学报》(哲学社会科学版)2009年第4期。

⑤ 徐晓光:《鼓楼——侗族习惯法规范订立与实施的文化场域》,载《政法论丛》2009年第1期。

⑥ 徐晓光:《为"蛊女"鸣冤——黔东南苗族"蛊"现象的法人类学寻脉》,载《甘肃政法学院学报》2009年第2期。

盟誓主体的范围在扩大,地位更平等。[①] 罗昶认为六巷乡瑶族的村规民约在保障实施、处罚方式等方面明显体现瑶族固有习惯法的痕迹,瑶族村规民约实施的观念、机制与固有习惯法一脉相承。[②] 程雅群和景志明认为祖先崇拜作为彝族的崇高宗教信仰制约着彝族生活的各个方面,法理通教理,教理制约法理。[③] 同时还认为彝族的等级内婚制、氏族内婚制和家支外婚三大婚姻原则是受祖先崇拜制约而产生的习惯法。[④] 王刚认为我国继承立法应从继承主体地位平等和广泛性、传统知识继承、国家法对少数民族习惯的有效整合等方面对伊斯兰继承制度之合理部分予以借鉴。[⑤] 罗昶和高其才认为瑶族互助习惯法是氏族社会集体劳作的原始生活形式的遗存,主要包括互助行为、建房互助、互助习惯法等。[⑥] 柏玲玲认为随着社会的发展,彝族习惯法中婚姻缔结的许多内容虽然发生了变化,但同时仍旧保留着原有的形式与规则。[⑦] 粟丹认为"款"是侗族法文化的核心要素,传统款约经历了石头文本、款词文本和碑刻文本三个阶段。[⑧]

同时,在民族习惯法的研究中也有众多的学者对于民族习惯法中的许多理论问题进行了探讨。周欣宇认为藏传佛教的和谐观、平等观和自律观为藏族习惯法奠定了坚实的哲学基础,宗教是解读藏区秩序的关键。[⑨] 田钒平认

[①] 牛绿花:《试析藏族习惯法之盟誓主体的历史变迁》,载《甘肃政法学院学报》2009年第2期。

[②] 罗昶:《村规民约的实施与固有习惯法——以广西壮族自治区金秀县六巷乡为考察对象》,载《现代法学》2008年第6期。

[③] 程雅群、景志明:《彝族习惯法中的祖先崇拜因素刍论——以伤害耳罪为例》,载《西南民族大学学报》(人文社科版)2009年第2期。

[④] 程雅群、景志明:《彝族祖先崇拜对婚姻习惯法的制约刍论》,载《宗教学研究》2009年第1期。

[⑤] 王刚:《伊斯兰继承制度的本土化及其对我国继承法的启示——以青海世居回族、撒拉族继承习惯为例》,载《环球法律评论》2009年第3期。

[⑥] 罗昶、高其才:《市场经济条件下的瑶族互助习惯法——以广西金秀六巷帮家屯互助建房为考察对象》,载《比较法研究》2008年第6期。

[⑦] 柏玲玲:《凉山彝族习惯法——婚姻的缔结》,载《天府新论》2008年第12期。

[⑧] 粟丹:《从款约的发展看侗族法文化的变迁》,载《甘肃政法学院学报》2008年第6期。

[⑨] 周欣宇:《论藏族习惯法的宗教哲学基础》,载《内蒙古社会科学(汉文版)》2009年第1期。

为国家确立少数民族习惯法法源地位的最优做法,应是合理界分国家法与少数民族习惯法的界限和各自的调控领域。① 李中和认为习惯法具有维护民族地区社会秩序稳定、促进民族地区发展与进步等作用,同时习惯法中也存在着一些阻碍民族地区和谐社会构建的消极因素。② 张殿军认为在现有的制度框架内,少数民族习惯法仍有其不可忽视的价值和司法操作的可能。③ 冉瑞燕认为目前现状下民族习惯法对乡村治理面临着被边缘化的问题,理应发挥习惯法对于乡村治理的应有作用。④ 雷伟红认为畲族家族法具有重要的社会功能,与国家制定法应合理分工,相互妥协和合作。⑤ 王银梅认为回族婚姻习惯法与国家制定法之间存在着种种差异,应正确看待和不断消除这些差异。⑥ 覃主元认为民间法有效保障了壮族社区的稳定和非诉讼纠纷解决机制的和谐运作,如果能更好地改造和利用民间法这一本土性资源,就能够进一步构筑平安新农村的法治秩序。⑦ 王明雯认为凉山彝族习惯法与国家法进行整合是必要的,也是可能的和必然的,整合的途径主要包括立法和执法途径。⑧ 杨军认为少数民族习惯法在少数民族地区社会控制中具有积极和消极两方面的表现,因此重构民族地区社会的秩序是必然选择。⑨ 陈宜认为能否整合不同的

---

① 田钒平:《少数民族习惯法理论研究进路的解构与重塑》,载《西南民族大学学报》(人文社科版)2009 年第 6 期。

② 李中和:《论习惯法与民族地区和谐社会的构建》,载《宁夏大学学报》2009 年第 2 期。

③ 张殿军:《罪刑法定视域的少数民族习惯法》,载《甘肃政法学院学报》2009 年第 3 期。

④ 冉瑞燕:《论民族习惯法对乡村社会的治理——以湘鄂西民族地区为例》,载谢晖、陈金钊:《民间法》(第 8 卷),山东人民出版社 2008 年版,第 132~138 页。

⑤ 雷伟红:《畲族家族法与国家制定法的并存与互通》,载谢晖、陈金钊:《民间法》(第 8 卷),山东人民出版社 2008 年版,第 124~131 页。

⑥ 王银梅:《回族婚姻习惯法与国家婚姻法的冲突与调适》,载《宁夏社会科学》2008 年第 5 期。

⑦ 覃主元:《壮族民间法的遗存与变迁——以广西龙胜县龙脊十三寨之马海村为例》,载《民族研究》2009 年第 1 期。

⑧ 王明雯:《凉山彝族习惯法与国家法整合的必要性及途径探讨》,载《西南民族大学学报》(人文社科版)2008 年第 10 期。

⑨ 杨军:《少数民族习惯法与少数民族地区社会控制》,载《思想阵线》2008 年第 12 期。

纠纷解决机制以化解矛盾,建立切实可行的民族纠纷解决机制,将直接关系到构建西部和谐社会的成败。[①]

5.民间纠纷解决研究

民间纠纷解决是民间法司法运用的一个最为集中的体现,此方面的研究在重视学理性和技术性探讨的同时,更为关注民间纠纷解决过程中所蕴含的众多经验性的总结,希冀这些总结能为当下的社会实践带来某种制度性的启示。曾代伟和谢全发认为巴楚文化圈内各民族人民形成了多种纠纷解决模式,即自我约束模式、习惯法调解模式、国家法介入模式、习惯法与国家法共同作用模式。[②] 曾琼认为设立婚姻家事纠纷解决机制应与一般民事纠纷的处理机制有所区别,职权干预原则、调解制度、诉讼与非讼原理交错适用理论等都适用于处理婚姻家事纠纷。[③] 陆益龙分析了纠纷的工具主义范式和建构主义范式,认为法律权力论的核心是人们的权威认同结构和社会秩序的基础。[④] 赵旭东认为纠纷解决概念具有目的性、过程性和结果状态三个层次上的含义。目的性决定了纠纷解决的基本方向,过程性表现为纠纷解决的各种方法的运行过程,结果状态反映了纠纷解决的实际效果。[⑤] 孙育玮认为替代性纠纷解决机制有其特定的含义、特征与功能,而调解传统则渗透着中华文化和谐理念的精华,应当充分重视这两种文化之间的相互借鉴与融合。[⑥] 田东奎认为应认真对待民间水权习惯在解决水权纠纷方面的作用,重视民间水利组织以及

---

① 陈宜:《论西部和谐社会语境下民族纠纷解决机制的完善》,载《西南民族大学学报》(人文社科版)2009 年第 6 期。

② 曾代伟、谢全发:《巴楚民族文化圈纠纷解决机制论略——在历史文化视野下的考察》,载《贵州社会科学》2009 年第 3 期。

③ 曾琼:《构建婚姻家事纠纷解决机制的理性分析——建国初期婚姻司法实践经验之启示》,载《学海》2009 年第 1 期。

④ 陆益龙:《纠纷解决的法社会学研究:问题及范式》,载《湖南社会科学》2009 年第 1 期。

⑤ 赵旭东:《纠纷解决含义的深层分析》,载《河北法学》2009 年第 6 期。

⑥ 孙育玮:《替代性纠纷解决机制(ADR)的借鉴与融合——以纽约和上海为例的相关法文化法社会学思考》,载《学习与探索》2009 年第 1 期。

流域共同体在预防水权纠纷方面的作用。① 谈萧认为通过现代契约制度、程序制度中国可以在正式制度上构建一种解决纠纷的"私了"制度,可将"私了"实体制度纳入到民法之契约法中。② 陈会林和范忠信认为中国民间社会纠纷解决权的法源主要有三种:皇帝的谕示、国家基本法典的规定、地方官府的规定或告示。③ 厉尽国研究了多元纠纷解决视野中的民间法,认为民间法研究应以纠纷解决为其主要视野,同时在农村司法活动和调解活动中应用民间法规范。④ 徐晓光和李向玉认为在当前集体林权制度改革的背景下应发挥村规民约和寨老的作用,加大调处办的力度,行政裁决中注重民族习惯法的因素以充分解决林权纠纷。⑤ 陈柏峰认为对于现今乡村秩序的困境应从国家权力的构成着手分析解决,德行治理在技术治理日渐扩展蔓延趋势中也应有一席之地。⑥ 黄东海认为"帮"、"会馆"、"帮董"、"会首"、"头佬"和"码头夫"、"苦力"等民间力量是码头纠纷解决的主体,而国家的力量则相对空缺。⑦ 刘金菊认为传统家庭及其他传统权威在纠纷解决中的作用逐渐减弱,人们之间的关系距离、教育水平、家庭收入水平对纠纷解决方法的选择存在影响。⑧ 杨力认为司法积极主义下的纠纷解决出现了多元纠纷解决机制与公共事件应对机制的引入两个新动向,这有赖于运作机制设计上的一种复眼式结构或者动态观察。⑨ 徐晓光认为苗族传统的纠纷裁定过程是以口头传承下来的"古理"和

---

① 田东奎:《中国近代水权纠纷解决机制审视》,载《学术交流》2009 年第 3 期。

② 谈萧:《论"私了"——从非正式制度到正式制度》,载《甘肃政法学院学报》2009 年第 1 期。

③ 陈会林、范忠信:《中国民间社会纠纷解决权的法院考察——以明清两代为例》,载谢晖、陈金钊:《民间法》(第 8 卷),山东人民出版社 2008 年版,第 42~57 页。

④ 厉尽国:《多元纠纷解决视野中的民间法》,载谢晖、陈金钊:《民间法》(第 8 卷),山东人民出版社 2008 年版,第 58~68 页。

⑤ 徐晓光、李向玉:《集体林权制度改革背景下林权纠纷及其解决途径》,载谢晖、陈金钊:《民间法》(第 8 卷),山东人民出版社 2008 年版,第 113~123 页。

⑥ 陈柏峰:《纠纷解决与国家权力构成——豫南宋庄村调查》,载谢晖、陈金钊:《民间法》(第 8 卷),山东人民出版社 2008 年版,第 139~160 页。

⑦ 黄东海:《清末民初汉口码头纠纷解决过程中的参与力量——以宝庆码头为例》,载谢晖、陈金钊:《民间法》(第 8 卷),山东人民出版社,2008 年版,第 213~2228 页。

⑧ 刘金菊:《农民纠纷解决方式的选择及影响因素——基于江苏省调查数据的实证分析》,载《湖南社会科学》2009 年第 1 期。

⑨ 杨力:《论纠纷解决、多边认同与司法积极主义》,载《法学论坛》2009 年第 4 期。

"先例"为法的依据,并形成了口传的"理词",使习惯法内容得以具体化、固定化。①

(二)对于民间法研究的实证分析

民间法研究中代表性观点的介绍,可以帮助我们了解到民间法学科发展的前沿问题并吸取到本学科的最新成果,而对于民间法研究进行实证分析,则可以使我们从宏观和总体上对于本年度民间法的研究有一个大致的把握,并帮助我们更为透彻地看清本年度民间法研究的状况。于此笔者准备从研究主题、研究队伍和刊载刊物三个方面对于民间法研究展开实证分析,为了增强统计的准确性,笔者分析的对象是所能搜索到的本年度民间法研究的全部论文,共计293篇。同时为了加强对比性,笔者也对CSSCI期刊中的103篇论文进行了分析。

1.研究主题的实证分析。对于研究主题的实证分析主要分为两个部分,一是以上述民间法研究的类型化来分析民间法研究主题的分布情况,这主要体现在表1、表2中。二是把全部论文以理论研究和实证研究为标准进行划分,来分析民间法研究中的各自比例,这主要体现在表3中。

表1　民间法研究主题分布(N=293)

主题	民间法本体	民间法实证	民间法司法运用	民族习惯法	民间纠纷解决
数量	65	75	39	77	37
比例	22.18%	25.60%	13.32%	26.27%	12.63%

通过表1我们可以看到,在民间法的研究中,民间法本体和民间法实证及民族习惯法是研究的热点,三类研究占到了总体研究的近3/4,而民间法司法运用和民间纠纷解决则研究的相对少些,两者仅占总体研究的1/4,这与学者们对于民间法研究概况的日常印象基本吻合。虽然民间法研究已有数十年时

---

① 徐晓光:《看谁更胜一"筹"—— 苗族口承法状态下的纠纷解决与程序设定》,载《山东大学学报》(哲学社会科学版)2009年第4期。

间了,但民间法司法运用和民间纠纷解决则是刚刚兴起,因此研究论文偏少也在意料之中。

表2 CSSCI期刊中民间法研究主题分布(N＝103)

主题	民间法本体	民间法实证	民间法司法运用	民族习惯法	民间纠纷解决
数量	23	28	16	21	15
比例	22.33％	27.18％	15.53％	20.38％	14.56％

我们看到表2中研究主题的分布与表1是大体相当的,只是CSSCI期刊中的主题分布更为均匀些。民间法本体、民间法实证和民族习惯法仍是研究的热点,只是民间法实证的比例略微上升,而民族习惯法有一定程度的下降;民间法司法运用和民间纠纷解决的比例尽管仍非常低,但与表1相比较,占总体期刊的比例则是小幅上升的,也就是说CSSCI期刊中所刊载的民间法司法运用和民间纠纷解决的论文比例要高于总体期刊的平均比例,这也说明CSSCI期刊在采用文章方面已经对民间法研究中的这两个新兴领域有所侧重。

表3 民间法研究中理论研究性论文与实证研究性论文分布(N＝293)

类型	理论性研究论文	实证性研究论文
数量	118	175
比例	40.28％	59.72％

通过表3我们可以看到,在民间法研究中,实证性的论文占到了59.72％,远远高于理论性研究论文40.28％的比例,这也许和民间法的学科特性——民间化、社会化和生活化是相关联的,毕竟民间法的这些特性是最为需要实证调查和研究的。可以说在民间法研究中,实证研究是理论研究的起点,理论研究是建构在实证研究的基础之上的,因此实证性研究论文多于理论性研究论文也就是可以理解的了。

2.研究队伍的实证分析。对于研究队伍的实证分析本书也准备从两个视角予以展现,一是对于研究队伍所属的研究机构的实证研究,主要是展现不同的研究机构在本年度发表的民间法论文情况,这主要体现在表 4 中。二是对于研究队伍的层级情况的实证研究,主要是展现民间法研究的学者的情况,这主要体现在表 5 中。在研究队伍的实证分析中共收入民间法论文 293 篇,293 个作者分属于 143 个学术研究机构(政府系统和法院系统的论文有 11 篇)。

表 4　民间法研究机构所发表论文分布①

学校	山东大学②	东南大学	云南大学	西南政法大学	西南民族大学	北方民族大学
篇数	29	7	6	6	6	6
作者	20	7	6	6	6	2

学校	四川大学	中央民族大学	南京师范大学	中国人民大学	华东政法大学	西北民族大学
篇数	5	5	5	4	4	4
作者	5	4	2	4	4	2

通过表 4 我们可以看到,山东大学在本年度发表的民间法论文数是最多的,共有 29 篇,分别出自 20 位学者的研究,这也许主要源于山东大学设有专门研究民间法的机构——民间法研究所,同时在学科建设中也相应地设立了民间法方向的博士点和硕士点;其他的如云南大学、西南民族大学、中央民族大学、西北民族大学也是基于同样的原因,在各自的学校均设立了相关的民间法或民族习惯法的研究机构。而东南大学、西南政法大学、四川大学、南京师范大学、中国人民大学和华东政法大学所发表的众多民间法论文则表明了民间法研究的广泛性。作为学界内重要的法学研究机构,他们均对于民间法抱有一定的兴趣,并产出了一定数量和质量的学术成果。当然民间法研究的广泛性也可从 293 篇论文是源于 143 个研究机构这一事实中得到确证。

---

① 本书在统计作者时,有两位作者的只统计第一作者的信息;在一位作者涉及两个研究机构时,只统计所标注的第一位的机构和职称,下表皆是如此。
② 其中包含了山东大学威海分校的 9 篇论文。

表 5 民间法研究机构所发表 CSSCI 论文分布

学校	山东大学 *	东南大学	云南大学	西南政法大学	西南民族大学	北方民族大学
篇数	23	1	1	4	2	1

学校	四川大学	中央民族大学	南京师范大学	中国人民大学	华东政法大学	西北民族大学
篇数	2	2	2	3	2	1

* 其中包含了山东大学威海分校的 8 篇论文。

通过表 5 我们可以看到,在学术机构所发表的 CSSCI 论文方面,山东大学仍然排在首位,无论是从论文数量,还是从论文的质量或者是研究者数量来说,山东大学的民间法研究基础都是非常深厚。西南政法大学和中国人民大学所发表的 CSSCI 期刊的质量相较于东南大学、云南大学、西南民族大学、北方民族大学要高些。四川大学、南京师范大学和中央民族大学所发表的 CSSCI 论文比例与总体论文比例则相对持平。

表 6 民间法研究中各层级论文分布(N＝273)

层级	教授	副教授	讲师	博士后	博士生	硕士生	本科
篇数	36	53	70	5	35	57	17
比例	13.18％	19.41％	25.64％	1.83％	12.82％	20.88％	6.22％

注:有 20 位作者因无法确定其职称而没有纳入。

通过表 6 我们可以看到,在本年度民间法的研究中,各层级学者的论文数量相对平均而又有所侧重,讲师、硕士生和副教授的论文在所有论文的数量中占据多数,成为民间法研究的主力,教授和博士生的论文数量相对少些。本科和博士后的论文数最少。本科生的论文数量少,一方面在于本科生本身这一层级所发表的论文数量不多;二是在于本科层次的学生大部分还没有涉及民间法,对于民间法的了解不是很多。博士后的研究论文数量少,一方面在于博士后本身的数量不多,另一方面也表明以民间法为研究方向的博士后站点和研究者数量不多。硕士生、讲师和副教授的论文,相较于博士生和教授数量多的原因在于：一是无论是硕士生还是讲师和副教授相较于博士生和教授，数量上占多数；二是客观上，讲师和副教授在产出成果的数量上要高于教授这一层级。

表7　CSSCI期刊中各层级民间法论文分布（N＝103）

职称	教授	副教授	讲师	博士后	博士生	硕士生	本科
篇数	21	26	22	4	23	7	0
占CSSCI期刊总数的比例	20.39%	25.24%	21.36%	3.88%	22.33%	6.80%	0
占本层级论文比例	58.33%	49.06%	31.43%	80%	65.71%	12.28%	0

通过对于表7的研究我们可以看到，民间法研究者中不同层级所发表的论文不仅在数量方面有着极大的不同，而且在质量方面[①] *也有着很大的差别。在CSSCI期刊所发表的论文数量和比例方面，教授、副教授、讲师和博士生发表的论文数量基本相当，所占总体论文的比例也大体相等；而硕士生所发表的CSSCI期刊论文则数量偏少，仅占6.80%；博士后发表的CSSCI期刊论文与表6相应，数量和比例都偏低；本科生则没有CSSCI期刊论文发表。从占本层级的比例而言，博士后、教授、博士生和副教授的比例都比较高，这表明上述几个层级所发表的论文质量较高；讲师所发表的CSSCI论文占本层级论文总数的31.43%，而硕士生的仅占12.28%，可以看出这两个层级的论文在总体质量方面要低于上述几个层级。

3.研究期刊的实证分析。对于研究期刊笔者主要在三个方面予以实证分析，一是分析各个期刊发表民间法论文的情况，以展现主要刊载民间法论文的期刊情况；二是分析刊载民间法论文的期刊中法学类与非法学类的比例；三是分析刊载民间法论文的期刊中CSSCI与非CSSCI的比例。此次所分析的293篇文章，共发表在154份期刊上面。

---

①　在无法获得各篇论文引用率的情况下，在此论文的质量通约为所发表的期刊的质量，虽然这其中存在着很大的问题，但也是一个不得已的选择。

表 8　民间法研究期刊分布（N＝293）

期刊	民间法 (CSSCI)	法制与社会	山东大学学报 (哲学社会科学版) (CSSCI)	甘肃政法 学院学报 (CSSCI)	湖南公安高等 专科学校学报
篇数	29	20	14	11	6

期刊	西北民族 大学学报 (人文社科版)	东方法学	学习与探索 (CSSCI)	学海 (CSSCI)	西南民族大学报 (人文社科版) (CSSCI)
篇数	4	4	3	3	3

通过表 8 我们可以看到,《民间法》作为民间法研究领域内的专业期刊,其所刊载的论文数量最多,有 29 篇,且属于 CSSCI 来源集刊,因此无论是在数量方面还是就质量而言,都具有较高的水平。其次是《山东大学学报》(哲学社会科学版)和《甘肃政法学院学报》,二者在本年度也分别贡献了 14 篇和 11 篇 CSSCI 论文,这主要源于二者在各自期刊中分别设立了民间法专栏和民间法·民族习惯法专栏。再次,《西北民族大学学报》(人文社科版)、《学习与探索》、《学海》、《西南民族大学报》(人文社科版)、《东方法学》、《湖南公安高等专科学校学报》、《法制与社会》也在本年度定期或不定期地开展了与民间法研究相关的专栏。

表 9　法学类期刊与非法学类期刊所刊载的民间法论文比例（N＝293）

期刊	法学类	非法学类
篇数	113	180
比例	38.57％	65.93％

通过表 9 我们可以看到,本年度发表在法学类刊物上的民间法文章有 113 篇,占总数的 38.57％,发表在非法学类期刊上的文章有 180 篇,占总数的 65.93％。此种状况的缘由有数种,其中很重要的一个原因在于民间法的跨学科属性,不单是法学界的学者在研究民间法,社会学界、人类学界和经济学界的许多学者也在研究民间法,这也可以解释民间法的文章屡屡发表在诸如《民

族学研究》、《宗教研究》、《社会学研究》、《民俗研究》等刊物上的缘由了。

(三)简要的展望

通过对于本年度民间法研究中代表性观点的介绍和实证分析,我们看到尽管本年度的民间法研究取得了很大成绩,但同时也存在着诸多不足之处。此种不足有待学者们从以下几个方面加强研究,以取得突破性进展。一是在民间法本体研究中,尤其应注重对于基础语词的研究。民间法要展现自己的学科独立性,形成自己的学术研究共同体,基础语词的研究既是一个必经的学术研究阶段,同时也是学科独立性和学术共同体的坚实基础,只有在廓清基础语词使用上的混乱后才可以谈及民间法这门学科的独立性问题。二是在民间法社会实证方面,需要拓宽研究的领域。各个领域的社会关系既接受正式制度的调整,同时也受非正式制度的制约。不单是传统的民商事等私法领域是民间法作用的领域,即便是宪法、行政法和刑法等公法领域也有部分内容是可以纳入到民间法研究之内的,因此应加强对于各个领域的民间法研究。三是在民族习惯法研究方面,在对各民族习惯法描述的基础上,加强民族习惯法本身的理论研究,并对于实践中民族法治的发展提出理论性的回应。四是对于民间法的司法运用研究,在注重历史经验总结和学理方法探讨的基础上,更为关切的应是实践中具体制度和机制的研究。只有面向社会和实践,从社会和实践中获得真实的民间法司法运用情形,才能一方面回应对于民间法司法运用的质疑,另一方面促进司法建设本身。五是对于民间纠纷解决,应在经验描述的基础上,更加注重纠纷解决的相关理论性研究。在注重对于个案剖析的基础上,增加整体视域的考量,以增强理论的解释力度。

二、中国民间法研究学术报告(2011 年)

检视本年度民间法的研究成果我们看到,承续去年的研究,2011 年度的民间法研究在平稳推进中稳步提升。其中,在学术会议方面,第七届全国民间法·民族习惯法会议于 8 月 6—7 日在甘肃天水召开,会议共收到相关论文155 篇,156 位专家学者围绕民间法的多个专题进行了深入探讨;在学术著作方面,本年度共有 18 本民间法著作①出版,既包括总结本土经验的专著,也包括介绍域外制度的译著;在学术论文方面,本年度共有 367 篇②民间法方向的论文发表。对于上述民间法的研究成果,我们主要从民间法本体研究、民间法社会实证研究、民族习惯法研究和民间法的司法运用四个方面进行梳理和

---

①　2011 年民间法研究的学术著作和译著有,高其才:《当代中国少数民族习惯法》,法律出版社 2011 年版;范愉等:《多元化纠纷解决机制与和谐社会的构建》,经济科学出版社 2011 年版;谢晖:《大、小传统的沟通理性》,中国政法大学出版社 2011 年版;王林敏:《民间习惯的司法识别》,中国政法大学出版社 2011 年版;谈萧:《中国商会治理规则变迁研究》,中国政法大学出版社 2011 年版;韦志明:《习惯权利论》,中国政法大学出版社 2011 年版;尚海涛:《民国时期华北地区农业雇佣习惯规范研究》,中国政法大学出版社 2011 年版;姜世波、王彬:《习惯法规则的形成机制及其查明问题研究》,中国政法大学出版社 2011 年版;李向玉:《黔东南苗族婚姻习惯法与国家法的冲突与调适》,知识产权出版社 2011 年版;郭凤鸣:《秩序中的生长——少数民族习惯法的教育人类学解读》,四川大学出版社 2011 年版;游志能:《民族习惯法的经济分析》,中央民族大学出版社 2011 版;周相卿:《者述村布依族习惯法研究》,民族出版社 2011 版;谢乃煌:《粤东北乡村治理法制问题研究——习惯法、村民自治与乡村秩序》,中国政法大学出版社 2011 年版;陈秋云等:《黎族传统社会习惯法研究》,法律出版社 2011 年版;刘婷婷:《断裂与变迁:1949—1979 云南罗平县纠纷解决机制研究》,云南大学出版社 2011 版;邓建民:《少数民族纠纷解决机制与社会和谐——以四川民族地区为例》,民族出版社 2011 版;[美]麦圭尔、陈子豪、吴瑞卿:《和为贵:美国调解与替代诉讼纠纷解决方案(汉英对照)》,法律出版社 2011 年版;[英]罗伯茨:《纠纷解决过程:ADR 与形成决定的主要形式》,北京大学出版社 2011 版。

②　统计包括中国知网中 2010 年 11 月—2011 年 11 月所发表的民间法论文、《民间法》期刊中刊发的论文和在 2011 年全国民间法·民族习惯法会议上首次发表的论文。

分析。

(一)民间法本体研究

民间法的本体研究是所有民间法研究的理论基础,是推动民间法学科发展的基石和杠杆,它既是民间法研究开拓创新的源泉,同时也是民间法研究朝着纵深方向发展的前提。由此本书首先展开对于民间法本体研究的分析。

随着民间法研究的深入和拓展,学者们对于民间法研究进行总体性评价的作品渐趋增多,这包括对于以往习惯法研究的反思、对于民间法研究学术范型、问题意识和内在精神的总结,以及对于学界中"民间法消亡论"观点的批驳。有学者认为,近三十年我国习惯法的研究主要呈现出三个特征:在意识形态和市场经济的双重作用下,过往的习惯法研究完全被纳入到唯法律研究的轨道;在对于习惯法的记录整理中,我们很少有对某一具体习惯法进行长期记录和整理的成果;由此,当前习惯法研究最大的问题应当是冷静地去了解和认识习惯法以达至对习惯法的理解。[①] 与之类似,有学者对于我国民间法研究的学术范型进行了分析和总结,他认为对于民间法的概念范型,从内部视角看,是与国家法相对称的概念;从外部视角看,是与地方性知识相契合的概念。在问题意识方面,"地方性知识"论既提供了合法性基础,同时也提供了方法指南。在研究旨趣方面,研究范型主要包括社会－国家范型、移植－本土范型、公力－私力救济范型、司法－替代范型和行为－裁判范型。[②] 有学者认为在现代语境下进行民间法研究,应当是在国家法－民间法分野与对立的架构下进行,只有明晰这一具有"范式意义"的研究前提,我们才有可能具备真正的"民间法的问题意识"。[③] 有学者对于民间法研究的内在精神进行了分析,他认为民间法研究的内在精神在于其所具有的反思和批判精神;民间法的文化基础在于一个社会深层次的民族精神,从而对于一个社会深层次民族精神的

---

① 张文显:《我们需要怎样的习惯法研究?——评高其才著〈瑶族习惯法〉》,载《法制与社会发展》2011 年第 3 期。

② 谢晖:《论民间法研究的学术范型》,载《政法论坛》2011 年第 4 期,第 39～51 页。

③ 魏治勋:《民间法的现代性命运及其意义》,载谢晖、陈金钊:《民间法》(第 10 卷),山东人民出版社 2011 年版,第 324～329 页。

尊重,就是思考民间法何以具有文化价值的根据所在。① 有学者对于"民间法消亡论"进行了批判,认为当国家法将民间法置于边缘化地位的情势下,民间法欲要确立自身就必须证明其本身有着独立的内在生成逻辑。民间法获得自立性的依据不仅包括其内在的生成机制,与人类的心智结构相适应,还包括它在秩序构造、营造和谐、降低成本和保障权利等多方面的良好社会效果。②

民间法的理论框架作为民间法本体研究中的热点,始终受到学者们的青睐。对于民间法的理论框架,有学者认为主要在于寻求政治国家与市民社会间的良性架构、大传统与小传统间的理性沟通、形式正义与实质正义间的动态平衡、法律教义学有效性与社会学有效性间的适度兼容。③ 针对理论框架中的大小传统,有学者认为,自近代以来我国大、小传统在政治价值和日常价值方面出现了一种"断裂结构",为了修复此种断裂结构就需要我们以人权保障为基点寻求大小传统之间的沟通路径。④ 对于理论框架中的多元主义,有学者认为民间法理论根植于法律多元主义,而后者又是文化多元论的具体体现,维柯的《新科学》为文化多元论乃至法律多元主义奠定了哲学基础,文化多元论不仅批判了以理性主义为核心的一元论,而且强调起源于习俗的法律其本质是各民族的共同意识。⑤

对于习惯的制度地位和历史地位,有学者认为个人习惯是习惯的核心和力量之源,习惯精神个人性的法律意义在于它能改善法律自身的内部结构,为法律顺畅运行提供最基本的内部力量、广泛的人性基础、深厚的合法性根基及其获得合法性的自然化机制。⑥ 同时,有学者认为民间习惯虽是法律的渊源,

---

① 李瑜青、张建:《论民间法研究的内在精神》,载《甘肃政法学院学报》2010 年第 4 期。

② 魏治勋:《"民间法消亡论"的内在逻辑及其批判》,载《山东大学学报》(哲学社会科学版)2011 年第 2 期。

③ 张晓萍、林福平:《民间法研究的理论基础》,载《湖南警察学院学报》2011 年第 3 期。

④ 谢晖:《大、小传统的沟通难题与人权基点的沟通》,载《甘肃社会科学》2011 年第 4 期。

⑤ 钱锦宇:《民间法理论的法律多元主义根脉——维柯的〈新科学〉及其文化多元论贡献》,载谢晖、陈金钊:《民间法》(第 10 卷),山东人民出版社 2011 年版,第 223 页。

⑥ 张洪涛:《法律必须认真对待习惯——论习惯的精神及其法律意义》,载《现代法学》2011 年第 2 期。

但向法律输出规则的过程也是习惯被边缘化的过程。在判例法制度下,经过法官适用的习惯具有了法律的效力,从而与纯粹的民间习惯产生分野。在完成自己的历史使命的同时,习惯成为法律的配角——非正式法律传统。①

对于民间法的历史和当代地位,诸多学者从中外对比的角度进行了分析。有学者认为,中国古代习惯法没有通过"以礼入法"的"礼"与"法"进入国家制定法中,由此不仅使得古代法律观念与技术的发展失衡并恶性循环,同时也导致法律制度不能随着社会的发展而进步,从而法律运行呈现"硬法软行"的格局。② 有学者认为,清末民初商品经济的发展、民间家族势力的拓展以及国家政权的更替,使得民俗习惯成为社会生活与法律调整中不可或缺的组成部分:一方面,社会生活中形成了广泛关注风俗民情,尊重本土资源的文化氛围;另一方面,民初的司法机关积极援用民俗习惯进行审判活动。③ 有学者站在主体中国的立场上,认为民间法是推进法治中国化的有机力量或构成性因素。但法律移植的意识形态情结阻碍了人们对民间法与法治建设关系的进一步认识和反思。为此,需要在文化、利益和自治秩序视角重新打量国家的主体性,并在此基础上反思民间法的应有意涵,评判法治建设中对民间法的既有立场。④ 有学者从大制度史和大思想史角度对于西方习惯法的命运进行了研究,认为西方之所以能走上现代法治之路应归功于西方习惯法命运中心论的制度安排和思想:早期是"习惯法权威"时代;中世纪是"习惯法的世纪";近代虽是制定法的世纪,但习惯法的地位和作用也不可忽视;现代则又成为习惯法地位不断上升的世纪。⑤ 有学者对于民间法的当代地位进行了分析,认为寻求对话的法律全球化是一个国家以结构者的身份参与全球秩序创造的重要方面。在我国这样的法治后发达国家和社会结构、主体交往秩序具有明显独特性的国家,民间规范的挖掘和民间规范研究与规范法学研究的结盟,或许是实

---

① 王林敏:《论民间习惯的边缘化》,载《北方民族大学学报》2010年第6期。

② 张洪涛:《从"以礼入法"看中国古代习惯法的制度》,载《法商研究》2010年第6期。

③ 眭鸿明:《清末民初民俗习惯的社会角色及法律地位》,载《法律科学(西北政法大学学报)》2011年第4期。

④ 谢晖:《主体中国、民间法与法治》,载《东岳论丛》2011年第8期。

⑤ 张洪涛:《边缘抑或中心:大历史视野中习惯法命运研究》,载《法学家》2011年第4期。

现法理创造的一条路径。①

　　对于民间法的生成机制，有学者分析了"法的确信"理论，认为"法的确信"的核心在于阐释人们遵守习惯规范的义务感的来源问题。在司法实践中，法官通过对现象的描述间接说明存在"法的确信"，并在相关民间规范和援引该民间规范的制定法规则之间建立起链接，从而使自己援用该习惯判案具有合法性。② 另有学者认为，对于民间法产生问题的阐释，除了"法的确信"理论外，另有"契约机制"理论。于契约机制而言，习惯规范的产生是一个由双边契约演化而生发的过程，这包括双边契约的扩散机制和前置模式。③

（二）民间法的社会实证研究

　　民间法的社会实证是对于某种具体类型的民间法所进行的描述和分析，是在深入总结民间规范基础上探究其中所蕴含的理论维度。作为民间法研究的经验基础，学界对于民间法的社会实证研究重视有加，在此方面始终进行着不懈的努力和耕耘。

　　在民间法的社会实证研究中，学者们最先着手且研究数量最多的是民商事领域中的民间法。有学者对于乡村丧礼进行分析后认为，乡村丧礼中的法师及其主持的法事本质上是一种宗教活动，是宗教在乡村社会中的一种直观的表达方式和存在形式；乡土中国广泛流行的乡村丧礼可以视为传统文化在当代中国的一种历史遗留物，因而具有"文化活化石"的价值与意义；政府推行的新式殡葬政策忽视了乡村丧礼在乡村社会中的整合功能、"安心"功能，因而可能是一种过于简单化的制度选择。④ 有学者对于"亲邻之法"进行了研究，认为至迟在唐懿宗大中年间民间已有"亲邻之法"的广泛实践，由晚唐到五代随着国家律令制度对"先问亲邻"习惯的吸收与确认，"亲邻之法"经历习惯法

---

　　① 谢晖：《民间规范与法律的全球对话》，载《山东大学学报》(哲学社会科学版)2011年第4期。

　　② 王林敏：《论习惯法中的"法的确信"》，载《甘肃政法学院学报》2011年第1期。

　　③ 尚海涛：《由双边契约到习惯规范：一种演化机制的阐释》，载《西南政法大学学报》2011年第1期。

　　④ 喻中：《乡村丧礼的逻辑：一个法人类学的考察》，载《比较法研究》2011年第4期。

的成文化并在宋、元时最终成型。① 有学者认为,我国民间的土地利用规则蕴含了特定群体的习俗和习惯,这些规则赋予了群体或成员对于土地的习惯权利,因此我国在继受和移植外国法律体系时应当认真对待民间土地习惯。② 有学者对于农业特殊雇佣习惯规范进行了研究,认为农业特殊雇佣习惯规范主要包括典雇习惯规范、债务雇佣习惯规范、娶妻成家雇佣习惯规范、养老雇佣习惯规范、给地雇佣习惯规范、带地雇佣习惯规范、分成雇佣习惯规范、互助雇佣习惯规范、卖套雇佣习惯规范和共同雇佣习惯规范。③

对于商事习惯法,有学者考察了晋商习惯法,认为在晋商习惯的基础上山西票号形成了自己的习惯法体系,这包括票号的行业习惯法和行会习惯法。④ 有学者认为,全球化和全球公民社会的发展使商人习惯法的发展进入到一个新的发展阶段,其中许多私人团体和研究机构加入到商人习惯法的编纂中,目的是要创立一种超越国内法和国际法的"跨国商法"。⑤ 有学者对于清代工商会馆碑刻进行了研究,认为工商会馆碑是清代行业规范的重要载体,透过这些静态的碑文可以看到清代城市社会中非正式法的形成与运作机制,以及清代工商行业与社会、工商组织与业者个体、非正式法与正式法之间,相互依存、冲突、妥协的动态演进规律。⑥

宪法与行政法领域中的民间法研究,主要集中于对行政惯例和村规民约的探讨。对于行政惯例,有学者认为它源于行政机关在行政过程中的习惯性"做法",它的形成条件是成文法没有明确规定,且存在着一个持续相当时间的

---

① 韩伟:《习惯法视野下中国古代"亲邻之法"的源起》,载《法制与社会发展》2011 年第 3 期。

② 谢国伟、解维克:《民间习惯中土地利用的实现与我国现行法律规制的司考》,载《江苏社会科学》2010 年第 6 期。

③ 尚海涛、龚艳:《农业特殊雇佣习惯规范研究——基于民国时期华北地区的资料》,载谢晖、陈金钊:《民间法》(第 10 卷),山东人民出版社 2011 年版,第 92~95 页。

④ 周子良:《论山西票号的习惯法体系》,载《山西师范大学学报》(哲学社会科学版)2011 年第 2 期。

⑤ 姜世波:《当代商人习惯法理论的发展述评》,载《时代法学》2011 年第 2 期。

⑥ 李雪梅:《工商行业规范与清代非正式法——以会馆碑刻为中心的考察》,载《法律科学(西北政法大学学报)》2010 年第 6 期。

行政"做法",并获得了一定范围内民众的普遍确信和为法院生效判决所确认。① 有学者认为法律规则作为理性的产物,面对社会经验时总有不少无奈与不足,这恰恰是行政惯例生成的内在动因。行政惯例作为非正式规范,不同程度地渗透到行政法规则并发挥着不同的效用,体现缓解成文行政法规范的局限、规范行政执法裁量的合理程度、创制新的行政法规则等价值。② 有学者认为行政惯例与行政先例、习惯法等概念既有区别也有联系,行政惯例应该成为我国行政法的渊源,其在我国行政法法源的位阶中,可等同于行政规章的地位。③ 有学者认为作为行政法之法源的行政惯例,其形成和有效适用需要具备特定的条件,且在具体的法律适用中还必须严格考量其与其他行政法之法源的效力位阶。④ 有学者认为,村规民约既承载着实现村民自治的宪法使命,同时又具有解决乡村民事纠纷的"私法"功能。在基本权利适用于民事审判的背景下,村规民约与基本权利之间存在着逻辑上的关联,即二者间呈现出一种平行的、互动的外在面向。村规民约与基本权利在民事审判中不可能直接适用,它们适用的共同管道是公序良俗原则。⑤ 有学者认为,政治法可以通过国家法等正式制度形式呈现,也可表现为政治习惯、政治经验等非正式制度形式。近代以来中国商会政治控制的演化表明,作为非正式制度的意识形态、忠诚义务和党的政策,在转型中国政治法的表达中占据着重要的地位。⑥

(三)民族习惯法研究

我国地域广大和民族众多的国情决定了我们在研究法治转型的过程中,

---

① 章剑生:《论"行政惯例"在现代行政法法源中的地位》,载《政治与法律》2010 年第 6 期。

② 温泽彬:《论行政惯例的背景、价值与现状》,载《政治与法律》2010 年第 6 期。

③ 林泰:《论行政惯例的几个基本问题——从台湾"马英九特别费案"切入》,载《政治与法律》2010 年第 6 期。

④ 周佑勇:《论作为行政法之法源的行政惯例》,载《政治与法律》2010 年第 6 期。

⑤ 刘志刚:《民事审判中的村规民约与基本权利》,载《中国人民大学学报》2010 年第 5 期。

⑥ 谈萧:《政治法中的非正式制度——基于中国商会政治控制变迁的分析》,载《甘肃政法学院学报》2011 年第 4 期。

无法忽视同一时空中不同民族存在不同的法治观念、权利观念和仪式文化的社会现实,由此对于民族习惯法的研究一直是民间法研究的重点,2011年的民间法研究继续体现了这一特色。对于这些研究成果,本书分不同民族予以呈现。

对于藏族习惯法,目前学界主要形成了三种不同的意见:无害论、废除论和改革论,有学者认为,一方面要研究和挖掘藏族习惯法中合理合法的有益内容,以变通立法的形式吸纳到国家制定法体系中;另一方面,采取宣传教育与打击非法相结合的手段,在大力宣传国家制定法、讲解"赔命价"等习惯法"回潮"问题引发的消极后果和危害的同时,坚决打击违背我国刑法及刑法理论中罪刑法定原则、罪刑相适应原则、罪责自负和不株连无辜的原则的犯罪行为和活动。① 有学者认为,民族多元与法律多元要求我们必须正视藏族习惯法的生成及其运作机理,从藏传佛教中探寻藏族习惯法深厚的社会基础,从理性—建构理性主义—进化理性主义的思路中理解其赖以立基的土壤和存在的法哲学意蕴。② 有学者认为,藏族"赔命价"习惯法是藏族传统法律文化中最具代表性和象征性的法律文化符号,其所蕴含和表现的可能价值与国家法之间并无实质合理性方面的矛盾和冲突,而其形式合理性方面的外在冲突可以通过在司法过程中实施能动主义、国家法的漏洞补充和健全完善相关立法予以消弭。③

对于苗族习惯法,有学者认为,在传统的苗族村落社会内部,鼓藏头、寨老在维护社会治安、惩治不法之徒、保持村落社会的和谐稳定方面起到了重要作用,由此在今天司法转型的过程中理应注重对于苗族习惯法的继承和改进。④ 有学者对于贵州省雷山县三个苗族村的村规民约进行了考察,发现三者中皆存在"供全村吃一餐"的处罚规定,这些规定是对于苗族习惯法的继承,它们在

---

① 穆赤·云登嘉措:《藏区习惯法"回潮"问题研究》,载《法律科学》2011年第3期。

② 孙崇凯:《论藏族习惯法的法哲学基础——以玉树部落为例》,载《青海民族研究》2011年第2期。

③ 淡乐蓉:《论藏族"赔命价"习惯法与国家法的互动及其发展》,载《山东警察学院学报》2011年第3期。

④ 李向玉:《民族习惯法转型期的法治现代化——以黔东南少数民族地区一起"鼓藏民约"司法个案为例》,载《甘肃政法学院学报》2011年第2期。

苗族地区消除当事人矛盾、化解纠纷、处罚违犯者以及教育群众方面发挥了极其重要的作用。①

　　对于彝族习惯法,有学者认为当代的彝族民事习惯法以法律的形式反映出彝族社会经济生活的状况,它既遵循民法一般固有的等价有偿、诚实信用和公序良俗等原则,同时又具有自身历史文化特色。② 有学者站在"本地人"的视角,运用彝语语汇和本地概念对于彝族习惯规范和民间纠纷解决进行了解读,认为在彝人的价值观念中和谐和尊严居于核心地位,且二者还直接映射到彝族人对于纠纷及其解决方式的理解之中。③ 对于瑶族习惯法,有学者认为它们形成了自治、原始民主、内部平等、社会安定的基本精神和法价值,这在《大瑶山团结公约》的订立中得到了充分表现,表明了瑶族固有习惯法的现代价值。④ 对于伊斯兰习惯法,有学者认为在伊斯兰教法学的形成、发展过程中,盛行于伊斯兰世界的习惯法对伊斯兰教法学影响明显,在教法学发展的不同阶段,习惯法借助圣训、公议、伊斯提哈桑等形式,逐渐渗入教法学。⑤ 有学者分析了侗族地区民事和刑事纠纷解决机制的变迁,指出今天的侗族地区存在多层次的规范体系和多元的纠纷解决机制,在这个多层次的规范体系中,每个层次的规范都有其存在的位置和相应的功能。但当发生"双罚"冲突现象时,需要做的是在多种规范和多元纠纷解决机制中选择与放弃。⑥ 有学者认为,羌族民事习惯法和国家制定法是两个不同的文化系统,为了实现二者间的融合,我们需要倡导国家制定法与羌族民事习惯法之间的冲突和合模式,即当

　　① 文新宇:《供全村吃一餐的处罚规定所反映的苗族习惯法文化》,载《甘肃政法学院学报》2010 年第 6 期。
　　② 李胜渝:《彝族民事习惯法特点探析》,载《求索》2010 年第 9 期。
　　③ 李剑:《本地人视角下的习惯法规范与纠纷——以凉山彝族为例》,载《甘肃政法学院学报》2011 年第 5 期。
　　④ 高其才、罗昶:《瑶族固有习惯法的现代价值》,载《人民论坛》2011 年第 17 期。
　　⑤ 吕耀军:《习惯法在伊斯兰教法学中的地位及功能》,载《西亚非洲》2010 年第 12 期。
　　⑥ 吴大华、郭婧:《侗族习惯法与纠纷解决机制的变迁》,2011 年全国民间法·民族习惯法会议交流论文。

民事纠纷出现时,当事人有选择何种规范解决纠纷的自由。① 有学者对于独龙族习惯法进行了研究,认为独龙族习惯法具有原初性、家族性、父权性、平等性、差异性、明示性、神威性、和谐性和艺术性九个特点,且这九个特点是相互作用、相互包容,统一于独龙族千百年来流传的习惯法视野之中。②

除了对于少数民族习惯法进行族类研究外,还有学者对于少数民族习惯法进行了整体研究。有学者认为,当今我们对于少数民族习惯法的理论分析框架还囿于功能论的视角,对于法律与习俗的关系、国家法与习惯法之间的互动缺乏解释张力,由此在今后的研究中理应强调民族文化的整体性,并以某一民族的人观为基础,关注到个体在承继习俗和进行实践之间的创造性作用。③ 有学者认为,促进少数民族习惯法与国家法之间的良性互动需要正确处理法律移植与适度借鉴的关系,以渐进方式推动传统观念与现代观念的结合,充分尊重理性选择下的"习惯规则",注意把握好习惯规则与国家法互动的"度"。④ 有学者认为原生态是民族习惯法的外部形式特征,诗性智慧是民族习惯法的内部结构特征,原生态诗性文化是沟通神话史诗与少数民族习惯法的桥梁,它们是"诗中有法、法中有诗"以及"水乳交融"的关系。⑤

(四)民间法司法运用研究

在近年来的民间法研究中,民间法的司法运用获得了极大关注和发展,一方面源于近几年司法实践的转向,即一些法院将民间法引入司法活动,从而将司法的法律效果与社会效果有机结合起来,促进司法获得法律支持的同时,也

---

① 龙大轩、喻成:《羌族民事习惯法与国家制定法的冲突与和合》,载《甘肃政法学院学报》2011年第1期。

② 王四新、徐文:《独龙族习惯法研究》,载《中央民族大学学报》(哲学社会科学版)2011年第2期。

③ 赵旭东、罗涛:《整体性理解习惯法——围绕彝族的文化观念而展开的法律人类学讨论》,载《原生态民族文化学刊》2010年第4期。

④ 厉尽国、王义汉:《论少数民族习惯规则与国家法的冲突与协调——从贵州苗寨的一起借贷纠纷案谈起》,载谢晖、陈金钊:《民间法》(第10卷),山东人民出版社2011年版年,第324~329页。

⑤ 石伶亚:《民族习惯法民间文本与原生态诗性文化——以西部神话史诗为例》,载《中南民族大学学报》(人文社会科学版)2011年第4期。

获得了民意的接受；另一方面源于民间法研究的转向，即民间法研究向司法领域的迈进，从而赋予了民间法研究更为深层的理论内涵与现实关怀。在民间法司法运用的研究中，学者们主要在两个路向上深入挖掘、着力推进：一是民间法司法运用的法律方法研究；二是纠纷解决中的民间法应用研究。

对于民间法司法运用中法律方法的研究，首先需要分析的是民间法司法适用的前提、基础和意义。有学者认为，民间法司法适用的前提是坚持民间规范的活动性、可接受性、可诉性，对主体权利、义务的分配性以及合理性等。同时民间规范的司法适用也要符合基本的适用场域，即在法律调整不能，从而需要运用事实替代方法时；在法律出现漏洞，从而需要法律发现方法时；在法律出现漏洞，从而需要法律续造方法时。① 有学者通过分析哈特和德沃金之间的论争指出，哈特通过承认规则塑造了习俗的有效性，德沃金通过权利原则将习俗引入国家司法。尽管哈特与德沃金之间意见有所分歧，但他们从不同视角提供了习俗进入司法的实践方法。② 有学者以彩礼纠纷为例对于关系社会中的民间规范进行了研究，认为在司法中将民间习惯作为裁判的尺度具有重要的现实意义：一方面，民间习惯作为法律渊源具有漏洞补充的功能；另一方面，民俗引入司法有利于增强司法判决的可接受性。③

在研究了民间法司法运用法律方法的前提和意义后，接续需要研究的是民间法司法运用的法律方法是如何应用的。有学者认为，正是在法官对大小前提的建构过程中，民间法司法运用中的法律方法研究成为一种可能。具体而言，民间法通过法律发现进入司法，作为法律的解释源进入司法，通过利益衡量补充法律漏洞，作为经验法则认定案件事实，以及作为法律论证的理由。④ 有学者对于民间法源的权威地位进行了研究，认为在当前我国司法权威未完全确立的情况下，借助于民间法的权威地位有助于提高民众对于司法

---

① 谢晖：《论民间规范司法适用的前提和场域》，载《法学论坛》2011 年第 3 期。

② 余俊：《国家司法中民间习俗的影响力评析——中国语境中哈特与德沃金之争的反思》，载《现代法学》2011 年第 4 期。

③ 王彬、张军权：《关系社会的民间规则与纠纷解决——以彩礼纠纷为例》，载《湖南警察学院学报》2011 年第 1 期。

④ 张晓萍：《在司法中民间法与法律方法的勾连》，载《山东大学学报》（哲学社会科学版）2010 年第 6 期。

判决的接受性。① 有学者对于民间规则与法律外部发现之间的关系进行了研究，认为民间规则通过法律外部发现可以填补法律漏洞、拓展规则之治、追求个案公平和实现案结事了。② 有学者分析了民间规范作为司法能动的前提，认为可能的情形主要有五种：一是法律虽然赋予其法源地位，但没有规定其是否适用于司法；二是尽管没有规定其法源地位，但在一定时空范围内规定了其作用的情形；三是法律上既没有肯定也没有否定其法源地位的情形；四是法律上否定其法源地位，并排除其在司法上的适用的情形；五是当法律调整不能从而用其替代国家法的情形。③

除了研究现实实践中民间法的司法运用外，还有部分学者将目光投向于历史过程中，考察古代民间法司法运用的情况，以期对于当今具有一定的启示和教育。有学者对于宋代的"招夫养子"习俗进行了研究，认为民间法在中国传统司法中是直接适用的，即把民间习俗当作"法"来对待，其路径是以"人情"为媒介进入到以"天理—国法—人情"为总体适用规范的国家司法之中。④ 有学者对于民国时期土地交易进行了研究，认为在土地交易纠纷的处理中，法院除了注重交易的契约外，诸多习俗惯例也是裁断纠纷所予以借重的。⑤

对于纠纷解决中民间法应用的研究，首先需要关注的是民间法在纠纷解决中的表现形态和作用意义。有学者在对乡土纠纷研究的过程中发现，在现代法律与乡土情境的碰撞中，生活在祖荫下的村民发展出一种整体利益考量与宏大价值整合的新型正义观——"乡土正义"，它吸纳了可以为村民定纷止争的一切因素与力量，从而成为转型期中国农村法治发展的一个独特方向。⑥ 有学者对于纠纷解决中的面子因素进行了探讨，认为面子作为参考变量介入

---

① 孙光宁：《民间法源的权威：基于判决的可接受性》，载《宁夏社会科学》2011 年第 1 期。

② 李永莉：《民间规则与司法中法律的外部发现》，载《甘肃政法学院学报》2011 年第 3 期。

③ 谢晖：《论民间规则与司法能动》，载《学习与探索》2010 年第 5 期。

④ 陈会林：《人情：传统司法适用民间法的进路——基于涉及"招夫养子"习俗之诉讼中批词与判词的考察》，载《北方法学》2011 年第 3 期。

⑤ 把增强：《契约与法院：民国时期土地交易与纠纷解决的二元嬗递》，载《河北学刊》2011 年第 2 期。

⑥ 栗峥：《乡土纠纷解决的路径选择与正义表达》，载《中外法学》2011 年第 2 期。

到纠纷解决过程中,从而面子事实上构成一种独立于显秩序之外的隐秩序,并内藏着高度伦理的非正式制度安排。① 有学者通过对于回族地区案例的分析,认为在民族地区多元纠纷化解中理应重视宗教规范、宗教人物和民族习惯法的正面解纷作用。② 有学者基于对民国时期新繁县基层司法实践的研究,指出在民国基层民事纠纷处理中,无论是调解的整体比例、半官方调解方式,还是公信力方面,传统的调解方式在基层社会的纠纷解决中仍显示出极强的生命力,且与清代相比,民国时期诉讼中调解和审判完全合而为一的程序已经有了明确的分离。③ 有学者通过对近几年民间法研究学术报告的考察表明,农村纠纷解决与民间法之关联主要包括农村纠纷解决需要民间法,同时农村纠纷解决为民间法发展提供支撑。因此,农村纠纷解决与民间法应保持相互开放的姿态。④ 有学者研究了民间规范在纠纷和解中的功能,认为在纠纷的和解中,民间规范可以支持纠纷者的权利诉求,可以成为解决纠纷的直接依据,也可以支撑国家规范而成为和解的间接依据,并可以传承多元文化。⑤

对于纠纷解决中民间法应用的研究,其次需要关注的是纠纷解决的多元形态和机制。有学者认为我国二元结构的社会现实和当事人的解纷实际需求实质性地塑造着我国解纷机制的样态,从而多元化纠纷解决机制的完善必须回应地域解纷差异的需求,策略性发展解纷机制,深化解纷机制的公益性运行与市场化运行机制,建立多元解纷体系的保障促进机制。⑥ 有学者认为,由于现今社会的规范多元和利益多元,因此人们用以解决纠纷的相关途径和方法

① 易军:《面子与纠纷解决——基于法社会学的分析》,载《西北民族大学学报》(哲学社会科学版)2011 年第 4 期。

② 王宏瓓:《民族社会纠纷解决中宗教因素的实证分析》,载《法学杂志》2011 年第 7 期。

③ 刘昕杰:《以和为贵:民国时期基层民事纠纷中的调解》,载《山东大学学报》(哲学社会科学版)2011 年第 4 期。

④ 李亮:《农村纠纷解决机制中的民间法——以民间法研究学术报告为素材》,载《甘肃政法学院学报》2011 年第 4 期。

⑤ 唐峰:《民间规范在纠纷和解中的功能》,载谢晖、陈金钊:《民间法》(第 10 卷),山东人民出版社 2011 年版,第 27 页。

⑥ 梁平:《多元化纠纷解决机制的制度构建——基于公众选择偏好的实证考察》,载《当代法学》2011 年第 3 期。

均不过是在寻求不同规范间、不同利益间的协调与平衡,从而人们在社会纠纷解决中最终所能实现的也只是纠纷双方大致能够接受的结果。① 有学者基于对甘肃 X 村、L 村和 M 村的调研探讨了民间纠纷解决之道的演变,他认为1990 年前的民事纠主要通过私了解决;1990 年前的刑事案件呈现民事化特点;1990 年后的纠纷解决主要是冲突模式。②

最后需要关注的是纠纷解决中的制度建构,有学者对于民间司法的概念进行了分析,认为民间司法是指以社会权力为基础的民间司法主体,依据国家法、民间法、道德伦理和风俗习惯等规则对民间纠纷进行判断和处理的行为。民间司法以社会权力为基础;德行和威望是民间司法主体的合法性来源;民间司法的规则依据多元,并具有自己独特的适用方法和与运行机制。③ 有学者对于替代性纠纷解决机制的本土化模式进行了思考,认为现阶段应当对普通民众的观念进行重构,对司法 ADR 进行大力扶持,积极培育和吸收社会组织构建社会矛盾调解体系,加强 ADR 本土化实践队伍的建设。④

(五)民间法研究简要评价

回顾 2011 年度的民间法研究,并与以往的研究相比较,我们可以发现当前民间法研究主要呈现出这样几个特点,对它们进行概括既是出于对本年度研究总结的必要,同时也是为以后民间法的研究明确进一步的发展趋势。

首先,对于民间法研究进行总结、评价和反思的作品渐趋增多,同时在今后的研究中此类研究还有待进一步加强。如果从梁治平先生《清代习惯法:国家与社会》的出版算起,民间法的研究在我国大陆已有十六年的时间。经过这十余年的突飞猛进,当前的民间法研究正步入一个总结、反思和提升的阶段,

---

① 魏小强:《社会纠纷解决中的利益衡量与规范协调——以一起民间纠纷为例的分析》,载《江汉论坛》2011 年第 3 期。

② 任强:《民间纠纷解决之道的演变——基于甘肃 X 村、L 村和 M 村的民俗、习惯与司法实践》,2011 年全国民间法·民族习惯法会议交流论文。

③ 吕廷君:《论民间司法的概念》,2011 年全国民间法·民族习惯法会议交流论文。

④ 何兴、俞锋:《浅议替代性纠纷解决机制的本土化适用》,载《浙江社会科学》2010 年第 12 期。

这集中表现在对民间法研究所进行的研究已经起步并获得一定发展。诚如我们所知,民间法要展现自己的学科独立性,形成自己的学术研究共同体,对民间法的研究进行研究既是一个必经的学术研究阶段,同时也是学科独立和学术共同体建立的坚实基础,由此只有在对民间法研究的研究取得一定成果后,我们才可以谈及民间法这门学科的独立性问题。

其次,公法领域中民间法的研究获得较大发展,同时在以后的研究中需要继续拓宽民间法实证研究的领域。在今年的民间法研究中,除了传统私法领域的习惯法研究继续得到深入外,公法领域中的宪法惯例、行政惯例和村规民约等民间法的内容也相继纳入到学者的研究视野中。公法领域中民间法的研究主要表现在两个方面:一是部分民间法研究者把研究目光由私法转向公法,继续对公法中的民间法进行描述研究;二是部分公法学者在当前民间法学术研究的启发下转而对于以前忽视的公法惯例等展开研究,以完善公法的研究范围。正如我们看到,各个领域的社会关系既接受正式制度的调整,同时也受非正式制度的制约。不单是传统的民商事等私法领域是民间法作用的领域,即便是宪法、行政法和刑法等公法领域,也有部分内容是可以纳入到民间法研究之内的,因此应加强对于各个领域的民间法研究。

再次,学者们在对民族习惯法进行描述研究的基础上,着重展开民族习惯法基础理论和司法运用的研究,同时在今后的研究中需要加强民族习惯法对民族地方法治建设需求的回应。在民族习惯法的研究中,描述研究一直是研究的主流,但需要我们注意的是,展开民族习惯法研究的目的在于让民族习惯法更好地为当地的法治建设服务,由此就需要加强对民族习惯法基础理论和司法应用的研究,以便为少数民族地区法治建设服务。

最后,在民间法的司法运用中,民间法司法运用的法律方法研究和纠纷解决中的民间法研究渐趋成熟,同时在未来的研究中应着重加强其中的实证研究和理论研究。对民间法司法运用的法律方法研究而言,我们在注重历史经验和学理探讨的基础上,更为关切的应是实践中司法机制和案例裁判的研究。只有加强此方面的社会实证,从司法实践中获得真实的民间法司法运用的法律方法的情形和案例,才能一方面回应对于民间法司法运用的法律方法研究的质疑,另一方面促进司法体制本身的进步和完善。对纠纷解决中民间法的应用研究,我们应在经验描述的基础上,更加注重纠纷解决相关理论的基础研究,同时在对纠纷解决个案剖析的基础上,注重对纠纷解决整体性的研究,以增强纠纷解决中民间法应用研究的理论解释力度。

三、中国民间法研究学术报告(2012 年)

审视本年度民间法的研究成果我们看到,承续去年的研究①,2012 年度的民间法研究继续在平稳推进中稳步提升。其中,在学术会议方面,共有 5 次与民间法相关的学术会议成功举办②;在学术著作方面,共有 14 本民间法著作③出版,既包括总结本土经验的专著,也包括介绍域外制度的译著;在学术论文

---

①　尚海涛、张晓萍:《中国民间法研究报告(2011)》,载《山东大学学报》(哲学社会科学版)2012 年第 2 期。

②　2011 年 12 月 31 日以"民族法制与少数民族习惯法"为主题的中国法律文化研究会 2011 年年会在中央民族大学召开,6 月 30 日由北京大学政治发展与政府管理研究所与北京大学宪法与行政法研究中心联合主办的"软法与人权保障"学术研讨会在北京大学召开,9 月 21 日至 25 日,由中国人类学民族学研究会和西北民族大学共同举办的中国人类学民族学 2012 年年会在兰州举行,10 月 20 日至 21 日第八届民间法·习惯法学术研讨会在西北政法大学召开,12 月 25 日,第三届中国原生态民族文化高峰论坛在怀化举行。

③　2012 年民间法研究的学术著作和译著有,高其才:《当代中国婚姻家庭习惯法》,法律出版社 2012 年版;徐晓光:《款约法:黔东南侗族习惯法的历史人类学考察》,厦门大学出版社 2012 年版;尚海涛:《民国时期华北地区农业雇佣习惯规范研究》,中国政法大学出版社 2012 年版;姜世波、王彬:《习惯法规则的形成机制及其查明问题研究》,中国政法大学出版社 2012 年版;唐峰:《纠纷和解研究》,中国政法大学出版社 2012 年版;陈文华:《民间规则在民事纠纷解决中的适用》,中国政法大学出版社 2012 年版;[日]中岛乐章:《明代乡村纠纷与秩序——以徽州文书为中心》,江苏人民出版社 2012 年版,叶英萍:《黎族习惯法:从自治秩序到统一法律秩序》,社会科学文献出版社 2012 年版。[英]罗伯茨:《秩序与争议:法律人类学导论》,上海交通大学出版社 2012 年版;苏永生:《刑法与民族习惯法的互动关系研究》,科学出版社 2012 年版;韩立收:《查禁与除禁:黎族标习惯法研究》,上海大学出版社 2012 年版;巴旦旦火、陈国光:《凉山彝族习惯法调解争端的现实案例》,中央民族大学出版社 2012 年版;何小平:《清代习惯法——墓地所有权研究》,人民出版社 2012 年版;莫金山:《金秀瑶族村规民约》,民族出版社 2012 年版。

方面,本年度共有 367 篇①民间法方向的论文发表。对上述民间法的研究成果,我们主要从民间法本体研究、民间法社会实证研究、民族习惯法研究和民间法的司法运用四个方面进行梳理和分析。

(一)民间法的本体研究

民间法的本体研究是民间法研究的理论基础,既是民间法研究创新的源泉,也是推动民间法学科发展的基石,因此本书首先展开对民间法本体研究的分析。

随着民间法研究的深入,学者们对民间法宏观性和深层次的问题进行了总结和研究,这包括民间法研究的学术视野、学术进路和研究使命等。有学者认为,当前民间法研究有两种学术视野,一是社会—人类学视野,其基本特点是把民间法作为社会事实的有机组成部分予以学理总结和提升;二是法学视野,其基本特点是把民间法作为一种制度事实予以学理总结和提升。民间法研究的社会学视野和法学视野,在研究的出发点、对象、方法及制度功能上都有明显区别。② 有学者认为,由于法律人类学进路对国家—社会框架做单一的支配性理解,使得研究往往停留于对民间法运行较为表层的分析上。同时,学界对法律社会学价值基础没有认真检讨,未对中国当代自身的价值理论做认真研究,因此存在思维在西方传统模式中摇摆的情况。虽然当下法律人类学研究对民间法乃至整个法学界研究都有所贡献,但其所开放出来的问题还没有为学界足够重视。③ 有学者认为,当前民间法研究要走出迷思与困境,必须践履四大使命:一是收集整理民间法规范,并使之系统化,重建民间法规范的话语系统;二是从理论上分析论证民间法的功能、地位和正当性,使之合法化;三是探讨民间法的特性和运作机制,协调其与国家法的互动、互补关系;四

① 统计包括中国知网中 2011 年 11 月—2012 年 12 月所发表的民间法论文、《民间法》期刊中刊发的论文和在第八届全国民间法·民族习惯法会议上首次发表的论文。

② 谢晖:《论民间法研究的两种学术视野及其区别》,载《哈尔滨工业大学学报》(哲学社会科学版)2012 年第 2 期。

③ 李瑜青、张建:《民间法研究中的法律人类学进路》,载《社会科学辑刊》2012 年第 1 期。

是规制民间权威,重建社会信任系统,促进社会稳定和谐与社会公平发展。[①]

民间法与国家法的关系问题作为民间法研究中的主要问题,始终受到学者们的青睐。有学者研究了民间法与国家法互动中的习惯权利问题,认为习惯是法的渊源之一,某些习惯权利作为一种自发权利先于法定权利存在,后经国家立法程序确认与吸收而成为法定权利。习惯权利不只可以纳入民事立法,也可以成为宪法权利的前身。即使没有被纳入宪法和法律,一般也应受到法律保护或不予干预。这也是衡量宪法的民主性的一个标尺,是对公民权利保障广度的体现。[②] 有学者认为,我国当代法律、行政法规中的习惯在近十几年中出现了许多新的规定:在习惯这一概念的文字表述上存在着多种表达方式;在内容上主要集中于民商法、行政法和宪法等部门法当中。我国当代法律、行政法规中习惯的发展与变化代表了一种"为生活而立法"的新的立法理念。[③] 有学者认为,我国当代法治通过吸收近现代西方法治理论后,在习惯与国法的关系上醇化出三个基本命题,由此形成三种互有联系的制度性理念:习惯与国法之间的"进化命题",由之形成工具论的处置理念;习惯与国法之间的"分离命题",由之形成二元化的规制理念;习惯与国法之间的"指向命题",由之形成差序化的调适理念。[④] 有学者基于埃利希的"活法"理论,认为国家法与民间法之间存在着冲突、互动和共谋三种辩证关系。构建当代中国国家法与民族法的良性关系应从坚持法制统一原则,充分行使立法自治权和在立法、执法、司法实践中灵活对待民间法三个方面入手。[⑤] 有学者认为,习惯难以进入地方立法的原因主要是习惯具有"僵化"特性,习惯与地方立法有着不同的秩序机理。习惯进入地方立法的路径体系有兼容性的立法观念、区分习惯的

---

① 胡平仁、陈思:《民间法研究的使命》,载《湘潭大学学报》(哲学社会科学版)2012年第2期。

② 郭道晖:《习惯权利与宪政立法》,载《哈尔滨工业大学学报》(社会科学版)2012年第1期。

③ 张哲、张宏扬:《当代中国法律、行政法规中的习惯——基于"为生活立法"的思考》,载《清华法学》2012年第2期。

④ 李可:《习惯如何进入国法——对当代中国习惯处置理念之追问》,载《清华法学》2012年第2期。

⑤ 冯广林、刘振宇:《"活法"视域下国家法与民间法的关系》,载《内蒙古大学学报》(哲学社会科学版)2012年第2期。

具体情况、隐性路径、推动公众参与地方立法等。^① 有学者认为，民间法是产生于乡村内群体的一种社会心理认同，根植于乡民内心；而制定法是以体现国家意志并以国家强制力为保障的具有普适性的行为规范。在农村法治化建设以及乡土社会转型的背景之下，农民对法律的需求表现得越来越强烈，制定法下乡成为趋势，正确认识和处理二者之间的关系成为农村法治化建设的前提。^② 有学者认为，当下的中国法学正面临严重的文化"认同危机"，即中国法学受到"西方现代化范式"的支配。实现真正的法学"中国化"，应当融汇西方、传统和社会主义三种因素，并实现某种超越。建构中国自身的法律理想图景，应重视对儒家文化传统中"民本"、"仁"和"孝"的转出和提炼。^③

民间法的概念问题和各概念间的关系问题作为民间法研究的基点，一直受到学者们的重视。有学者在研究了习惯和习惯法的关系后认为：法律文化的三部曲是从习惯到习惯法，再到国家法，抽离国家认可的标准，习惯和习惯法是一回事；习惯的适用须以法律和政策缺位为前提，习惯的优先适用只能作为例外，且须依法律之规定；习惯是一个自然生长的过程，也有一个自然消亡的过程。^④ 有学者探讨了习惯法和软法的关系和转化，认为软法是习惯法和硬法进行互动的基本媒介。习惯法向软法转化的原因由低层次法形式向高层次法形式转化是法作为一种社会规则的必然发展趋势，向软法乃至于硬法转化是习惯法自身发展的必然结果。习惯法向软法转化的渠道有直接承认和间接承认（不否认、制裁违反习惯法的行为）。^⑤ 有学者认为，习惯规范的界定首先需要明确界定的学术立场。站在法规范学立场上的习惯规范，是在某一时期的一定区域内，诸多社会主体就某种特定事项反复实践，从而所形成的带有

① 吕金柱、石明旺：《论习惯在地方立法中的实现路径》，载《学术探索》2012年第4期。

② 于语和、雷园园：《乡土社会转型时期的制定法与民间法关系论纲》，载《湖南警察学院学报》2012年第1期。

③ 钱锦宇：《儒家文化与法学"中国化"——基于新儒家文化视野的初步思考》，载《西北大学学报》（哲学社会科学版）2012年第6期。

④ 刘作翔：《习惯与习惯法三题》，载《哈尔滨工业大学学报》（社会科学版）2012年第1期。

⑤ 郑毅：《论习惯法与软法的关系及转化》，载《山东大学学报》（哲学社会科学版）2012年第2期。

权利和义务分配性质的社会规范。习惯规范与惯例虽同属于社会规范,但习惯规范属于规范范畴,而惯例仅是一种实然的事实;习惯规范与道德规范虽同属于规范范畴,但二者在权利与义务方面具有较大的差异性。① 有学者分析了"民间法"这一语词,认为我们首先应当承认"民间法"这一语词本身并不是一个合理名称,原因就在于它违背了分析法学对"法"与"非法"的区分。但是,在语言符号任意性的意义上,我们还是能够以"民间法"这一符号指称法学研究中的"民间社会规范"这样一个对象领域,而且不会将民间法混淆于国家实在法。②

民间法自身的语言问题、机制问题和秩序问题也为不同学者所分析和研究。有学者研究了民间法语言的模糊性问题,认为民间法语言的模糊性具有普遍性,其成因具有多元化特点。民间法语言的模糊性既有扩大民间法规范的解释力、促进民间法规范效力的实现、形成与国家法语言的互补等积极作用,也有消极影响规范的指引作用、为社会权力滥用提供方便、不利于民间法文化塑造等消极作用。③ 有学者对习惯法的变迁机制进行了研究,认为习惯法的变迁主要有濡化机制和涵化机制。濡化机制具体包括教化适应机制、内化学习机制和自我纠错机制;涵化过程分为不统一阶段、否定性阶段和独立性阶段。濡化机制主要表现为习惯法在纵向的代际之间的传承;而涵化机制主要是习惯法对其他规范体系的借取。④ 有学者认为,秩序的萌发、形成与维系并非完全以法律为依托,社会规范在前政府时代社会秩序维持中起着重要的作用。博弈论和信号传递理论为理解社会规范的出现和运作提供了一个更加清晰的视角,同时也为社会规范的弱点及法律的功能提供了一个较为有力的解说。⑤

---

① 尚海涛、龚艳:《法规范学视野下习惯规范的界定——以雇佣习惯规范为例说明》,载《甘肃政法学院学报》2012年第3期。

② 魏治勋:《"民间法"概念问题辨谬》,载谢晖、陈金钊:《民间法》(第11卷),厦门大学出版社2012年版,第23~30页。

③ 王月峰:《论民间法语言的模糊性》,载《北京政法职业学院学报》2012年第2期。

④ 龚艳、尚海涛:《论习惯法的历史变迁机制——基于山东省H村的调研》,载《甘肃政法学院学报》2012年第6期。

⑤ 梁光勇:《社会规范的形成与运作——以合作为视角》,载《学术探索》2012年第2期。

(二)民间法的社会实证研究

民间法的社会实证是对社会生活中的民间法进行的描述和分析,是在深入总结民间规范基础上探究其中所蕴含的理论维度。作为民间法研究的经验基础,学界对民间法的社会实证研究重视有加。

在民间法的社会实证研究中,学者们最先着手且研究数量最多的是历史领域中的民间法。有学者认为,古代民事实体法主要表现为礼仪、风俗,古代民事程序法主要是诉讼习惯。民事诉讼习惯不仅反映制度生成的具体环境和条件,而且展现了制度运行的细节及其作用、功能和价值。民事诉讼习惯是包括官府和当事人在内的所有诉讼主体必须遵循的规范,随着时间和地域的差异,表现出了多样性和灵活性,服务于国家和地方政府的社会治理目标。[①] 有学者认为,传统中国中政府对商人及商业的平衡政策导向及不断发展的商业形势,为商事习惯的形成和发展奠定了社会基础,而儒家学说与国家制定法则为其提供了法律支撑。在长期的商业交易往来和行业自治过程中逐渐形成以商人的道德价值观为原型的商事习惯。[②] 有学者对清末民初民间借贷习惯进行了研究,认为借贷利率与借贷期限、借贷数额、借贷对象及银根松紧形势等市场因素有关。借贷利率有"零利率"、"低利率"、"高利率"之分;借贷担保有以中人与房屋、土地、粮食、牲畜甚至妻女之分;债务履行有利息滚入母金、利息不滚入母金、停利归本、先偿利后归本、打账与摊账或摊还、立发财票或兴隆票之分。[③] 有学者对清末民初习惯法的效果进行了研究,认为转型时期习惯法的积极效果有尊重情感,团结互助,维护和谐;保护农业,鼓励农耕,崇尚自然;保护交易,权力均衡,追求公平;合理规划,减少纷争,爱护环境。[④] 有学者对清末民初债务问题的解决途径与方式进行了研究,认为在清末民初社会政

[①]　汪世荣:《中国古代的民事诉讼习惯》,载《法律科学》2012年第4期。

[②]　张松:《中国传统商事习惯的形成及其近代演变》,载《求索》2012年第8期。

[③]　郑永福、李道永:《清末民初民间借贷中的民事习惯》,载《江西财经大学学报》2012年第1期。

[④]　马珺:《清末民初社会转型期习惯法的积极社会效果》,载《史学月刊》2012年第12期。

治、经济等各方面处于新旧交替的过渡和动荡情形下,债务纠纷的解决,体现出制订法与习惯法并存,商会传统理案方式与近代审判厅的司法程序新旧相结合的客观存在。①

与历史相对照,当前经济社会生活中也通行着众多的各类型的民间法和习惯法。有学者研究了浙江慈溪蒋村的订婚习惯法,蒋村订婚有自愿、必要、协商三个基本原则,相识与媒人规范、订婚程序规范、彩礼规范等为订婚的主要规范。在订婚习惯法的发展中,经济因素日益突出。② 有学者研究了公民行为习惯法,认为民谚作为公民行为习惯法的一种特殊载体,主要包括自身行为规范、家庭家族行为规范、社会交往行为规范和经济交往规范。行为习惯法的核心价值是"情"、"理"、"和"。情与理是和的基础,是人行为的维度;情与理冲突时舍情取理;和是情与理的归属,是人行为的目的。③ 有学者研究了跨国民间法,所谓跨国民间法是指由全球公民社会创立并监控执行的独立于国家法体系(包括国际法和国内法)之外的规则体系。目前在国际上具有重要影响的跨国民间规制领域有跨国商法的民间造法模式、跨国民间食品安全规制、会计公司对财务方面的规制和国际金融监管标准、跨国公司社会责任规制和对环境问题的规制等。④ 有学者研究了宪法惯例,认为宪法惯例作为一种默示的宪法规则,应当与一国的宪法精神、制宪宗旨和宪法原则相契合,同时亦应具有确定的规范性和拘束力。现阶段,为了促使宪法惯例在引导我国立宪、修宪、宪法解释、实施方面起到其应有的作用,有必要探索某些反映宪法自身运行规律的程序性惯例。⑤ 有学者研究了保险惯例,认为保险惯例作为一项有待评价的事实,其特有的形成背景和实际功效决定了法院应从强制规范审查和专业技术查证两个路径进行评判,以通过个案的审查令交易双方对保险惯

---

① 王雪梅:《官方与民间合力,制定法与习惯法并用——清末民初债务问题的解决途径与方式探析》,载《四川师范大学学报》(社会科学版)2012年第6期。

② 高其才、罗昶:《传承与变异:浙江慈溪蒋村的订婚习惯法》,载《法制与社会发展》2012年第2期。

③ 冉瑞燕:《清江流域公民行为习惯法研究——以民谚为视角》,载《中南民族大学学报》(人文社会科学版)2012年第1期。

④ 姜世波:《跨国民间法的兴起及其与国家法体系的互动》,载《甘肃政法学院学报》2012年第4期。

⑤ 张义清:《宪法惯例的理性思考》,载《社会主义研究》2012年第4期。

例形成最大限度的共识。① 有学者借助社会资本的理论框架,以宁波市人力资源行业协会为例,探讨了行业协会自治权的社会基础、保障机制和运行模式,认为随着我国行业协会的不断发展,协会自治权的运行模式正从人际信任趋向于普遍信任,如何建立起一个行业的系统信任,尤其是政府如何发挥应有的作用,将成为行业协会未来发展的关键。② 有学者研究了遗产民间规则,认为我国现有相关法律制度未能给一个遗产地自发形成的民间规则提供发挥其调整功能的基本平台;对各种潜在的侵害遗产资源的行为缺乏有效的预防和监督机制;不能为遗产资源合理开发方式的探索和创新提供稳定的制度预期和风险保障;也没有就如何处理相关利害关系人的利益矛盾与冲突提出解决机制和办法。未来改革的目标应该是构建国家法与民间规则的互动平台,共同确立恰当的遗产资源产权安排机制,以促使各方当事人采取集体行动,实现可持续发展。③

(三)民族习惯法研究

我国地域辽阔和民族众多的国情决定了我们在研究法治转型的过程中,无法忽视同一时空中不同民族存在不同的法治观念、权利观念和仪式文化的社会现实。因此,对民族习惯法的研究一直是民间法研究的重点。

在本年度的民族习惯法研究中,对民族习惯法综述性和整合性研究的成果较多。有学者从重大事件、标志性成果、理论创新三个方面梳理了改革开放三十多年来我国民族习惯法研究状况,重大事件主要是七次民间法·民族习惯法会议和一次当代中国少数民族习惯法研讨会;标志性成果主要有《民间法》、《中国习惯法》、《清代习惯法》等书籍的出版;理论创新主要有法律多元理论、本土资源理论、民间法/习惯法理论等。④ 有学者对 30 年来中国少数民族

① 方志平:《论保险惯例——以商业车险条款为中心》,载《中外法学》2012 年第 3 期。

② 李学兰:《论社会资本视野下的行业协会自治权》,载《甘肃政法学院学报》2012 年第 1 期。

③ 赵海怡:《我国遗产资源使用管理规则的重构——一个集体行动的逻辑》,2012 年全国民间法·民族习惯法会议交流论文。

④ 周世中、龚波:《改革开放三十多年来我国民族习惯法研究状况及未来走向》,载《广西师范大学学报》(哲学社会科学版)2012 年第 5 期。

习惯法研究进行了综述,认为 30 年来国内少数民族习惯法研究得到蓬勃发展。呈现出研究的跨学科性、研究类型的多样性、所研究民族在地域分布上的南多北少、学者研究习惯法的业余性和兼职性、法律多元主义观点的认同等特点。存在着诸如具体实证研究不足、未形成固定研究团队、研究方法单一等问题和不足。[①] 有学者认为,少数民族与民族地区纠纷解决机制的研究主题在 2005 年以前的中国法学界来说几乎是无意识的。2005 年后,应化解社会矛盾问题的现实所需,部分学者才陆续将目光投向这个领域。民族纠纷解决机制的研究不仅为当下构建多元纠纷解决机制、实现社会秩序提供了更广阔的思路,而且有助于提升民族法学研究的现实价值。[②] 有学者从问题意识、发表论文、学术团队、课题立项、成果获奖等几个方面入手对三十年间的苗族习惯法研究进行了考察,认为苗族习惯法研究分三个阶段,分别是改革开放后苗族习惯法研究的发端,20 世纪 90 年代至 21 世纪初苗族习惯法研究的兴起和 21 世纪苗族习惯法研究的高峰期。苗族习惯法研究要想在我国学术界占据一席之地,就要在不同学科、交叉学科的理论指导下,用多学科的研究方法,开展深入的研究。[③] 有学者对近三十年来国内藏族习惯法研究进行了考察,认为藏族习惯法的研究可以分为起步阶段(1984—90 年代)、蓬勃发展阶段(20 世纪 90 年代)和深入开展阶段(2000 年以后)。所研究的具体内容有藏族习惯法与国家制定法的关系、刑法与"赔命价"问题、藏族习惯法的"回潮"问题和"转型"问题等。[④]

关于藏族习惯法,有学者认为所谓藏族习惯法指藏民在日常生活中加以确认或制定,并通过部落组织赋予其强制力或法律效力,由藏区各部落强制保证实施并靠盟誓约定的方式调解部落内外关系的具有法律效力的社会规范。在司法审判领域中,法官对藏族习惯法的适用更多地体现在庭前调解、诉讼调

---

① 牛绿花:《回眸 30 年:当代中国少数民族习惯法研究综述》,载《云南大学学报》(法学版)2012 年第 2 期。

② 蒋鸣湄:《民族法学研究新境界——少数民族与民族地区纠纷解决机制研究评述及展望》,载《甘肃政法学院学报》2011 年第 6 期。

③ 文新宇:《三十年来苗族习惯法研究回顾与展望》,载《甘肃政法学院学报》2012 年第 6 期。

④ 曾丽容:《近三十年来国内藏族习惯法研究综述》,载《西藏民族学院学报》(哲学社会科学版)2012 年第 5 期。

解等判决以外的机制中(包括刑事附带民事案件的调解)。① 有学者对藏族习惯法中的惩罚性赔偿规则进行了研究,所谓惩罚性赔偿规则是指在加害人侵害受害人某些利益的场合,加害人所赔付给受害人的金额或者财物远远超过受害人所遭受损失的一类规则。这些规则的特点表现为刑事处罚与民事处罚并存、较强的阶级等级性和惩罚的严厉性。这些惩罚性赔偿规则具有赔偿功能、制裁功能和遏制功能。② 有学者认为,藏族赔命价起源于对原始复仇的否定并具有浓厚的原始宗教因素,以赔命价方式解决命案,主要表现为两种形式:当命案发生后,无论国家司法权是否介入,当事人之间都会通过调解的方式确定命价了结案件;当事人与国家司法机关进行谈判,民间调解与司法权共同介入命案。赔偿命价的私力性并不构成其存在的非合理性,我们的法学更应该客观地站在当事人或者说被害人的立场上,去还原正义,去认识赔命价。③ 有学者认为,甘南藏族聚居区部落习惯法中的调解人——“斯哇”在藏族社会变迁中的调解实践为解决国家法与民间法之间的紧张与冲突提供了经验:一方面,国家法应当从尊重地方性知识出发,为寻求互动作出认知民间法知识体系的努力;另一方面,民间法也应当积极自我扬弃,自觉挖掘其间所蕴藏的,既符合国家及民族发展实际又具有沟通两种知识体系的力量的“现代性”,以寻求与国家法的沟通与衔接。④

关于瑶族习惯法,有学者考察了《大瑶山团结公约》,认为《大瑶山团结公约》是新中国成立初期金秀瑶族自治地方各族人民共同制定和实施的得到中央、自治区认可的新石牌,具有民族自治地方单行条例的性质。瑶族固有习惯法的基本精神、议订程序、某些规范在《大瑶山团结公约》订立中得到了全面的

---

① 周世中、周守俊:《藏族习惯法司法适用的方式和程序研究——以四川省甘孜州地区的藏族习惯法为例》,载《现代法学》2012 年第 6 期。

② 匡爱民、黄娅琴:《藏族习惯法中的惩罚性赔偿规则研究》,载《中央民族大学学报》(哲学社会科学版)2012 年第 1 期。

③ 杜文忠:《“赔命价”习惯的司法价值及其与现行法律的会通》,载《法学》2012 年第 1 期。

④ 常丽霞:《“斯哇”:在国家与社会之间——甘南藏族聚居区两起个案的法人类学考察》,载《甘肃政法学院学报》2012 年第 5 期。

体现,这充分表明了瑶族固有习惯法具有现代价值。① 有学者考察了广西金秀瑶族自治县金秀镇司法所、人民调解委员会处理的一起相邻排水纠纷调解,认为借鉴瑶族传统的纠纷处理习惯法,吸纳瑶族固有习惯法的现代价值,能够圆满地解决村民之间的冲突,并取得较好的社会效果。这表明瑶族习惯法在当代中国纠纷解决中是有现实意义的。② 有学者认为存在多种习惯法文化,即道教习惯法、遵神道礼习惯法、口耳相传习惯法、分配习惯法、租贷习惯法、婚姻习惯法、歌谣习惯法、传说习惯法、故事习惯法、生养习惯法等。③

关于回族习惯法,有学者将回族婚姻习惯法与《婚姻法》进行了比较,认为回族婚姻习惯法与我国《婚姻法》的冲突主要表现在结婚的条件、结婚的程序和禁止结婚等几个方面,从而提出加大《婚姻法》的普法力度、积极寻求民间协调平台、重新诠释《古兰经》以及自治县法律变通权的合理运用等构想。④ 关于土家族习惯法,有学者分析了社会管理中民族传统习惯的利用方式,认为在社会管理中充分重视民族传统文化的现代价值,在国家社会管理活动中尊重与承认民族习惯法,社会管理中利用民族习惯法加强村民自治,国家法律与民族传统相结合是实现社会管理目标的重要保证。⑤ 关于羌族习惯法,有学者认为婚姻缔结有正聘、入赘、转房、抢婚等形式,同时有同姓不婚、近亲通婚、早婚、强制包办、神灵定亲、婚姻尚财、多妻、禁止离婚、容忍性乱等原则,以维护婚姻稳定,刺激人口增长。⑥ 关于黎族习惯法,有学者研究了黎族传统中的"禁"习惯法,认为禁鬼附体于人变为禁母、禁公,然后用禁术害人生病。禁母、禁公害人包括"无意禁人"和"有意禁人"两种类型。娘母、道公利用占卜等方

---

① 高其才、罗昶:《尊重与吸纳:民族自治地方立法中的固有习惯法——以〈大瑶山团结公约〉订立为考察对象》,载《清华法学》2012年第2期。

② 高其才:《传承和弘扬:瑶族习惯法在人民调解中的运用——以广西金秀一起相邻排水纠纷的调解为例》,载《北京航空航天大学学报》(社会科学版)2012年第2期。

③ 周书尧、盘福东:《瑶族千家洞民族习惯法的历史作用》,载《社会科学家》2012年第9期。

④ 魏彦芳:《论回族婚姻习惯法与〈婚姻法〉的冲突及调适——以甘肃省张家川回族自治县为例》,载《西北民族大学学报》(哲学社会科学版)。

⑤ 卢明威:《论社会管理中民族传统习惯的发掘与利用——以湖北省五峰县土家族习惯法为个案》,载《湖北社会科学》2012年第8期。

⑥ 龙大轩:《羌族婚姻习惯法述论》,载《广西师范大学学报》(哲学社会科学版)2012年第2期。

式来"查禁",查出后人们对于"无意禁人"的禁母进行"警告"、"抽打"、"洗澡"等处理,而对于"有意禁人"的禁母、禁公则采取判处死刑等严厉的处罚。① 关于侗族习惯法,有学者认为,随着时代的变迁,侗款在组织形式、活动方式、规约等方面发生了一系列变化,其当代的存续形式主要表现为村规民约。侗款纠纷解决功能的运作方式,可以分为两种相互作用的传统运作方式与现代运作方式。通过侗款解决纠纷与通过国家司法解决纠纷之间存在一定的冲突之处,应该从治理的角度来正确对待侗款,从而更好地发挥其对侗族地区民族团结的促进作用。②

有学者认为,民族习惯法适用于民事司法存在体制保障的缺失、对民族习惯法缺乏必要的调查和汇编、民族地区法官适用民族习惯法的意识有待加强等方面的困境。民族地区应该通过建立善良民族习惯法的认定标准,整理和汇编民族习惯法民事司法适用案例,加强对民族地区民众利用民族习惯法的引导,培育民族地区法官自觉运用民族习惯法的意识理念等方面的措施,以为民族习惯法在民事司法中的适用提供保障。③ 有学者研究了少数民族环境习惯法的作用机制,认为少数民族环境习惯法的效力基础有物质生活条件的制约、自然禁忌或宗教信仰、内容与程序的民主性和惩罚的严厉性;少数民族习惯法的生成有俗成和议定两种形式。在少数民族地区,实施习惯法、管理村寨事务的,既可以是一个可以随时组织起来的机构,也可以是某些人或某个人。④

(四)民间法司法运用研究

在近年来的民间法研究中,民间法的司法运用获得了极大关注和发展,一

---

① 韩立收:《"禁"之罪与罚——黎族传统"禁"习惯法概述》,载《甘肃政法学院学报》2012 年第 2 期。

② 郭剑平:《侗款的变迁及其与侗族地区纠纷解决机制研究》,载《现代法学》2012 年第 5 期。

③ 郭剑平:《论民族习惯法在民事司法中的适用》,载《湘潭大学学报》(哲学社会科学版)2012 年第 2 期。

④ 张军辉:《论少数民族环境习惯法的作用机制》,载《中国政法大学学报》2012 年第 4 期。

方面源于近几年司法实践的转向,即一些法院将民间法引入司法活动,从而将司法的法律效果与社会效果有机结合起来,促进司法获得法律支持的同时,也获得了民意的接受;另一方面源于民间法研究的转向,即民间法研究向司法领域的迈进,从而赋予了民间法研究更为深层的理论内涵与现实关怀。在民间法司法运用的研究中,学者们主要在两个路向上深入挖掘、着力推进:一是纠纷解决中的民间法应用研究;二是民间法司法运用的法律方法研究。

对于纠纷解决中民间法应用的研究,首先需要关注的是民间法在纠纷解决中的表现形态和适用方式。有学者认为,文明时代的纠纷解决方式一般分为三种:一种是司法诉讼方式,其规范运用的特点是以法律为主,以民间法为辅。另一种是诉讼替代性纠纷解决方案,如调解、仲裁等,其规范运用的特点是在法律、民间法的选择上难分彼此,说不上谁主谁辅,在这种纠纷处理中,当事人本身具有规范适用的选择权和权利处分的选择权。第三种是私力救济,它可以分为启动形式合法的私力救济和启动形式非法的私力救济。在私力救济中,其规范运用反倒是以民间法为主,国家法最多只为辅助。① 有学者认为,在新时期西南少数民族地区多元纠纷解决机制的构建中,应该坚持以调解组织与法院审判两大体系为中心,具体是人民调解组织必须坚持运作机制上的非国家性,纠纷解决过程和形式上要体现非司法特点;司法机关运作机制上要体现国家性,解决过程中遵循严格形式主义和法治主义;治安调解机制应采取严格的"法治"主义,即"严格地依法而为"。在传统纠纷解决机制上应正视、承认传统纠纷解决机制的补充作用,采用不同途径和机制让传统纠纷解决机制成为此地区纠纷解决的有机部分。② 有学者认为,吵架是生活中人们以激烈的语言交流应对纠纷的一种方式。在中国语境下,它打破了那种稳态的熟人关系模式,直接面向了冲突本身,成为人们在利益和要求方面自我表达的平台。国人之规则信任缺失是现象背后的真相。以伦理和强力主导的交往模式中,由规则来治理的良序社会尚不明朗。③ 有学者认为,根据纠纷解决取决于何方主体之意愿,纠纷解决方式分为自决、合决、他决。合决即和解,和解是根

① 谢晖:《论民间法与纠纷解决》,载《法律科学》2011 年第 6 期。

② 胡兴东:《西南民族地区多元纠纷解决机制研究》,载《中国法学》2012 年第 1 期。

③ 刘祥超:《论"吵架"现象背后的规则信任缺失》,载谢晖、陈金钊:《民间法》(第 11 卷),厦门大学出版社 2012 年版,第 371～382 页。

据合意解决纠纷的方式,具有解决纠纷、形成规则、归属责任、恢复关系的功能。[①] 有学者认为,侗族地区林权纠纷是指发生在侗族地区的公民与公民之间,公民与法人和其他社会组织之间涉及林业民事权利义务争议的各种纠纷。要解决这些纠纷和矛盾,除了要适用国家法之外,还必须利用侗族习惯法。侗族习惯法在解决林权纠纷中仍起到国家法不能替代的作用,利用好这些习惯法,对促进侗族地区的林权改革与和谐稳定是大有裨益的。[②]

对于民间法司法适用的法律方法研究,学者们主要从法律渊源、漏洞补充和司法查明等法律方法入手。有学者认为,从区分法律规范与法律渊源的角度,民俗习惯可以定位为一种民商法法源。因社会变迁以及地域差异而出现法律漏洞时,民俗习惯具有补充强制法以维护正常秩序之功能,这是其作为法源的主要法理依据。民俗习惯作为法源的效力依据,在法有明文规定的情况下来自成文法规则,而当法无明文规定时则通过公序良俗等基本原则得以体现。[③] 有学者认为,习惯是特殊情形下的权威理由,也是可供论证的实质理由,所以习惯具有法律渊源地位。从理论上看,法律渊源可以根据位阶的不同分为必须的法律渊源、应该的法律渊源和可以的法律渊源。可以的法律渊源,是对习惯法源地位的经典描述。[④] 有学者认为,在商事合同视域下,交易习惯的规范功能贯通整个合同行为,是合同订立的方式根据、合同成立的时间根据、合同义务的发生根据、合同内容的确定根据、合同条款的解释根据。交易习惯的认定标准包括客观标准、主观标准、时间标准和价值标准。[⑤] 有学者认为,英属殖民地的法官们对"作为事实的习惯"和"作为法律的习惯法"适用不同的查明方法。"对作为事实的习惯",法官采取征召助理法官、咨询地方贤达、查阅经典教科书、传唤目击证人、查阅司法裁决等方法;而"作为法律的习

① 唐峰:《纠纷和解的功能——个案解决视角》,载谢晖、陈金钊:《民间法》(第11卷),厦门大学出版社2012年版,第56～70页。

② 周世中:《侗族习惯法在解决侗族地区林权纠纷中功能及路径选择——以广西三江侗族自治县林权改革为例》,载《山东大学学报》(哲学社会科学版)2011年第6期。

③ 厉尽国:《论民俗习惯之民商法法源地位》,载《山东大学学报》(哲学社会科学版)2011年第6期。

④ 彭中礼:《论习惯的法律渊源地位》,载《甘肃政法学院学报》2012年第1期。

⑤ 李绍章:《商事合同视域下交易习惯的规范功能及其裁判技术》,载《新疆社会科学》2012年第2期。

惯法",习惯的法典化,判例法和司法认知,则是法官识别习惯法的重要途径。[1] 有学者认为,民间规则作为一种不同于国家法的社会规范。它具有地方性、圆融性和经验性,可以补充国家制定法的不足。在普通法系,法官以民间规则为主要法源,严格限制国家制定法的适用范围,一旦制定法模糊不清则可以以民间规则取而代之。在民法法系,尽管民间规则不是主要法源,但是制定法的缺陷是不争的事实,因此,法官常常运用民间规则消除制定法歧异、填补制定法的漏洞以及借助民间规则具体化不确定概念和一般法律条款。[2] 有学者认为,民间规则的司法适用只是为了填补国家法的漏洞,应当严格适用条件以防止滥用。民间规则的司法适用必须进行识别程序,这个识别程序包括民间规则的主张、举证以及查明三个环节,其中当事人与法官承担着不同的责任:当事人主张存在某项民间规则并予以举证;法官识别与适用该项民间规则。法官对民间规则的识别内容包括规范识别与效力识别两个方面。在相关的制度设计上,我国应当建立民间规则的司法识别机制,主要包括设立法官识别民间规则的标准、以民间规则的汇编建立案例指导制度等。[3]

除了研究现实实践中民间法的司法运用外,还有部分学者将目光投向历史过程中,考察古代民间法司法运用的情况,以期对当今有一定的启示和教育。有学者认为,民初大理院在援用习惯时,通常会依次从强行法有无明文规定、当事人之间有无合法有效的契约、该习惯是否确实存在并且善良三方面加以考量。而对于商事习惯,大理院的态度则更为积极、肯定。这些无疑都是当下司法领域可以借鉴的宝贵经验。[4] 有学者认为,习惯在司法近代化以前不具有作为裁判依据的法源性特征,在司法近代化过程中,习惯被作为本土资源被"发现"和利用,这与固有民法中制定法的缺乏和不足以及近代西方法政治思潮中习惯和习惯法观念在近代中国的传播等因素密切相关。与此同时,民

---

[1] 王林敏:《英属殖民地民间习惯的司法查明》,载谢晖、陈金钊:《民间法》(第11卷),厦门大学出版社 2012 年版,第 410~418 页。

[2] 陈文华:《民间规则与法律方法——以比较法为视角》,载《甘肃政法学院学报》2012 年第 2 期。

[3] 瞿琨、戴燚:《民间规则的司法识别:程序、内容与机制》,载《山东大学学报》(哲学社会科学版)2012 年第 5 期。

[4] 尹萍:《民初大理院援用习惯之考量因素探析——以〈大理院判例要旨汇览〉(1912—1918)为主要考察文本》,载《山东大学学报》(哲学社会科学版)2012 年第 5 期。

初大理院对某些习惯的限制和导正政策,导致习惯在司法领域不仅被"发现"和利用,而且被进一步"现代化",这对地方司法实践产生了一定的影响。^① 有学者认为,清末民初的天津商会裁判以法制转型和社会转型为背景,体现出近代中国国家与社会关系的演变、传统与现代的碰撞,因而具有国家强制与社会自治、形式理性与实质理性交相互动的悖论特征。中国近代社会转型中的商会裁判之所以未能发展出西方资本主义的法治秩序,根本原因在于近代中国的商事法律并未完全成为高度分化的社会自治系统。^②

(五)民间法研究简要评价

通过对 2012 年度民间法研究中代表性观点的介绍,并与以往的研究相比较,我们可以发现当前民间法研究主要呈现这样几个特点,对它们进行概括既是对本年度研究总结的必要,同时也为以后民间法研究明确进一步发展趋势。

首先,在民间法的本体研究中,对民间法进行深层次和宏观性研究的作品渐趋增多,同时在今后的研究中此类研究还有待进一步加强。民间法要展现自己的学科自立性,形成自己的学术研究共同体,深层次和宏观性的研究既是一个必经的学术研究阶段,同时也是学科独立性和学术共同体的坚实基础,只有在廓清深层次问题的基础上才可以谈及民间法这门学科的自立性问题。

其次,在民间法社会实证方面,历史领域中民间法作品数量较多,还需要加大对现今社会生活中民间法的实证研究。各个领域的社会关系既接受正式制度的调整,同时也受非正式制度的制约。不单是历史领域中的民间法有其作用的领域,即便是在法治突飞猛进的当今社会生活中也有部分内容是可以纳入到民间法研究视野之内的,因此应加强对当今民间法的实证研究。

再次,在民族习惯法研究方面,对民族习惯法研究进行总结、评价和反思的作品渐趋增多。如果从李延贵和酒素两位先生的《苗族"习惯法"概论》^③的

---

① 张勤:《清末民初的典习惯与司法裁判——以奉天省为中心的考察》,载《北方法学》2012 年第 5 期。

② 王彬:《社会转型中的商会裁判——以清末民初的天津商会为分析对象》,载《甘肃政法学院学报》2012 年第 5 期。

③ 李延贵、酒素:《苗族"习惯法"概论》,载《贵州社会科学》1981 年第 5 期。

发表算起,民族习惯法的研究已有三十余年时间。经过这三十余年的突飞猛进,当前的民族习惯法研究正步入一个总结、反思和提升的阶段,这集中表现在对民族习惯法研究所进行的研究已经起步并逐渐获得一定发展。

最后,在对民间法司法适用研究的基础上,加大对纠纷解决中民间法研究的力度。民间法的司法适用研究中,只有面向社会纠纷和司法实践,从社会纠纷和司法实践中获得真实的民间法司法运用情形,才能一方面回应对民间法司法运用的质疑,另一方面促进司法建设本身。由此,这就需要我们在注重历史经验总结和学理方法探讨的基础上,更为关注实践中具体制度和机制的研究。

四、中国民间法研究学术报告(2013 年)

承续 2012 年度的民间法研究,2013 年度的民间法研究继续在平稳推进中稳步提升,只是在诸多研究主题方面有一定变化。对于 2013 年度的民间法研究成果,延续以往学术报告的惯例,本书依旧从民间法本体、民间法社会实证、民族习惯法和民间法的司法运用四个方面切入分析。2013 年度的研究成果包括 2 次与民间法研究相关的学术会议①;通过读秀搜索获得的 7 本学术著作②;通过中国知网和相关学术会议获得的 321 篇学术论文。

---

① 2013 年 11 月 19 日第九届民间法·习惯法学术研讨会在上海师范大学召开,2013 年 12 月 13 日由中国民族法学研究会主办,中央民族大学法学院承办的中国民族法学研究会 2013 年年会暨学术研讨会在北京召开。

② 2013 年民间法研究的学术著作和译著有,常丽霞:《藏族牧区生态习惯法文化的传承与变迁研究——以拉卜楞地区为中心》,民族出版社 2013 年版;龙庆华:《国际哈尼/阿卡习惯法探究》,中国社会科学出版社 2013 年版;周世中等:《广西瑶族习惯法和瑶族聚居地和谐社会的建设》,广西师范大学出版社 2013 年版;马珺:《清末民初民事习惯法对社会的控制》,法律出版社 2013 年版;高其才:《当代中国的社会规范与社会秩序——身边的法》,法律出版社 2013 年版。

(一)民间法的本体研究

2013 年度的民间法专题研究主要围绕下述几个主题展开,包括民间法和国家法的关系问题、民间法研究的立场、民间法的生成和民间法的文化基础等。

对于民间法和国家法关系的探讨,不仅是民间法本体研究的热点主题,也是民间法研究展开所绕不开的一个重要问题。有学者以法律渊源为视角对民间法和国家法的关系进行了探讨,从立法渊源上看,无论古今中外,或者国家所立之法干脆就是当地习惯、民俗之汇编,或者国家所立之法中对于民俗习惯予以一定的认可;从司法渊源上看,法官们往往会运用整体性思维,在严格恪守国家法之余,综合权衡法意与人意、法理与情理,灵活运用民间法,将民间法与国家法"并行不悖"地运用于司法实践。在此分析的基础上,认为民间法与国家法之所以关系紧密,在于它们都内生于中国传统文化中,传统中国社会的家国同构是孕育民间法与国家法的社会基础,传统中国儒家的以礼为本是民间法与国家法的共同道德根基。[①] 有学者认为,民间法是与国家法相对的一种行为规范,民间法以精英群体为载体构成了中国传统农村治理的主要规则。在许多场合,与国家法相比民间法往往更具理性,更能实现农村民众心中的"正义"。在农村治理的过程中,我们应当学会以一种中立、保守的态度对待国家法与民间法的张力:在效力分工的基础上,注重农村法律制度对民间法的合理吸收,在功能互补的基础上,发挥农村精英在二者契合中的有益作用。[②] 有学者认为,社会权力是民间法与国家法沟通的理性平台。民间法的效力基础在于自然力的心理恐惧,社会化了的行为尺度,乡土社会的正义观和类同于国家法的强制暴力。民间法的动力机制包括主体性因素、利益性因素、过程性因素和外部条件。民间法对法治的贡献在于它是法律生成的重要渊源之一,同

---

① 于语和、刘顺峰:《民间法与国家法的关系探究——一种基于法律渊源视角的考察》,载《北京理工大学学报》(社会科学版)2013 年第 5 期。

② 郭大林:《传统农村治理的民间法特色与现代困境》,载《河南师范大学学报》(哲学社会科学版)2013 年第 2 期。

时也是衡量法治建设的重要标尺之一。① 民间法与国家法的关系,还包括民间法向国家法的转化,有学者认为,民间规范向国家法律的转化,是法律人必须认真对待并细致处理的一个问题。基于规范概念的程度差异性与内在可转换性,民间规范被吸收至国家法律中大抵可经由"立法的选择"、"立法的授权"和"司法的选择"三种路径,即通过立法者的立法行为而转变为一般性法律规范,通过立法者的授权指引行为而转交法律适用者在具体个案中加以解释与援用,通过法官职业共同体的司法甄别与认证程序而转化为裁判规范。② 有学者认为,民事习惯可以推动民事立法顺利实施,民事习惯是对民事立法的有效补充,合理吸收民事习惯可以促进本土法律资源的有效利用。民事习惯在未来民事立法中应有其合理定位,认可习惯的法源地位,对习惯加以甄别,合理吸收入法,注重习惯与移植民事法律制度相融合。③ 有学者认为,习惯与当代中国国家法之间既有融合又有冲突,欲要发挥习惯在完善国家立法层面的功能,需要构建和完善中国立法前民间的习惯调查机制,构建在民商事法律关系中的习惯法确认程序;而要发挥习惯在完善国家司法层面的作用,就要建立最高人民法院案例确认适用规则,健全习惯判例指导制度,加强司法能动,情理入法。④

民间法研究的立场问题也是 2013 年度民间法本体研究的热点问题。有学者认为,20 世纪 80 年代民间法在国家—社会框架、地方性知识理论和法律多元理论支配下进行的研究,以及新世纪 10 年来就纠纷解决功能的探讨等,无不反映了民间法研究通过对移植式立法在实施过程中碰到的窘境的剖析,以批判性意识确立起自身独特的反思和批判精神。民间法研究的深入发展必须要回到民间法研究的既有立场上,亦即持有一种对国家立法、司法、执法等过程或思维观的批判性、反思性的立场。⑤ 还有学者认为,随着现代科技的发

---

① 汪晓华、单连春:《民间法的社会权力、效力基础及其动力机制》,载《求索》2013 年第 10 期。

② 姜福东、张晓萍《论民间规范转化为法律规范的路径》,载《中州学刊》2013 年第 3 期。

③ 姜大伟:《论民事习惯在民事立法中的合理定位》,载《学术交流》2013 年第 1 期。

④ 蒋传光、蔺如:《习惯与当代中国国家法关系之思考》,载谢晖、陈金钊:《民间法》(第 12 卷),厦门大学出版社 2013 年版,第 22~30 页。

⑤ 李瑜青、张建:《民间法研究与批判精神》,载《北方法学》2013 年第 3 期。

展,对于民间法研究的方向应当包括两个方面,首先民间法向国家法转变应成为一个发展趋势。其次"批判"应成为民间法的主要功能,即通过民间法的研究来发现国家法在实际运行中的局限性,包括国家法滞后和缺漏等问题,从而对国家法进行适时的修改和完善,而不是用民间法来代替国家法。① 有学者认为,习惯的治理模式有习惯的立法治理模式和习惯的司法治理模式。习惯的立法治理是一种集中于法律运行开端的批发式治理方式,制度运行人力成本和时间成本较低,但社会适应性较弱,灵活性较低,对习惯的吸纳能力较弱,从效率看适合于社会同质性高,而环境简单的国家;习惯的司法治理是一种集中于法律运行末端的零售式治理方式,制度运行人力成本和时间成本较高,但社会适应性强,灵活性较高,对习惯的吸纳能力较强,从效率看适合于社会异质性高、自然环境复杂的国家。②

对于民间法的生成和实现问题,有学者认为,习惯是③法律的渊源,而习惯规则是法的形式。无论是普通法国家,还是大陆法系国家,习惯都曾在法律的进化中扮演过重要角色。习惯通过两种途径获得法的力量:一是通过立法途径,作为立法者的素材,直接成为法律规制的具体内容;二是通过司法途径,作为法官的判案依据,以判例的形式成为习惯法,从而成为正式制度的组成部分。有学者认为,习惯法的生成在于群体间的博弈以分配由合作带来的合作剩余,而其生成标准包括地域条件、时间条件和主体条件三个方面。地域条件主要是一项契约条款在某一社区内流行,并获得这一区域内部主体的认可;时间条件是指一项契约条款须连续三十年不间断适用;主体条件是一个社区内部的头面人物采纳契约条款或者社区所在地的村落采纳了这一契约条款。④

有学者对于潜规则进行了研究,认为潜规则与民间规范、活法是不同的,在法治发展的视野下,潜规则是社会主体组织化的一种规范形式,潜规则是一

---

① 陈琦华:《远程审判与司法创新的路径探讨——兼论民间法的功能和定位》,载《河北法学》2013 年第 5 期。

② 张洪涛:《习惯的法律治理模式之比较研究》,载谢晖、陈金钊:《民间法》(第 12 卷),厦门大学出版社 2013 年版,第 98~106 页。

③ 王林敏:《论习惯的法源地位及其实现路径》,载谢晖、陈金钊:《民间法》(第 12 卷),厦门大学出版社 2013 年版,第 31~39 页。

④ 尚海涛、龚艳:《论习惯法生成的路径及其标准——以雇佣习惯法为例》,载《甘肃政法学院学报》2013 年第 5 期。

种立法渊源和填补国家法缺漏的竞争性因素,潜规则是法律实现的一种具体形式和途径,潜规则需要锁定和进行现代化转换。①

对于习惯法的概念,有学者认为,习惯法的概念界定不能认为只有包含权利、义务或责任的相关内容才是习惯法,也不能认为与国家制定法冲突的习惯就不是习惯法。习惯法的内涵是指源于习惯的法,即制定法之外的起法的作用的习惯。习惯法的外延包括国家法律明确认可的习惯,司法活动中实际运用的习惯,其他纠纷解决方式中运用的习惯。②

对于民间法的文化基础,有学者认为,传统中国习惯法的基本精神主要表现为"和睦"、"合约"及"和谐"三大精神。这三大精神促进了传统乡村社会中人们以和睦亲族乡邻、相助相恤、扶危救困、相互尊重为生产生活的基本原则;以协商一致、利益均衡、义务互负为利益分配及处理公共事务的基本原则;以宽容、和解、息事宁人为解决纠纷的基本原则。这些精神原则及蕴含了这些精神原则的具体的习惯法规则促进了乡村良善秩序的形成,对乡村社会的稳定,乡村利益的平衡,乡村内部公平正义的实现及社会矛盾的调处均具有积极的作用和影响。③

(二)民间法的社会实证研究

民间法的社会实证是对于某种具体类型的民间法所进行的描述和分析,是在深入总结民间规范基础上探究其中所蕴含的理论维度。作为民间法研究的经验基础,学界对于民间法的社会实证研究重视有加,在此方面始终进行着不懈的努力和耕耘。

民商事领域中的习惯法是学者们社会实证的重点领域,有学者认为,我国目前司法实践中存在的以商品房买卖合同为借贷合同进行担保的新型担保形式,是一种正在形成的习惯法上的非典型担保物权。这种新型担保物权与让

---

① 贾焕银:《潜规则与中国法治发展》,载谢晖、陈金钊:《民间法》(第12卷),厦门大学出版社2013年版,第128~140页。

② 邓峥波:《从实证角度解析"习惯法"概念》,载《江西社会科学》2013年第3期。

③ 付微明:《习惯法精神及其对中国传统乡村治理的作用和影响》,载《暨南学报》(哲学社会科学版)2013年第8期。

与担保产生的背景和发展过程基本一致。应当确认这种习惯法上的非典型担保物权，并对其进行规范，使其能够更好地为经济发展服务，为企业的融资进行担保，以发挥其应有的作用。① 有学者认为，形式化物权法与物权习惯法存在着价值理念相悖、制度功能相反和行为强制程度不同的冲突，形式化物权法与物权习惯法之调适务须遵循如下原则：公共利益原则、效益原则、自由原则、成文法优先适用原则等。② 还有学者对继承法和雇佣劳动法领域中的习惯法进行了研究，《继承法》与亲属法同属固有法的范畴，均带有浓厚的民族特点，因此其规范应该是建立在对本民族生活实践与原理尊重的基础上。在当前的中国，任何组织和个人都无法替代和发挥国家和政府的作用，作为社会资源的主要掌控者，国家和政府有责任，也有能力担负起组织习惯调查的历史职责。因此，修订《继承法》，除了常规的一套修法程式，还需要由政府部门或者立法机关主导开展习惯调查，这是因为历史已经证明，对传统必要的尊重是优秀法典的品质。③ 所谓他治，主要指的是第三人的治理，即由主雇双方之外的第三人对于雇佣契约和雇佣习惯法的执行进行监督，从而有助于雇佣契约和习惯法执行的一种机制形式。民国时期华北地区农业雇佣习惯法的他治主体主要有两种：一为长工雇佣中的"中人"；二是在革命斗争中党领导下的各种农村组织，如农救会、妇救会和穷人联合会等。④

还有诸多学者对于历史中的民间法展开了分析研究，有学者对于黑水城出土的西夏文卖地契进行了研究，在民间法视野下对亲族权利、官私转贷、违约责任和证人中人考察的基础上，认为西夏文契约文书具有很强的规范性，西夏文契约与官方律令实现了良好的通融，西夏文契约与中国传统契约文化一脉相承。⑤ 有学者认为，清代特殊的社会环境使得习惯法与国家法在少数民

① 杨立新：《后让与担保：一个正在形成的习惯法担保物权》，载《中国法学》2013年第3期。
② 刘云生：《形式化物权法与物权习惯法之冲突与调适》，载《社会科学家》2013年第12期。
③ 金眉：《论习惯调查在〈继承法〉修订中的必要性》，载《南京社会科学》2013年第10期。
④ 尚海涛、龚艳：《雇佣习惯法的他治机制研究》，载《兰台世界》2013年第18期。
⑤ 韩伟：《民间法视野下黑水城出土西夏文卖地契研究——兼与汉文卖地契的比较》，载《宁夏社会科学》2013年第2期。

族自治权、旗民交产、宗族法规、民间契约、典卖女子、官方审判等方面互动并进,相互弥补,共同实现社会控制的目的。由此可见,中国乡土社会的法制现代化,既要借鉴、吸收、变通世界上先进的法制经验与技术,为我所用,又要尊重中国传统法律文化中仍然存在且发挥巨大社会功效的精华。只有如此,才能真正走出一条适合自己的具有中国特色的社会主义法制道路。[①] 有学者认为,清代民事习惯中的兼祧规则尽管因其地域各异,难以归纳出一个普适性的定义,但这一制度毫无疑问具有一定积极意义。即兼顾到了大宗和小宗的利益,有助于维护家族的稳定,减少因立嗣而产生的各种纠纷。兼祧在有清一代的存续和发展,尤其是在乾隆、道光先后为制定法所规范后的存续状态,也向后人揭示了制定法与民间习惯、民间社会秩序与国家统治秩序等尽管经常存在不一致的现象,但一般来说官方法对此多采取妥协、包容的态度。[②] 有学者认为,民国时期的会规一般分为两大部分,前半部分为契约文字,后半部分则为会款摊付办法的说明。会首的权利包括取得首期会款、向会脚收取会钱。钱会的保障机制包括信任关系的内在保证、社会舆论的外在约束、担保机制的强制保障。[③] 有学者认为,山西票号商事习惯法的渊源主要有三种:号规、行会规定以及会馆的“众议条规”。山西票号商事习惯法的实施保障包括神灵崇拜、行会与宗族的约束、禀官究治。市场扩大是导致失效的经济原因,社会变革是导致失效的政治原因,熟人社会的瓦解是导致失效的根本原因。[④] 有学者通过对中国社会治理史的简要梳理,指出传统中国的乡村社会控制方式,既不是长期以来人们所认为的纯粹宗族自治,也不是新近研究所表明的“编户齐民”处于皇权的全面包围之中,而是一种以皇权为经、宗族为纬的交叉治理模式。而这一治理模式的可行性和正当性,与宗族所承担的社会控制功能有着

---

① 马珺:《清代习惯法与国家法的互动》,载《河南社会科学》2013 年第 5 期。
② 徐进:《论清代民事习惯中的兼祧规则——以〈民事习惯调查报告录〉为基础的考察》,载《甘肃政法学院学报》2013 年第 5 期。
③ 郑启福:《民国时期钱会习惯法研究》,载《西南大学学报》(社会科学版)》2013 年第 2 期。
④ 薛建兰、赵亮:《山西票号商事习惯法的兴衰——以熟人社会为视角》,载《法学杂志》2013 年第 2 期。

内在的关联。①

对于环境习惯法,有学者立基于"事实"和"规范"二分的类型化研究方法,环境习惯法与环境习惯的关系便可清晰显现出来:作为事实的习惯和作为技术性规范的习惯并不具有法的规范属性,因而与环境习惯法有着本质的区别。唯有在规定性规范意义上,习惯与环境习惯法才是同质的。也就是说,环境习惯法是具有规定性规范属性的环境习惯。在"习惯法—制定法"分析框架中,环境习惯法表现为一种真实而有力的"内部规则",尽管其在环境制定法背景中遭到挤压的命运。同时,正是作为"内部规则"的基础性意义,使得环境习惯法成为修正和完善环境制定法的永恒性规则渊源。②

对于国际习惯法,有学者认为,由于不扩散核武器条约不是习惯国际法的编纂,因此判断条约在习惯国际法上的地位,包含条约是否具备成为习惯国际法的条件和是否已成为习惯国际法两个层面,即条约规则是否具备"规则创立性",以及是否符合习惯国际法的两个构成要件。依此两标准分析,条约中的和平利用核能已发展成为习惯国际法,但由于条约本身的契约性和属于军控与裁军领域的特殊性,不扩散仍然只是形成中的习惯国际法,而核裁军成为习惯国际法则遥遥无期,二者仍然需要国际社会在"通例"和"法律确念"两个方面进一步形成共识。③

(三)民族习惯法研究

我国地域广阔,各地的政治、经济和社会情况不同,由此适用全国层面的法律制度进行统一治理时,总会遇到这样那样的不协调,而此种不协调在民族区域体现得尤为明显。为了维护民族地区社会秩序的稳定和谐,国家在民族地区进行社会治理时就在制度层面上保留了一定的"谦抑性",即通过各种渠道有限度地承认了"民族习惯法"的存在。由此对民族习惯法的研究一直是民

---

① 黄金兰:《传统中国的乡村社会控制方式》,载谢晖、陈金钊:《民间法》(第12卷),厦门大学出版社2013年版,第150~162页。

② 郭武、党惠娟:《环境习惯法及其现代价值展开》,载《甘肃社会科学》2013年第6期。

③ 丁祥高:《论不扩散核武器条约在习惯国际法上的地位》,载《社会科学辑刊》2013年第1期。

间法研究的重点,2013年的民间法研究继续体现了这一特色。对于这些研究成果,本书分不同民族予以呈现。

对于藏族习惯法,有学者认为,盟誓基于神灵信仰具有结盟和解决纠纷的双重属性。神判适用的条件是存在神灵信仰的公共文化背景,产生纠纷且证据不足,在特定程序中进行,有"确定"的结果。神判有不同种类,藏族盟誓神判属于以语言言说和告白为媒介,向神灵告知自己的期求,以期辨别是非的起誓判。盟誓神判在今天的藏族农牧乡村仍有不同程度的遗存和实践。① 有学者认为,藏族婚姻习惯法的内容集中于初婚年龄、骨系血缘外婚制、悔婚罚则、私生子(女)不受歧视、婚姻成立等。藏族婚姻习惯法之所以在当代社会还具有生命力主要在于宗教历史文化的支撑、高原地理环境的实际制约、传统婚育观念的持续影响、国家干预缺位的现实催化。② 有学者认为,生态习惯法与国家法视域内的生态正义存在暗合,体现为承认并尊重自然的内在价值,保护自然系统的生态效益,保护人类的代际利益。构建民族地区草地生态补偿机制,国家法应当给予习惯法足够的尊重,并在国家法的实践理性与习惯法的实践理性之间寻找共通与差异,以此为基础,通过国家法与习惯法的对接与互动,保障民族地区生态正义的实现。③ 有学者对于现当代藏族"赔命价"习惯法进行了实证分析,并将20世纪50年代至21世纪前10年藏族赔命价习惯法在青海藏区民间的适用分为三个时期,通过这三个时期藏族赔命价的沿用、贬损和回复适用,说明了藏族赔命价在纠纷解决中的意义和作用。④

对于瑶族习惯法,有学者认为,广西融水苗族村规民约在承继和发展苗族习惯法有益部分的基础上有力地维护了村民利益,同时明确地将自己定位在国家法的框架内,逐步向国家法治靠拢。因此,对广西融水苗族村规民约的阐

---

① 牛绿花:《神灵信仰下的裁判——论藏族盟誓习惯法的神判属性》,载《西藏大学学报》(社会科学版)2013年第1期。

② 刘军君:《藏族婚姻习惯法之生命力诠释——基于甘肃卓尼和青海同仁藏族的个案分析》,载《云南社会科学》2013年第4期。

③ 常丽霞:《草地生态补偿:国家法与习惯法的暗合与补缺——甘南藏族牧区草地生态补偿政策实践的法人类学考察》,载《西南民族大学学报》(人文社会科学版)2013年第5期。

④ 淡乐蓉:《行动中的法——现当代藏族"赔命价"习惯法之实证分析》,载谢晖、陈金钊:《民间法》(第12卷),厦门大学出版社2013年版,第242~259页。

述更明确了村规民约作为国家法与少数民族习惯法不断调适的首要选择和最佳途径。①

对于布依族习惯法,有学者考察了贵阳市花溪区的布依族自然寨,认为由于特殊的历史文化背景,一些布依族自然寨保留了习惯法文化传统。关口寨是位于这个区西南部的一个自然寨。当地历史上的民间立法制度虽已有变迁,存在寨老调解民间纠纷制度的残余,传统上的布依族婚姻习惯法还在某些方面发挥作用。②

对于侗族习惯法,有学者认为,侗族习惯法生态保护规范主要是通过生活禁忌(生物崇拜)、款约和乡(村)规民约规定等形式来阐述的。这三种类型的生态保护规范在不同程度上对生态环境发挥着调整保护作用。侗族高度依赖自然环境的生产生活方式形塑了民族文化中敬畏自然、感恩自然和保护自然的朴素思想,由此积淀的侗族习俗、禁忌以及民族习惯法蕴含着诸多与现代环保法理念高度耦合的积极因素。③

对于景颇族习惯法,有学者认为,法律信仰是法律得以执行的重要保障,也是民众守法的基石。景颇族原始宗教信仰不仅是习惯规范产生的源头之一,而且是保障景颇族习惯规范顺利执行的重要权威。因此景颇族原始宗教信仰对于维持该地区的社会秩序起着不可低估的作用。④

对于仫佬族习惯法,有学者认为,"冬头裁决"是仫佬族传统的纠纷解决机制,是指当"冬"内宗族成员之间发生纠纷时,"冬头"即可以根据族规处理,对于违规违约事项的处罚,一般由"冬头"召集村民当众宣布,"冬头"拥有最终裁决权,一经裁决,必须服从,其他村民亦应照此遵守。"冬头裁决"是仫佬族人解决纠纷的首选方式,深受群众的喜爱。"冬头裁决"能够有效地解决纠纷、化

---

① 谭万霞:《村规民约:国家法与民族习惯法调适的路径选择——以融水苗族村规民约对财产权的规定为视角》,载《法学杂志》2013年第2期。

② 周相卿、史炜灿:《当代关口寨布依族习惯法传承与变迁问题民族志》,载《贵州民族大学学报》(哲学社会科学版)2013年第1期。

③ 封贵平:《侗族习惯法对侗族地区生态环境的影响与启示——以贵州黔东南为例》,载《贵州社会科学》2013年第9期。

④ 赵天宝:《景颇族习惯规范的宗教维度》,载《东北师大学报》(哲学社会科学版)2013年第6期。

解各种社会矛盾。[①]

有学者对近年来彝族习惯法的研究状况进行了研究，认为彝族习惯法的研究趋势为，材料的选取和利用更加多元化；研究的对象从主要考察静态的规范、制度，到更加关注案例、纠纷等动态的规范运作过程，从相对孤立地研究规范到更加关注习惯法与彝族社会、文化和历史—权力格局的相互关系，从主要探讨彝族传统习惯法到更加关注习惯法在当下的存在和变迁；彝族习惯法研究的视角、方法和理论不断更新，跨学科交叉综合研究日趋常见。[②]

有学者对藏族、彝族和瑶族的赔命价制度进行了考察，认为身份、案件性质、死亡方式、受害人的性别和行为时的主观状态等诸多因素共同影响赔命价的赔偿数额。检讨我国现行的死亡赔偿制度，则赔命价的启示在于，在秉持死亡损害完全赔偿原则的基础上，要考虑民众可接受度和司法的可行性，以年龄、行业和收入等客观因素构建个别化的死亡赔偿方式，并发挥死亡赔偿的补偿和惩罚功能。[③] 有学者认为，民族习惯法对刑事司法具有一定的消极影响，包括对国家刑罚权及刑事司法权的专属性产生挑战，对刑事司法公信力产生影响，争夺刑事案件管辖空间，影响司法效率，干扰刑事司法活动。为了消除民族习惯法的上述消极影响，国家法制统一语境下刑事司法整合民族习惯法的路径民族习惯法的法源价值在刑事司法中适度体现，大调解背景下，民族习惯法调解解决纠纷功能的释放，民间"法律人"进入刑事司法程序，刑事和解制度在民族地区的推行。[④]

(四)民间法司法运用研究

在近几年的民间法研究中，民间法的司法运用获得了极大关注。在民间

[①] 徐合平：《仫佬族习惯法实施现状调查与思考——以纠纷解决方式之"冬头裁决"为对象》，载《中南民族大学学报》（人文社会科学版）2013年第5期。

[②] 李剑：《彝族习惯法研究情况述略》，载谢晖、陈金钊：《民间法》（第12卷），厦门大学出版社2013年版，第107～116页。

[③] 张古哈：《我国少数民族习惯法中"赔命价"的特色与启示：以藏族、彝族和瑶族为样本》，载《西南民族大学学报》（人文社会科学版）2013年第10期。

[④] 侯斌、罗边伍呷：《国家法制统一视野下民族习惯法对刑事司法的影响与应对——以四川凉山彝族自治州为例》，载《西南民族大学学报》（人文社会科学版）2013年第1期。

法司法运用研究中,学者们主要在两个路向上深入挖掘,着力推进:一是纠纷解决中的民间法应用研究;二是民间法司法运用的法律方法研究。

对于纠纷解决中民间法的应用研究,有学者指出,就个案研究而言,亟须由经验解释的重复性向经验解释的创造性转变,对民间法价值功能的制度化研究尚显薄弱,这种研究路向的转变亟须加强与深化——即由乡村社会纠纷事实的演绎走向民间法价值层面的演绎,进而达致乡村社会纠纷解决中民间法的制度性归纳研究。①

有学者认为,对民间法在司法过程中功能的研究,是民间法研究中非常重要的研究领域,既有的民间法司法进入研究主要是在法理/法哲、国家法—民间法和民间规则的识别程序、机制等路径上推进的,这三种研究方式由于缺乏微观和类型化视角,没有能真正地洞见到民间法发挥的实际功能,也不够学术化。通过类型化研究,发现民间法在司法实践中发挥的实际功能主要表现在:影响当事人前见、提升法官的事实建构能力、作为裁判依据、增强裁判文书和执行的可接受性。② 习惯与习惯法具有自发性、区域性、非正式性等特征,其适用可弥补成文法的不足,有利于现代民法对实质正义的追求。就功能论而言,公序良俗原则是习惯与习惯法的过滤器,起着净化习惯与习惯法的作用。也就是说,无论是习惯法还是事实上的习惯,只要违反公序良俗,均无适用的余地。③ 有学者对于民间司法的"情、理、法"进行了研究,认为民间司法的"合情"、"合理"和"合法"其实是在追求人际关系的稳定和社会秩序的和谐,而不是国家司法所追求的实现社会的公平正义。与国家司法"以法为主,辅之以情、理"的适用原则不同,民间司法的"情理法"适用总原则是:从情出发,讲理为主,辅之以法。

有学者认为,当代社会的发展使法律渊源的多元色彩更加突出,我国《宪

---

① 陈斌:《现代乡村社会纠纷解决视域中民间法研究的反思性叙述——基于〈民间法〉创刊十年的分析考察》,载谢晖、陈金钊:《民间法》(第12卷),厦门大学出版社2013年版,第11页。

② 张建:《民间法在司法过程中实际功能的类型化研究》,载《甘肃政法学院学报》2013年第5期。

③ 杨德群:《论公序良俗原则对习惯及习惯法的权衡》,载《时代法学》2013年第6期。

法》、《民法通则》、《物权法》和《合同法》等都确认了习惯法作为当代中国的正式法律渊源。习惯与国家制定法在法的目标和功能、法的内容、解纷方式等方面具有一些内在的共同性，我们应当重视习惯法的积极功能和价值，在司法实践中，各级人民法院应该根据法律规定在解决纠纷时大胆适用习惯法。[①] 有学者认为，民间规范和替代性纠纷解决机制都是存在于诉讼之外的纠纷解决因素，有着对正义与秩序的共同的价值追求。两者之间也有着内在的联系，民间规范为替代性纠纷解决提供规范准据，而替代性纠纷解决则为民间规范提供发挥作用的平台。[②] 有学者认为，在通过调解析出习惯法的治理机制中，需要强调调解的现代转型。传统中国调解的缺陷在于没有输出正式司法公共产品的功能；欠缺公共问责性和公开性；缺乏必要的程序正义等。我国的传统调解如果能够借《人民调解法》的颁行和新《民事诉讼法》确立的司法确认程序这样的制定法给予的结构性支撑顺利向现代化转型，加强对调解必要的程序规制，调解员由传统型权威变成今天的法理型权威。习惯法就有可能通过现代调解的纠纷解决机制向中国法治现代化贡献应有之力，以增强法律与社会规范的融合。[③] 有学者研究了甘肃东乡族纠纷解决中的习惯法，认为习惯法一直在东乡族地区的秩序维持、社会发展中起着重要的作用。从类型学视角审视，传统东乡族纠纷解决主要包括调解、械斗、神判等；而以具有公信力的第三者调解为主，民族伦理始终贯穿纠纷解决始终，家族观念强烈，内部处理为主，受伊斯兰教义文化影响明显等构成了甘肃东乡族纠纷解决习惯法的主要特质。[④]

---

① 高其才：《作为当代中国正式法律渊源的习惯法》，载《华东政法大学学报》2013 年第 2 期。

② 张琳琳：《论民间规范与替代性纠纷解决的关联》，载《原生态民族文化学刊》2013 年第 2 期。

③ 邵华：《排斥与融合：论调解对习惯法"中心化"的证成》，载《法学杂志》2013 年第 2 期。

④ 刘顺峰：《关于甘肃东乡族纠纷解决习惯法的实证分析》，载《西南民族大学学报》（人文社会科学版）2013 年第 7 期。

尾　论

　　通过上文五章内容对习惯法样态及其研究的描述和分析,笔者相信已能够回应导论中所提出的问题了,即当代乡村社会中的习惯法并没有消亡或被弃之不用,而是仍在乡村社会中起着规范乡民行为、维护社会秩序和调解矛盾纠纷的作用。当然,这仅是回答了习惯法消亡论者所提出的第一层次观点,更进一步的是,习惯法消亡论者认为,乡村社会当下和未来的变迁,将使得乡村法治逐步向城市法治靠拢和转变,由此乡村法治中的习惯法将逐渐衰弱,而国家法将逐步增强并最终取代习惯法的作用和位置。对于习惯法消亡论者的第二层次观点,我们可以从两个角度切入反驳,一是城市生活本身也孕育并产生了诸多习惯法,由此即便在城市法治中,习惯法也有其作用和位置;二是乡村社会不可能与城市社会完全重合,由此乡村法治也就不会完全转变为城市法治,习惯法在乡村法治中有着固有的作用和位置。

　　一提起习惯法,大家总是将其与乡村和历史相联系,且现实生活和学术研究也确证了此点,只是需要我们注意的是,当代城市社会中也孕育并发展了诸多习惯法,此方面的例证多多,但由于本部分只是尾论,由此笔者仅举几个例子,而详细的论证有待另文论述。一是现代国际社会中所通行的国际规范,除了成文法外,还有大量的习惯法,即国际习惯法①;二是 2013 年全国第九届民间法·民族习惯法会议在上海举行,会议的主题即是"民间法与现代社会",会议共收到相关主题的论文 90 余篇;三是有学者从价值维度、规范维度和社会运行维度三个层面论证了习惯法与现代社会的紧密关系。② 由此三点我们可

----

① 姜世波:《习惯国际法的司法确定》,中国政法大学出版社 2010 年版,第 29～35 页。

② 谢晖:《主体性、民间法与现代社会》,http://longfu.fyfz.cn/b/781253,2013 年 12 月 1 日访问。

以约略想象习惯法即便在城市社会中也有其存在空间。

　　法治的样态既决定于社会,同时亦受社会生活的影响。乡村法治不可能完全转变为城市法治,其原因既在于城镇化不是要消灭乡村,从而乡村社会总会存在于神州大地,同时也在于乡村社会生活与城市社会生活间的不同。当我们面对西方时,我们的学者批评他们的线性发展观,即不是所有国家的法治都要走西方走过的道路,毕竟每个国家都有自己的国情和特色,要量力而行,逐步走出自己的制度道路来。但是当学者们的目光转向国内时,在对待城市和乡村的发展问题上,他们所秉持的恰恰是线性发展观,即认为乡村法治落后于城市法治,则乡村的法治发展图景就是无限度地向城市法治靠拢和接近,城市法治的今天就是乡村法治的明天。于此,我们也需要加以反驳,即不是中国所有的乡村都要城镇化,也不是所有的乡村都要适应城市的生活方式,乡村社会的法治有自己的生存逻辑、发展道路和良好愿景。由此,变迁的习惯法将持续存在于变迁的乡村社会中。

参考文献

一、中文著作

1.费孝通:《论小城镇及其他》,天津人民出版社 1985 年版。

2.费孝通:《乡土中国 生育制度》,北京大学出版社 1998 年版。

3.高其才:《中国习惯法论》,中国法制出版社 2008 年版。

4.高鸿钧:《欧洲法律之路:欧洲法律社会学视角》,清华大学出版社 2010 年版。

5.[美]黄宗智:《华北小农经济与社会变迁》,中华书局 1986 年版。

6.[美]黄宗智:《民事审判与民间调解:清代的表达与实践》,中国社会科学出版社 1998 年版。

7.黄文艺:《全球结构与法律发展》,法律出版社 2005 年版。

8.侯天江:《中国的千户苗寨——西江》,贵族民族出版社 2006 年版。

9.华热·多杰:《藏族古代法新论》,中国政法大学出版社 2010 年版。

10.黄淑娉:《文化人类学理论方法研究》,广东高等教育出版社 2004 年版。

11.梁治平:《清代习惯法:社会与国家》,中国政法大学出版社 1996 年版。

12.龙大轩:《乡土秩序与民间法律——羌族习惯法探析》,华夏文化艺术出版社,2001 年版。

13.李可:《习惯法——一个正在发生的制度性事实》,中南大学出版社 2005 年版。

14.李学兰:《中国商人团体习惯法研究》,中国社会科学出版社 2010 年版。

15. 林毓生:《中国传统的创造性转化》,生活·读书·新知三联书店 1988 年版。

16. 罗仑、景甦:《清代山东经营地主经济研究》,齐鲁书社 1984 年版。

17. 罗萍:《社区导论》,武汉大学出版社 1995 年版。

18. 马克昌:《犯罪通论》,武汉大学出版社 1999 年版。

19. 睦鸿明:《清末民初民商事习惯调查之研究》,法律出版社 2005 年版。

20. 南京国民政府司法行政部编,胡旭晟等点校:《民事习惯调查报告录》,中国政法大学出版社 2000 年版。

21. 南文渊:《高原藏族生态文化》,甘肃民族出版社 2003 年版。

22. 齐延平:《自由大宪章研究》,中国政法大学出版社 2007 年版。

23. 桑本谦:《私人间的监控与惩罚》,山东人民出版社 2005 年版。

24. 沈原:《市场、阶级与社会——转型社会学的关键议题》,社会科学文献出版社 2007 年版。

25. 施琳:《经济人类学》,中央民族大学出版社 2002 年版。

26. 施沛生:《中国民事习惯大全》,上海书店出版社 2002 年版(影印本)。

27. 施启扬:《中国民法总则》,台湾三民书局 1992 年修订版。

28. 舒国滢:《法哲学:立场与方法》,北京大学出版社 2010 年版。

29. 孙丽娟:《清代商业社会的规则与秩序——从碑刻资料解读清代中国商事习惯法》,中国社会科学出版社 2005 年版。

30. 苏亦工:《中法西用:中国传统法律及习惯在香港》,社会科学文献出版社 2002 年版。

31. 尚海涛:《民国时期华北地区农业雇佣习惯规范研究》,中国政法大学出版社 2012 年版。

32. 田成有:《乡土社会中的民间法》,法律出版社 2005 年版。

33. 唐致卿:《近代山东农村社会经济研究》,人民出版社 2004 年版。

34. 覃光广:《中国少数民族宗教概览》,中央民族学院出版社 1988 年版。

35. 王通讯:《论知识结构》,北京出版社 1986 年版。

36. 汪丁丁:《在经济学和哲学之间》,中国社会科学出版社 1996 年版。

37. 王铭铭、[英]王斯福:《乡土社会的秩序、公正与权威》,中国政法大学出版社 1997 年版。

38. 王新生:《习惯性规范研究》,中国政法大学出版社 2010 年版。

39. 韦森:《经济学与哲学:制度分析的哲学基础》,上海人民出版社 2005 年版。

40. 韦森:《文化与制序》,上海人民出版社 2003 年版。

41. 魏治勋:《民间法思维》,中国政法大学出版社 2010 年版。

42. 文军:《西方社会学理论:经典传统与当代转向》,上海人民出版 2006 年版。

43. 吴思:《血酬定律:中国历史中的生存游戏》,中国工人出版社 2003 年版。

44. 王辅仁:《西藏佛教史略》,青海人民出版社 1982 年版。

45. 王鹤云、高绍安:《中国非物质文化遗产保护法律机制研究》,知识产权出版社 2009 年版。

46. 王泽鉴:《民法总则》,中国政法大学出版社 2001 年版。

47. 谢晖、陈金钊:《民间法》(1—9 卷),山东人民出版社 2001—2010 年版。

48. 谢晖:《法律哲学》,湖南人民出版社 2009 年版。

49. 谢晖:《法学范畴的矛盾辨思》,山东人民出版社 1999 年版。

50. 徐晓光:《藏族法制史研究》,法律出版社 2000 年版。

51. 徐忠明:《情感、循吏与明清时期司法实践》,上海三联书店 2009 年版。

52. 邢铁:《家产继承史论》,云南大学出版社 2000 年版。

53. 杨懋春:《一个中国村庄:山东抬头》,张雄、沈炜等译,江苏人民出版社 2001 年版。

54. 朱景文:《法社会学专题研究》,中国人民大学出版社 2010 年版。

55. 朱苏力:《法治及其本土资源》,中国政法大学出版社 2004 年版。

56. 朱苏力:《送法下乡——中国基层司法制度研究》,中国政法大学出版社 2000 年版。

57. 郑永流:《法治四章:英德渊源、国际标准和中国问题》,中国政法大学出版社 2002 年版。

58. 周方:《传统知识法律保护研究》,知识产权出版社 2011 年版。

59. 张镭:《论习惯与法律》,南京师范大学出版社 2008 年版。

60. 张永和:《信仰与权威:诅咒(赌咒)、发誓与法律之比较研究》,法律出版社 2006 年版。

61.张维迎:《信息、信与法律》,生活·读书·新知三联书店 2003 年版。

62.郑戈:《法律与现代人的命运:马克斯·韦伯法律思想研究导论》,法律出版社 2006 年版。

63.朱晓阳:《罪过与惩罚:小村故事 1931－1997》,天津古籍出版社 2003 年版。

64.章海荣:《梵净山神:黔东北民间信仰与梵净山区生态》,贵州人民出版社 1997 年版。

65.张济民:《青海藏族部落习惯法资料》,青海人民出版社 1993 年版。

66.赵世林:《云南少数民族文化传承论纲》,云南民族出版 2002 年版。

67.周相卿:《台江县五个苗族自然寨习惯法调查与研究》,贵州人民出版社 2009 年版。

二、外文译著和译文

1.[美]E·博登海默:《法理学:法律哲学与法律方法》,邓正来译,中国政法大学出版社 1999 年版。

2.[英]爱德华·泰勒:《原始文化》,连树声译,广西师范大学出版社 2005 年版。

3.[意]维柯:《新科学》,朱光潜译,商务印书馆 1989 年版。

4.[英]H.L.A.哈特:《法律的概念》,张文显等译,中国大百科全书出版社 1996 年版。

5.[英]S.斯普林克尔《清代法制导论》,张守东译,中国政法大学出版社 2000 年版。

6.[奥]阿尔弗雷德·阿德勒:《理解人性》,陈刚、陈旭译,国际文化出版公司 2000 年版。

7.[美]埃尔曼:《比较法律文化》,贺卫方、高鸿钧译,清华大学出版社 2002 年版。

8.[德]埃克哈特·施里特:《习俗与经济》,秦海、杨煜东、张晓译,长春出版社 2005 年版。

9.[美]埃里克·A.波斯纳:《法律与社会规范》,沈明译,中国政法大学出版社 2004 年版。

10. [美]埃瑞克·G.菲吕博顿、鲁道夫·瑞切特:《新制度经济学》,孙经纬译,上海财经大学出版社1998年版。

11. [英]安德鲁·肖特:《社会制度的经济理论》,陆铭、陈钊译,上海财经大学出版社2003年版。

12. [德]伯恩·魏德士:《法理学》,丁晓春、吴越译,法律出版社2005年版。

13. [美]杜赞奇:《文化、权力与国家》,王福明译,江苏人民出版社2010年版。

14. [奥]斐迪南·滕尼斯:《共同体与社会:纯粹社会学的基本概念》,林荣远译,商务印书馆1999年版。

15. [英]弗里德里希·冯·哈耶克:《法律、立法与自由》(第二、三卷),邓正来、张守东、李静冰译,中国大百科全书出版社2000年版。

16. [英]弗里德里希·冯·哈耶克:《自由秩序原理》,邓正来译,北京三联书店1997年版。

17. [美]哈里·布雷弗曼:《劳动与垄断资本:二十世纪中劳动的退化》,方生等译,商务印书馆1979年版。

18. [美]哈罗德·J.伯尔曼:《法律与革命——西方法律传统的形成》,贺卫方等译,中国大百科全书出版社1992年版。

19. [美]霍贝尔:《原始人的法》,严存生等译,法律出版社2006年版。

20. [德]凯尔森:《法与国家的一般理论》,沈宗灵译,中国大百科全书出版社1996年版。

21. [美]罗伯特·C.埃里克森:《无需法律的秩序——邻人如何解决纠纷》,朱苏力译,中国政法大学出版社2003年版。

22. [德]马克思、恩格斯:《马克思恩格斯全集》(卷十),人民出版社1982年版。

23. [德]马克思·韦伯:《经济与社会》(上、下卷),林荣远译,商务印书馆1997年版。

24. [英]马林诺夫斯基:《原始社会的犯罪与习俗》,原江译,法律出版社2007年版。

25. [美]迈克·布洛维:《制造甘愿:垄断资本主义劳动过程的历史变迁》,林宗弘等译,台湾群学出版有限公司2005年版。

26. [日]千叶正士:《法律多元——从日本法文明迈向一般理论》,强世功等译,中国政法大学出版社1997年版。

27. [英]亚当·斯密:《国民财富的性质和原因的研究》(上卷),郭大力、王亚南译,商务印书馆1972年版。

28. [奥]尤根·埃利希:《法律社会学基本原理》,叶名怡、袁震译,中国社会科学出版社2009年版。

29. [美]约翰·康芒斯:《制度经济学》(下),于树生译,商务印书馆1962年版。

30. [日]滋贺秀三等:《明清时期的民事审判与民间契约》,王亚新等译,法律出版社1998年版。

31. [英]麦高伟:《英国刑事司法程序》,姚永吉等译,法律出版社2003年版。

32. [意]恩里科·菲利:《犯罪社会学》,中国人民公安大学出版社1990年版。

33. [美]威利·史密斯:《非物质文化遗产的保护与知识产权——华盛顿美国本土艺术的个案》,祝鹏程译,载《民族艺术》2013年第1期。

34. [澳]卡迈尔·普里:《民间文学艺术表现形式的保存与维护》,高凌瀚译,载《版权公报》(中文版)1998年第4期。

35. [美]丹尼尔·W. 凡奈思:《全球视野下的恢复性司法》,王莉、温景雄译载《南京大学学报》2005年第4期。

36. [英]约翰·P. 道森:《法国习惯的法典化》,杜蘅译,载《清华法学·第八辑》,清华大学出版社2006年版。

37. [南非]贾尼丝·德塞尔·布辛耶、[瑞士]威布科·凯姆:《政治战场:资本主义之下保护本土和传统知识的谈判空间》,邢玉洁译,载《国际社会科学杂志》(中文版)2010年第2期。

38. [美]Carols M. Correa:《传统知识与知识产权》,载国家知识产权局条法司编:《专利法研究2003》,知识产权出版社2003年版。

39. [荷]尼古拉斯·布雷:《数据库及习惯法对保护传统知识的贡献》,张芝梅译,载《国际社会科学杂志》(中文版)2007年第2期。

三、期刊、报纸和学位论文

1. 苏力:《中国当代法律中的习惯——从司法个案透视》,载《中国社会科学》2000年第3期。

2. 张文显:《我们需要怎样的习惯法研究?——评高其才著〈瑶族习惯法〉》,载《法制与社会发展》2011年第3期。

3. 柯平:《知识学研究导论》,载《图书情报工作》2006年第4期。

4. 郭睦庚:《知识的分类及其管理》,载《决策杂志》2001年第14期。

5. 英国知识产权委员会:《整合知识产权与发展政策》,载《信息空间》2004年第4期。

6. 臧小丽:《传统知识的法律保护问题研究》,中央民族大学2006年博士论文,第13页。

7. 龙初凡、孔蓓:《侗族糯禾种植的传统知识研究》,载《原生态民族文化学刊》2012年第4期。

8. 宋红松:《传统知识与知识产权》,载《电子知识产权》2003年第36期。

9. 谢晖:《论习惯法研究的两种学术视野及其区别》,载《哈尔滨工业大学学报》(社会科学版)2012年第2期。

10. 谢晖:《论习惯法研究的学术范型》,载《政法论坛》2011年第4期。

11. 沈堂江:《贵州苗族习惯法的历史、现状及发展》,载《贵州民族学院学报》,2000年第3期。

12. 苏庆华:《黔东南环保习惯法及其现代价值研究》,载《红河学院学报》2012年第1期。

13. 洪运杰:《黔东南苗侗民族环境保护习惯法研究》,西南政法大学2010年硕士论文。

14. 甘措、彭毛卓玛:《论藏族民间环保习惯法之思想渊源》,载《青海民族研究》2008年第3期。

15. 古开弼:《我国历代保护自然生态环境的民间规约及其形成机制》,载《北京林业大学学报》(社科版)2005年第1期。

16. 兰元富、陈小曼:《丽江纳西族的习惯法与环境保护》,载《贵州民族学院学报》2008年第2期。

17.余贵忠：《少数民族习惯法在森林环境保护中的作用》，载《贵州大学学报》(社会科学版)2006年第5期。

18.衣家奇、姚华：《恢复性司法：刑事司法理念的重构性转折》载《云南大学学报》(法学版)2006年第3期。

19.陈天培：《非物质文化遗产的经济价值》，载《改革与战略》2006年第5期。

20.吴汉东：《知识产权私权属性的再认识》，载《社会科学》2005年第10期。

21.包哲钰、罗彪：《论民间法对非物质文化遗产保护的可能贡献》，载《山东大学学报》(哲学社会科学版)2010年第3期。

22.蒋鸣湄：《论传统科技知识保护与专利制度的关系——以中国西南民族地区发生的个案为例》，载《云南大学学报》(法学版)2009年第4期。

23.安守海：《传统知识保护的客体和主体分析——从地方立法的视角》，载《知识产权》2008年第3期。

24.龚济达：《云南德宏州景颇族医药传统知识传承与发展现状要求》，中央民族大学2012年硕士学位论文。

25.邵志忠、过邵灵韵：《瑶族传统社区组织与社区共管》，载《经济与社会发展》2011年第11期。

26.罗昶：《瑶族村规民约的制定与固有习惯法——以广西金秀六巷为考察对象》，载《广西政法管理干部学院学报》2008年第6期。

27.姜世波：《司法过程中的习惯法查明——基于非洲法和普通法的启示》，载《山东大学学报》(哲学社会科学版)2010年第2期。

28.郑万湖等：《谁是南溪豆腐干第一品牌真正传人?》，载《四川法制报》2012年6月5日第2版。

29.姚建宗、李宪明：《试论法律行为的社会控制》，载《经济·社会》1994年第2期。

30.谭同学：《类型比较视野下的深度个案与中国经验表述》，载《开放时代》2009年第8期。

四、英文资料

1. Alee V. 12 *principles of knowledge management Training & Development*, 1997, 51(11).

2. Boulding. K. E. The Economics of Knowledge of Economics. *American Economic Review*, Vol. 156. 1996.

3. Bruce L. Benson, Customary Law with Private Means of Resolving Disputes and Dispensing Justice: A Description of a Modern System of Law and Order without State Coercion, vol. XI, No. 2, *Journal of Libertarian studies* (1990).

4. C. K. Allen, *Law in the Making*, Oxford: Clarendon Press, 1966.

5. Cotran & N. N. Rubin, *Introduction, in Readings in African Law xx*, E. Cotran & N.N. Rubin— eds. , 1970.

6. D. S. Whittlesey, *The Regional Concept and the Regional Method, in American Geography: Inventory and Prospect*, New York: Syracuse University Press, 1954.

7. David M. Bigge & Amelie von Briesen, Conflict in the Zimbabwean Courts: Women's Rights and Indigenous Self—Determination in Magaya v. Magaya, 13 *Harv. Hum. Rts. J.* 301 (2000).

8. Donald A. Ritchie, *Doing Oral History: A Practical Guide*, New York: Oxford University Press, 2003.

9. Drew Nesdale & Anita S Mak, Immigrant Acculturation Attitudes and Host Country Identification, 10 *Journal of Community & Applied Social Psychology* 485(2000).

10. Friedrich A. Hayek, *Law, Legislation, and Liberty*, Volume 1, Chicago: University Of Chicago Press, 1978.

11. Goodenough W. H. Cultural Anthropology and Linguistics, *in Report of the Secenth Annual Round Table Meeting on Linguistics and Language Studies*, Washington D. C. : Georgetown University Press, 1978.

12. H. Peyton Young, the Economics of Convention, vol. 59. Journal of

Economic Perspective, (10 1996).

13. H. Patrick Glenn, the Capture, Reconstruction and Marginalization of Custom, *the American Journal of Comparative Law*, Vol. 45, No. 3, American Society of Comparative Law (summer, 1997).

14. Hans. Kelsen, *The Pure Theory Law*, *Berkeley & Los Angeles*: University of California Press, 1967.

15. Jessica Myers Moran: Legal Means for Protecting the Intangible Cultural Heritage of Indigenous People In a Post—colonial World, *the Holy Cross Journal of Law and Public Policy*, Volume XII (2008).

16. John Searle, Speech Acts: An Essay in the Philosophy of Language, Cambridge Up1969.

17. Joseph A. Schumpeter. Capitalism, Socialism, and Democracy, New York: Harper Torchbooks, 1962.

18. Leif. H. Carter, Thomas F. Burke, *Reason in Law* (8th edition), Boston: little, Brown and Company. 1984.

19. Machlup Fritz. Knowledge: Its Creation, Distribution and Economic Significance. Knowledge and Knowledge production, Vol. 1, 1980: pp. 158~159.

20. Max Weber, Economy and Society: An outline of Interpretive Society, Guenther Roth & Claus Wittich (eds.), the University of California Press, 1978.

21. Model provisions for National Laws on the Protection of folk lore against illicit Exploitation and Other Prejudicial Actions, Art 2.

22. Osborne, C. J. in Lewis v. Bankole (1908)1 *N. L. R.* 101(Nig.).

23. Parisi Francesco, the Formation of Customary Law (2001). George Mason Law & Economics Research Paper No. 01—06.

24. Preston Everett James, *Clarence Fielden Jones*, *American Geography: Inventory and Prospect*, New York: Syracuse University Press, 1954.

25. R. von Ihering, Der Zweck in Recht, vol. II, 2nd ed., Leipzing: Breitkopf & Hartel, 1986.

26. Regulations relating to the proclamation by UNESCO of masterpieces of the oral and intangible heritage of humanity，155 EX/ Decisions，Paris，3 December1998，Annex，and Art1 (d).

27. Report of expert meeting on community Involvement in safeguarding intangible Cultural Heritage：towards the implementation of the Convention for the intangible Cultural Heritage，UNESCO，Paris，13－15 March 2006.

28. Samuel L. Popkin，The Rational Peasant：The Political Economy of Rural Society in Vietnam，Berkeley &Los Angeles：University of California Press 1979.

29. Steven N. Durlauf and Lawrence E. Blume，*New Palgrave Dictionary of Economics*，London：MacMillan，1988.

30. Swiderska K，protecting Community Rights over Traditional Knowledge：irnplications of customary laws and Practices. Project Folder IIED，London，2006.

31. The protection of traditional cultural expressions/ expression of folklore：draft objectives and principles，WIPO/GRTKF/IC10/4，Oct 2，2006，Annex.

致　　谢

本书的出版得益于各位领导、师长和朋友的关怀和帮助,在此向他们表示最诚挚的谢意。

感谢天津师范大学法学院的各位领导和同事,感谢他们在工作和生活上对我的关心和帮助。

饮水思源,还要感谢我求学之路上的各位老师:侯建新教授、谢晖教授、齐延平教授、范进学教授、陈金钊教授、李道军教授、王德志教授、夏泽祥教授。老师们严谨的治学态度、开阔的学术视野、敏锐的学术洞察力使我受益匪浅、永志难忘。

感谢给予我诸多帮助的学长和朋友们,他们的学识和敬业令我备受教益,他们的努力和勤奋令我敬佩难忘。

感谢厦门大学出版社的邓臻编辑,他谦和从容、认真负责的专业精神令我感动。

感谢导师谢晖教授为本书的出版所做的努力和帮助,感谢师母赵爱勤女士多年来对我的帮助和关心。

感谢我的家人,他们的鼓励和支持促使我奋勇前行。